KB083131

젠더와 로컬리티

필자

장세룡(張世龍, Sye-yong Jang) 부산대학교 한국민족문화연구소 HK교수
임옥희(林玉姬, Ok-hee Lim) 경희대학교 후마니타스칼리지 교수
문재원(文載媛, Jae-won Mun) 부산대학교 한국민족문화연구소 HK교수
조정민(趙正民, Jung-min Cho) 부산대학교 한국민족문화연구소 HK교수
이유혁(李裕赫, Yoo-hyeok Lee) 부산대학교 한국민족문화연구소 HK교수

부산대학교 한국민족문화연구소 로컬리티 연구총서 25

젠더와 로컬리티

초판인쇄 2017년 5월 20일 **초판발행** 2017년 5월 30일
지은이 장세룡 임옥희 문재원 조정민 이유혁 **펴낸이** 박성모 **펴낸곳** 소명출판 **출판등록** 제13-522호
주소 서울시 서초구 서초중앙로6길 15, 1층
전화 02-585-7840 **팩스** 02-585-7848 **전자우편** somyungbooks@daum.net **홈페이지** www.somyong.co.kr

값 17,000원 ⓒ 부산대학교 한국민족문화연구소, 2017
ISBN 979-11-5905-183-8 94300
ISBN 978-89-5626-802-6(세트)

이 저서는 2007년 정부(교육과학기술부)의 재원으로 한국연구재단의 지원을 받아 연구되었음(NRF-2007-361-AL0001).

부산대학교 한국민족문화연구소
로컬리티 연구총서 25

젠더와 로컬리티

Gender and Locality

장세룡 임옥희 문재원 조정민 이유혁 지음

소명출판

책머리에

이 총서는 '로컬리티의 인문학'이 여성주의feminism 이론을 전유하여
이론과 실천에 관한 내용을 풍부하게 만들 가능성을 모색한다. 제목이
'페미니즘과 로컬리티'가 아니라 '젠더와 로컬리티'인 이유는 무엇인
가? 그것은 1980년대 이후 여성주의 제3의 물결이 '통합적 여성주체'
의 존재를 의문시하고 당대의 사회문화적 맥락에서 성sex과 성별gender
개념이 생산된 의미에 초점을 맞춘 지적 분위기와 연관이 있다. 우리는
이것이 전지구화 시대 로컬과 로컬리티에 관한 의미를 재생산하는 방
법론을 모색하는 분위기와 맥락적 연관성이 있다고 판단한다. 젠더 개
념은 인간의 성을 생물학적 차원을 넘어 '사회문화적으로 형성된 성'의
차원에서 이해하고, 기존의 규범적 남녀 구분을 넘어 젠더화된 여성과
젠더화된 남성의 관계를 둘러싼 논의를 진행시켰다. 그 결과 여성을 고
정된 정체성을 가진 존재로 총체화를 넘어서 여성들의 차이를 인정하
면서 연대와 협력을 목표로 삼게 되었다. 이것은 후기구조주의와 탈근
대주의 담론과 문화주의적 문제의식을 수용하여, 이항대립적이고 계서
제적인 성별 관념에 의문을 제기한다. 아울러 성 정체성은 고정 불변의
요소가 아니라, 특정 역사적 국면에서 여성 또는 남성이란 주체를 생산
하는 분류체계로 형성된 것이라는 의미를 함축한다. 이것은 ① 로컬이

내셔널-글로벌의 위계에 속한 장소로서 그치는 것이 아니라 상호관계를 맺으며 층위가 지속적으로 변화하면서 생성되는 과정을 이해하는 데 유용하다. ② 그리고 도린 매시가 말한 바처럼 장소 이해에 여성주의 관점의 도입은 젠더와 로컬 모두가 '문화', '권력', '현대성'처럼 보편적 사회현상의 핵심 범주라는 사실을 드러내면서 로컬리티의 내용을 풍부하게 만들 것으로 본다.

이 저술의 제목에서 '젠더'와 '로컬리티'는 이론의 모색과 실제 연구에서 상호인식을 자극하는 가시적 개념으로 받아들일 수 있다. 여성은 로컬의 사회와 문화 및 정치적 진행 과정의 수행에 핵심 요소이고, 로컬은 여성이 자신의 현실적 존재감을 확인하는 장소적 공간이다. 로컬리티는 여성이 정체성 관련 논의를 전개하는 심성적 도구로서 유용하게 기여하는 한편 젠더를 복합적 시선으로 검토하는 기반으로 작용한다. 그러나 이 개념들을 연계시켜 성찰하는 데는 다음과 같은 문제점이 있다. 먼저 젠더 연구는 주제 선정에서 '로컬리티의 인문학'이 상정하는 주제보다 훨씬 더 광폭이다. 젠더 연구가 로컬과 로컬리티 연구 단위를 국민국가 심지어 대륙 단위로 설정하는 경우도 많기 때문이다. 둘째, 젠더 이론은 정교한 연구 성과를 축적했지만, 로컬리티 연구는 여성주의 이론을 수용하며 시론하는 상황이며 이론과 실제 연구 대상 사이에 괴리가 큰 것이 고민이다.

이 총서는 제1부에서 페미니즘과 로컬리티 연구의 관계를 담론적 실천 문제로 접근한다. 먼저 로컬리티 연구를 젠더 연구로 '번역'하는 작업에서 다양한 젠더이론들을 소개하며 로컬리티 개념 확보에 전유가능성을 모색한다. 그리고 여성주의자들도 젠더정치가 작동하는 젠더공간을 인식하는 시선이 세대 별로 차이점을 드러내며 상호교차페미니즘이라는 좀 더 정교한 틀로 보기를 제안한다. 또한 젠더정치의 작동 장소로서 여성친화도시 정책에서 도시공간과 젠더 장소성의 근거를 확립할 가능성을 모색한다.

「젠더 연구와 로컬리티 연구의 점점과 쟁점」은 젠더 연구와 로컬리티 연구가 어떤 관계를 맺을 수 있는지 질문하는 데 목표가 있다. 먼저 맑스주의/사회주의 여성주의가 가정과 직장에서 여성 노동의 역할을 주변적인 요소로 평가하는 데 주목하고, '가정'과 '직장'을 로컬 단위로 규정가능성 여부를 질문한다. 이어서 탈근대여성주의 전망이 형이상학적 이분법을 해체하고, 평등이 아닌 차이에 주목한 것과 그것을 로컬리티 연구에 수용 가능성 여부를 검토한다. 필자는 탈근대 전망에 내포된 타자성과 소수성, 차이성과 이종성에 주목하지만, 로컬리티 연구에서 중심의 해체가 심화되면 중심과 로컬의 관계 자체도 해체시킬 가능성도 검토했다. 탈식민여성주의는 선진자본주의가 제3세계의 '불평등한 성별, 인종, 여성성의 축'에서 진행되는 재생산의 기제를 전면 가동시키며 여성노동을 착취하고 이주현상을 강화하여 여성을 재식민화하고 재타자화하는 과정에 주목한다. 이것은 전지구화가 국민국가에서 로컬을 끌어내어 신자유주의 경제논리의 질서에 식섭 포섭하고 타자화하여, 결국 초국적 자본의 투기장으로 만들어 식민화하는 것과 유사하다. 끝으로 생태여성주의가 인간과 자연의 동시 해방을 모색하는 데 공감하고, 세계 각지에서 반전, 반핵 및 평화운동에 참여하는 생명과 생태운동의 투쟁의 주체인데 감명받는다.

「페미니즘 세대론과 젠더 공간의 정치」는 세대에 따라 다르게 배치되는 젠더공간에 주목한다. 세대에 따라 페미니스트들 사이에서도 이해관계가 달라진다. 그에 따라 영/올드 페미니스트들이 추구하는 의제 또한 제각기 다르다. 새로운 세대에게서 급진적 페미니즘의 귀환이 목격된다. 여기서 말하는 세대가 단순히 생물학적 나이로 환원되는 것은 아니다. 세대는 동시대의 사회변동을 추동하는 일종의 시대정신이자 역사적 산물이다. 동시대를 살아가는 여성들 사이에서도 세대에 따라 다양한 차이가 공존하면서 교차한다. 그런 지점을 잘 보여준 영화로서 〈죽여주는 여자〉를 구체적인 사례로 분석할 것이다. 〈죽여주는 여자〉 소영의 몸은 제국, 국가, 민족, 계급, 인종, 종교, 나이, 세대, 교육, 결혼, 소득 등에서 모순과 갈등으로 넘쳐나는 공간이기 때문이다. 이처럼 여성이라고 하여 단일한 '성적 계급'으로 묶일 수 있는 것은 아니다. 한국사회에서 디지털 문맹인 늙은 여성공간과 '디지털 네이티브'인 젊은 여성공간(2030세대)이 어떻게 만날 수 있을 것인가? 페미니즘은 여성이라는 이유만으로 이해관계를 뛰어넘어 연대할 수 있는가? 하나이지 않은 여성들 사이의 차이를 가로질러 비체화된 타자들과 만날 수 있는가? 이런 질문과 마주하면서 온갖 모순과 갈등으로 넘쳐나는 시대에 등장한 상호교차 페미니즘의 불/가능성을 살펴보고자 한다.

「혐오와 친화 사이에서─도시와 마주친 여성들」은 도시 공간에서 여성의 장소를 만드는 방법에 대한 문제의식에서 출발했다. 최근 각 지자체에서 실행되고 있는 여성친화도시는 고착된 젠더이분법을 넘어 여성공간을 재현하려는 도시적 실천으로 볼 수 있다. 그러나 본 글에서는 여성친화도시의 공간재현 방식 역시 공격/방어, 안전/위험, 남/여의 젠더 이분법 위에서 재생산, 확장되고 있음을 비판적으로 고찰했다. 이를 위해 여상친화도시에서 주요한 의제로 내세우는 '안전' 프레임의 이면에 놓여있는 남/여 이분법을 비판적으로 고찰했다. 그렇다면 여성친화도시가 어떠한 공간적 상상력을 포괄해야 하는 것일까. 최근 도심 한가운데서 마주치는 여성들의 목소리를 공간의 사회적 생산에 대한 여성의 개입과 협상의 진행으로 의미화하고, '여성친화도시'의 프레임으로 재맥락화 작업이 중요하다. 이때 여성친화는 여전히 구획된 공간질서 안에서 할당의 몫으로만 영역화할 것이 아니라, 다양한 여성들의 목소리를 수렴할 때, 가능한 일이다. 즉, 지금 이곳에서 다시 공간의 사회적 생산에 대한 여성의 개입과 협상이 진행되고 있기 때문이다. 이를 줄리안 로즈의 경계를 넘어서는 '역설의 공간'과 엔디 메르필드의 '마주침의 정치'로 연결시켜 의미화했다. 다시 말해, 도시로 쏟아져 나온 비체들의 목소리를 여성친화도시의 영역으로 포함하고 이의 재맥락화를 제안했다.

제2부는 젠더가 구체적 현장에서 주체화되고 이를 다양한 형식으로 재현하는 양상에 주목한다. 제2차 대전 이후 미군 점령과 일본 영토화가 가속화된 오키나와에 새로 만든 공간에서 여성의 신체가 재현된 방식을 검토하거나, 일상적으로 직면하는 도시에서 젠더 역할의 강요와 이행 과정을 검토한다. 그리고 현대 사회를 특성짓는 현상으로서 이동하는 서벌턴 여성의 몸 탐구 곧 그들이 경계 넘기로서 표현하는 저항의 목소리에 주목한다. 끝으로 여성이주노동자의 행동주의를 남캘리포니아 지역 이주 멕시코 출신 여성 노동자를 검토하여 전망한다.

「지배와 공간, 그리고 젠더－오키나와의 군사기지와 아메리칸 빌리지」는 미군기지 철수나 반환 이후에 일어나는 장소 전용 현상에 공간의 젠더화가 어떻게 구체화되는지 살핀 글이다. 1981년 미군이 사용하던 비행장과 사격장이 반환된 이후 그 일대를 위락시설로 만든 오키나와 차탄초北谷町의 아메리칸 빌리지American Village를 사례로 삼아 미군기지라는 군사적 경험이 미국의 라이프 스타일을 전시한 의사擬似 미국, 즉 아메리칸 빌리지로 변용되는 가운데, 그곳에서 재현되는 가족 모델이나 쇼핑이라는 행위는 전통적인 젠더 역할을 더욱 부각시키는 점을 강조했다. 요컨대 아메리칸 빌리지는 피식민자 스스로 식민자의 문화를 모방하고 차용하는 식민주의적 공간이면서 동시에 은유적으로도 공간을 여성화시킨 사례라고 볼 수 있다. 이러한 현상은 비단 오키나와의 아메리칸 빌리지에만 국한되는 특수한 사정이 아니라 미군 기지를 세계적인 휴양지로 변모시키고 있는 세계 도처의 사례와도 접점을 가진다. 그런 의미에서 이 글은 지구적으로 이루어지고 있는 군사 시설의 장소 전용 현상을 분석하는 데 유효한 시사점을 제공할 수 있을 것이다.

「서벌턴 여성의 정치적 주체성의 형성에 대해서-탈식민 시대 인도에서 젠더화된 국민국가 건설과 서벌턴의 로컬리티」는 서벌턴 여성의 정치적 주체성의 형성에 대해서 탐색했다. 마하스웨타 데비Mahasweta Devi의 단편소설 「풍성한 둘로티」에 대한 분석을 통해 그녀가 재현하는 인도의 한 서벌턴 원주민 여성의 비극적인 삶을 통해서 서벌턴 여성의 몸을 통한 저항의 표시가 표상하는 문화정치적 의의에 대해서 살펴본다. 또한 이 논문은 데비가 텍스트적 재현을 통해 의도하는 서벌턴의 역사 다시 쓰기와 이러한 시도의 저항적이고 대안적인 가능성에 대해서도 주목한다. 이에 대한 논의는 탈식민적 로컬 역사에 관한 논의와 연결하여 검토된다. 이를 통해 서벌턴 여성(들)의 문화정치적 위치와 그들이 표시하는 저항적 목소리를 통해 재현되고 해석되는 역사 다시 쓰기라는 탈식민적 기획의 문화정치적 의의를 고찰한다. 이러한 논의를 위해 본문에서 다룰 핵심적인 내용은 다음과 같다. 먼저 젠더화된 국민국가 건설의 과정이라는 시대적 배경과 인도 국내의 로컬적인 상황에 대해 살펴봄으로써 탈식민의 인도에서 원주민들의 사회정치적 위치에 대해 설명한다. 그리고 나서 서벌턴으로서 원주민의 로컬리티라는 제목하에, 첫째, 서벌턴의 정치적 주체성의 형성에 관한 스피박의 논의에 대해서 검토하며, 둘째, 데비의 「풍성한 둘로티」에 대한 분석을 통해 서벌턴의 몸을 통한 차이와 저항의 텍스트 형성과 이에 대한 데비의 텍스트적 재현의 특징을 살펴본다. 이를 통해 데비가 자신의 텍스트적 재현을 통해 보여주고자 하는 서벌턴의 탈식민적 로컬리티의 정치지형학적 특징이 드러날 것이다.

「남부 캘리포니아 멕시코계 이주민 커뮤니티에서 여성의 행동주의」는 1994년 북미자유무역협정NAFTA 체결 이후 남부 캘리포니아에 산재하는 멕시코계 이주민의 주거지 콜로니아와 인디오들의 위성공동체 공간에서 이주여성들의 활동에 주목한다. 이주여성의 조직과 행동주의는 로컬 공간규모에서 전지구적 공간규모까지 걸쳐 있고, 로컬에서의 행동은 곧 전지구적 공간규모에서 저항으로 귀결될 수 있다. 여성 활동가들은 로컬 기업에서 임금증가와 같은 로컬 수준의 활동은 물론, 가사노동자와 이주민의 권리, 미등록 이주민 젊은이의 교육권 보호 그리고 '외국인 청소년을 위한 개발, 구제와 교육법' 같은 국가수준의 정책 제안이 보호받고 국가의 개입이 효력을 발휘하도록 작업했다. 특히 '청원'이라는 새로운 문화를 투쟁의 도구로 삼고 권리 침해에 맞서 사용한다. 그러나 시민권 없는 비-시민으로서 권리보유자 명단에서 배제된 탓에, 흑인 민권 운동 같은 수준의 성공을 거둔 것은 결코 아니다. 그럼에도 이주여성들이 권리와 시민권을 새롭게 주장하면서 권리 행사 능력을 확장하는 것은 외면상 변화된 사회적 역할과 의미를 재개정하며 개인적 주체로 성장하는 긍정적 양상을 보여준다. 한편 전통적으로 남성의 사회적 지리 영역이던 임금노동자이며 가구주가 되는 것은 노동 부담 가중과 오랜 작업 시간에 종사하며 전지구적 자본주의의 노동기계로 포섭되는 모순을 내포한다. 그런 측면에서 문화적 투쟁의 도구로 법률에 호소하는 것은 이주여성들의 권리 운동을 비판적인 '여분의 시민권' 운동으로 만들고 청원행동이 한계에 도달했을 때 이를 돌파할 역량의 양성을 제한하는 문제점을 내포한다.

로컬리티 연구에 젠더 이론의 수용은 로컬리티 연구가 이론적 준거 확립을 도모하는 현실을 중간 이론 역할로 기여할 것으로 기대한다. 제3부는 참여자들의 좌담회로 꾸며졌다. 젠더 연구는 새로운 문화의 창출을 도모하는 대안적 방안과 사회적, 경제적, 정치적 질서의 변화를 추구하는 이론과 사례에 주목하면서 로컬리티 연구에서 이론적 방법론의 정립에 기여할 것이다. 젠더 문제가 로컬 현장에서 작용할 때 윤리 및 정치적 방식으로 결합하는 동시에 인간의 감성과 욕망의 변혁에도 기여하는 양상도 검토할 기회를 제공할 것이다.

차례

젠더 담론과 실천

젠더 연구와 로컬리티 연구의 접점과 쟁점[*]

장세룡

1. 젠더 연구와 로컬리티 연구의 접점

근대 이후 여성주의는 성공과 실패로 점철된 온갖 풍성한 경험과, 극단을 오가는 전복적이고 대안적인 상상력 거기에 인간과 사회, 생명과 자연에 관한 심도 깊고 풍성한 철학적 성찰과 실천을 성취했다.[1] 그러나 현재 전지구화가 초래한 사회정치적 보수화와 심화되는 사회경제적 양극화는 이질적이고 혼성적인 여성주의feminism, 심지어 여성주의 이름으로 여성주의를 부정하는 '반여성주의적 여성주의'까지 출현시켰다. 우리 사회에는 일베의 '여혐'과 이에 맞서는 메갈리아의 '남혐'이라

---

[*] 이 글은 「젠더와 로컬리티─젠더 연구가 로컬리티 연구에 제공하는 전망」, 『로컬리티 인문학』 1, 2009.4, 181~221쪽을 총서 게재용으로 대폭 수정 · 보완한 것이다.
[1] 장필화 외, 『나의 페미니즘 레시피』, 서해문집, 2015, 29쪽. 그에 앞서 자유주의 여성주의와 급진여성주의가 큰 영향을 끼쳤지만 전자는 급진성을 의심받고 후자는 경제 현실을 소홀히 했다는 비판을 받으면서 부각된 모색들을 중심으로 검토한다.

는 말이 미러링mirroring하며 공용어로 등장했다.[2] 이 연구는 '로컬리티의 인문학'이 여성주의 연구를 전유하여 로컬리티 연구를 확장하고 심화시킬 가능성을 모색한다. 그 준비단계로서 일단 맑스주의/사회주의 여성주의, 탈근대 여성주의, 탈식민 여성주의와 생태여성주의 이론의 동향을 정리한다.

그런데 제목이 여성주의와 로컬리티가 아니라 젠더와 로컬리티인 이유는 무엇인가? 1980년대 이후 여성주의 제3의 물결은 '통합적 여성주체'의 존재를 의문시하고, 당대의 사회문화적 맥락에서 성sex과 성별gender 개념이 생산된 의미에 초점을 맞추었다. 성별 곧 젠더 개념은 인간의 성을 생물학적 차원을 넘어 '사회문화적으로 형성된 성'의 차원에서 이해하고, 기존의 규범적 남녀 구분을 넘어 젠더화된 여성과 젠더화된 남성의 관계를 논의했다.[3] 여성을 고정된 정체성을 가진 존재로 총체화하지 않고 차이를 인정하며 연대와 협력을 목표로 삼는 인식의 전환을 감행했다. 이것은 후기구조주의와 탈근대주의 담론 이론과 문화주의적 문제의식을 수용하여, 그동안 당연시한 이항대립적이며 계서제적 성별 관점에 의문을 제기한다. 성 정체성은 고정 불변의 요소가 아니라, 특정 역사적 국면에서 여성 또는 남성이란 주체를 생산하는 분

---

2 한국사회에서 여성주의가 직면한 전반적 상황에 대한 소개는 다음을 참조. 임옥희, 『젠더, 감정, 정치』, 여이연, 2016, 7~8쪽; 김미덕, 『페미니즘의 검은 오해들―가부장제, 젠더, 그리고 공감의 역설』, 현실문화, 2016.

3 1960~70년대에 신좌파를 중심으로 출현한 급진여성주의는 전통적 지식 담론 체계의 '남성 중심' 시각을 비판하며 '남성성(masculinity)' 이데올로기를 드러내고, '개인적인 것이 정치적인 것' 곧 개인적 영역도 사실은 사회전체의 권력 불평등을 반영한다는 통찰로서 여성의 독자적 여성성을 재평가하고 여성문화를 강조하며 여성주의 제2의 물결을 주도했다. Hester Eisenstein, *Contemporary Feminist Thought*, Unwin Paperbacks, 1984(한정자 역, 『현대여성해방사상』, 이화여대 출판부, 1986); Stacy Gillis · Gillian Howie · Rebecca Munford eds., *Third Wave Feminism―A critical exploration*, Palgrave, 2007.

류체계일 뿐이다. 그 결과 젠더는 '문화', '권력' 및 '현대성' 개념처럼 보편적 사회현상의 핵심 범주란 사실이 드러났다.[4] 이런 논의는 케이트 밀렛이 말한 성정치Sexual Politics 개념의 영향 아래 실천적 이론화로 나타났고, 그것은 최근 전지구화가 자극한 여성이주와 여성의 행동주의activism[5]에 관심으로 표현된다.

젠더 개념은 처음부터 여성주의적 사회분석적 개념도구나 분석 범주로 나타났다. 그렇다면 젠더 개념은 로컬리티 개념과 주제 설정에서 어떻게 연관되는가? 여성과 로컬은 공통적으로 주변적이고 소수자적이며 타자적 개념으로서 상호인식을 자극하는 가시적 존재로 받아들일수 있다. 여성은 로컬의 사회와 문화 및 정치적 진행과정에서 내용을 구성하는 핵심적인 행위 요소이고, 로컬은 여성이 자신의 현실적 존재를 확인하는 장소로서 로컬리티는 여성이 자기 정체성을 확인하는 심성적 도구로서 유용하다.[6] 그러나 젠더 연구와 로컬리티 연구는 이론적용의 규모와 수준에서 편차가 크다. 첫째, 공간규모scale에서 비록 젠더 연구가 소수자로서 여성에 집중하지만, 이론과 실천 대상의 공간규

4 Joan W. Scott, "Gender—A Useful Category of Historical Analysis", *Gender and the Politics of History*, Columbia U. P., 1988(송희영 역, 「젠더—역사분석의 유용한 범주」, 『국어문학』 31-1, 1996, 291~326쪽); Christina von Braun · Stephan Inge eds., *Gender-Studien—Eine Eibführung*, Stuttgart, 2000(탁선미 외 역, 『젠더연구—성평등을 위한 비판적 학문』, 나남, 2002); 배은경, 「사회분석 범주로서 '젠더' 개념과 페미니스트 문화연구—개념사적 접근」, 『페미니즘 연구』 40, 2000, 55~7쪽.

5 Nancy A. Naples · Manisha Desai, *Women's Activism and Globalisation—Linking Local Struggles and Global Politics*, Routldge, 2002. cf. 주유신, 「서구 페미니스트 성정치학—그 지형과 쟁점들」, 『여성학 논집』 25-1, 2008, 197~208쪽.

6 Gillian Rose, *Feminism and Geography—The Limits of Geographical Knowledge*, Polity Press, 1993(정현주 역, 『페미니즘과 지리학—지리적 지식의 한계』 한길사, 2011); Doreen Massey, *Space, Place Gender*, Polity, 1994(정현주 역, 『공간, 장소, 젠더』 서울대 출판문화원, 2015).

모에서 국민국가 심지어 대륙 단위로 설정하는 경우도 많아서 로컬과 로컬리티 연구의 공간이나 장소의 규모가 훨씬 더 광폭이다. 둘째, 젠더 이론이 정교한 연구 성과를 축적하였지만 이론의 현실 적용 능력 모색에 소홀하다는 비판을 받는다면, 로컬리티 연구는 낮은 단계의 이론 수준이 고민이다.

20년 전 역사가 조안 스캇은 현재 낭떠러지에 서 있는 여성연구의 대상을 공적 영역으로 확장하기를 요청하고 모순과 역설 및 모호성을 읽는 다른 방식의 독해를 요구했다.[7] 로컬리티 연구 또한 전지구화가 로컬 차원에서 여성 정체성을 교차시키며intersectional 다층적이며 복수적으로 출현하는 양상에 설명력을 고조시킬 가능성을 기대한다. 그러나 걱정도 없지 않다. 예컨대 이주여성의 급증은 젠더 연구는 물론 로컬리티 연구와 상생관계를 구성하지만 젠더 복수화가 온갖 '트랜스/젠더, 트랜스/섹슈얼리티, 트랜스/네이션 등의 이름으로 젠더 경계를 해체하면 어떤 결과를 초래할까? 여성을 더욱 강고한 이분법적 지위로 폐쇄시키거나, 급속한 흐름 가운데 무방비 도시의 거주민으로 전락시킬 가능성도 역시 있다. 로컬리티 연구도 너무 개별화하면 다양성과 복수성의 이름으로 파편화될 가능성은 있지만 이들을 연계시켜 새로운 논의의 토대를 만드는 것을 이 연구의 목표로 삼는다.

---

7   Joan W. Scott, *Only Paradoxes to Offer—French Feminists and the Rights of Man*, Harvard U. P., 1996(공임순 · 이화진 · 최영석 공역, 『페미니즘 위대한 역설』, 엘피, 2006, 57쪽); *Going Public—Feminism and the Shifting Boundaries of Private Sphere*, Uni. of Illinois Press, 2004; *Women's Studies on the Edge*, Duke U. P., 2008.

2. 맑스주의/사회주의 여성주의와 로컬리티

맑스주의 여성주의는 맑스의 역사적 유물론 특히 엥겔스의 국가론을 비판적으로 검토하며 출발했다. 그러나 맑스는 노동과 자본의 착취관계 해명에서 착취자나 피착취자의 성별gender을 직접 언급하지 않았고, 좋게 말해도 '무성적'이다. 반면 여성주의는 여성 억압이 자본주의 이전부터 존재해왔다는 독자성을 부각시키며 맑스가 침묵한, 남성의 여성 억압이란 성별 관계에 초점을 둔다.[8] 맑스주의 여성주의는 맑스가 추구한 계급적 착취가 없는 사회의 전망에서 비롯된 계급정체성과, 여성주의가 추구하는 젠더 억압 없는 사회의 전망에서 젠더정체성이라는 불화하는 요소들을 창조적으로 결합한다. 특히 생산양식의 역사적 변화와 전유에서 여성성sexuality의 조직, 가내생산, 가족제도가 노동의 착취체계와 연관되는 관계를 주로 탐구한다.[9] 이들은 젠더 불평등의 원인을 다음의 조건 곧 ① 가족을 위한 무임금 가사노동에서 여성착취 ② 여성인력의 노동예비군화 ③ 여성 직업의 저임금 책정 ④ 공적영역과 사적영역의 분리에 둔다. 그리고 여성해방의 열쇠를 가사노동의 사회화에 둔다. 그것은 ① 가사노동의 사회화와 정부가 지원하는 모자보

---

8 Valerie Bryson, "Marxism and Feminism—Can the 'unhappy marriage' be Saved?", *Journal of Political Ideologies* Vol. 9 NO. 1, 2004, pp.13~30. cf. Meg Luxton, "Marxist Feminism and Anticapitalism—Reclaiming our History, Reanimating our politics", *Studies in Political Economy* 94, 2014, pp.137~160; S. Furguson, "A Response to Meg Luxton's 'Marxist Feminism and Anticapitalism", *Rethinking Marxism* Vol. 23 No. 1, 2014, pp.161~8; Luxton, "Reclaiming Marxist Feminism—A response", *Studies in Political Economy* 95, 2015, pp.161~74.

9 가사노동의 성격을 둘러싼 논쟁의 계기가 된 글, Margaret Benston, "The Political Economy of Women's Liberation", *Monthly Review* Vol. 21 No. 4, 1969, pp.13~27.

건, 탁아시설, 양육보조금, 무상교육 ② 여성의 생산노동 참여에서 비정규직화를 제어하는 평등한 정규직 제공 ③ 여성의 빈곤화를 막기 위한 남성과 여성이 동일 노동 직업에서 급료 평등화를 실현하는 방법으로 가치비교comparable worth 정책 ④ 여성의 활발한 공적 활동 진출, 정도로 요약할 수 있다. 그럼에도 사회적 '재생산'을 중심으로 계급 문제에 초점을 맞춘 맑스주의에서 과연 인종이나 젠더 개념이 상호지원 관계를 형성할 수 있는지 여부는 계속 질문되는 문제이다.[10]

맑스주의 여성주의에서 '가부장제patriarchy'와 '재생산reproduction'은 중심개념이다. 케이트 밀렛은 계급을 남성적인 것으로 규정하며 여성들 사이에서 계급적 차이의 심각한 존재를 거부하고 남성지배로서 가부장제를 자본주의보다 우선시했다.[11] 가부장제 개념 자체는 생물학적 가부장제와 사회학적인 자본주의 계급의 관계의 해명에서 '이데올로기'론을 기반으로 삼는다. 재생산은 사회적 재생산인 노동재생산 개념을 생물학적 재생산 개념으로 확장하여 여성억압이 자본주의 생산양식의 일반작용과 독립적으로 진행된다. 맑스주의 여성주의는 계급모순을 앞세우고 사적소유 폐기와, 여성의 이해관계와 전체 노동계급의 이해관계를 일치시킨다. 이것은 각기 다른 자본축적 단계에서 자본의 요구

---

10 젠더와 인종 문제가 맑스주의에서 해명될 수 있다고 보는 관점은 다음을 참조, Himani Bannerji, "Building from Marx—Reflections on 'race', gender and class", Shahrzad Mojab ed., *Marxism and Feminism*, Zed Books, 2015, pp.102~121.

11 Kate Millett, *Sexual Politics*, Garden City, N.Y. : Doubleday, 1970; University of Illinois Press, 2000(앞의 책은 조정호·정의숙 역, 『성의 정치학』, 현대사상신서, 1976; 뒤의 책은 김전유경 역, 『성 정치학』, 이후 2009). 일찍이 계급을 생물학적 성별 분리의 산물이며 성별재생산 조직의 토대이자 출발점으로 규정한 슐라미스 화이어스톤의 생물학적 결정론과 유사하다. cf. Shulamith Firestone, *The Dialectics of Sex—The Case for Feminist Revolution*(1972), Morrow Quill Paperbacks, 1980(김예숙 역, 『성의 변증법』, 풀빛, 1983).

와 성별 분업을 비롯한 모든 실천과 행위 및 활동을 좁은 의미의 '노동'으로 통합하고 섹슈얼리티와 재생산은 자본주의의 경제적 교환 및 착취와 관련해서만 '실질적이고 유일한 것'으로 좁게 정의하는 환원주의적 측면을 한계로 지적받는다.[12] 그 결과 자본주의의 사회적 재생산과 가부장제의 상호연관성 문제를 두고 격렬한 논쟁이 벌어졌다. 사회적 재생산 개념이 계급관계 설명과 강고하게 결합한 탓에, 가부장적 지배를 강조하는 논리와 양립이 어려웠기 때문이다.[13]

한편 사회주의 여성주의자들은 논리를 더 다원화시킨다. 여기서 여성 억압의 근본 원인은 자본주의와 가부장제가 인종차별과 제국주의와 뒤얽혀서 복잡한 상호작용을 발생시킨 관계이다. 계급을 여성 삶의 중심에 두는 동시에 성적 억압이나 인종적 억압을 노동과 경제적 착취로 환원하지 않고, 자본주의 세계경제와 축적 모델은 여성의 무임금 가사노동, 생계생산노동, 자연 착취에 기반하므로 계급은 언제나 성별화되고 인종화된다.[14] 이들은 맑스주의 여성주의가 자본가 계급을 여성노동자의 주된 억압자로 규정하고, 남성은 제2차적 억압자로 위상을 교묘하게 낮추었다고 비판한다. 아울러 남편-아내 관계를 유산계급-무산계급의

---

12 Nancy Holmstrom, *The Socialist Feminist Project — A Comtemporary Reader in Theory and Politics*, Monthly Review Press, 2002(유강은 역, 『페미니즘 왼쪽 날개를 펴다』, 메이데이, 2012, 92쪽).

13 미셸 바렛, 「맑스주의 페미니스트 분석의 몇 가지 개념적 문제」, 신현옥·장미경·정은주 편역, 『페미니즘과 계급 정치학』, 여성사, 1995, 36~37쪽.

14 Maria Mies, *Partriarchy and Accumulation on a World Scale — Women in the International Division of Labour*, London : Zed Books, 1986·1998(with new foreword)(최재연 역, 『가부장제와 자본주의—여성, 자연, 식민지와 세계적 규모의 자본축적』, 갈무리, 2014); "Partriachy and accumulation on a world scale-revisited(Keynote lecture at the Green Economics Institute, Reading, 29 October 2005)", *International Journal of Green Economics* Vol. 1 No. 3/4, 2007, pp.267~75. 사회주의 여성주의는 루이 알뛰세르와 위르겐 하버마스의 영향을 많이 받았다고 알려진다.

관계와 동일시하고, 그것을 비록 정도의 차이는 있지만 포주-창녀 관계와도 동일시하는 획일적 설명구조에 병합시켰다고 지적한다. 그 결과 무산계급해방이 일차적이며 여성해방은 다음 순서를 기다리는 이차적 요소로 인식했다는 비판이다. 이들은 여성해방을 자본주의와 연관시킨 맑스주의 여성주의에 동의하지만, 가부장제 타도가 선행되어야 자본주의도 붕괴 가능하다는 입장에서 두 개의 전선을 설정한다.[15] 그러면 가부장제도 자본주의처럼 고유한 물적 토대를 가졌는가? 이중체제dual system론은 자본주의와 가부장 제도를 분리된 물적 기초의 독립체계로 보지만, 통합체계unified-system론은 두 체제가 본래 결부되어 있거나 동일한 원리에 기초한다고 본다. 대표적 이중체계론자 줄리엣 미첼은 자본주의는 물질적, 가부장제는 비물질적인 것으로 파악하며 여성억압의 조건인 자본주의를 철폐하려면 맑스주의, 가부장제 철폐는 정신분석학적 전술의 채택이 필요하며, 자본주의에서 사회주의로 이행에 상응하는 '영혼의 혁명'이 필요하다고 예견한다.[16] 반면 통합체계론자 아이리스 영은, 자본은 노동자의 성·인종·민족성을 이용하고, 성별 분업은 가정과 사회적 노동에서 기능하므로, 자본주의와 가부장제는 별개의 체제

---

15 Rosemarie Putnam Tong, *Feminist Thought*, Westview Press, 1998(이소영 역, 『페미니즘 사상-종합적 접근』, 한신문화사, 2000, 227쪽); Alison M. Jagger, *A Companion to Feminist Philosophy*, Blackwell, 2000(한국여성철학회 역, 『여성주의 철학』 2, 서광사, 2005); 대표적인 국내학자로는, 고정갑희, 『성이론-성관계, 성노동, 성장치』, 여이연, 2011, 19쪽.

16 Juliet Mitchell, *Psychoanalysis and Feminism —Freud, Reich, Liang and Women*, Pantheon Books, 1974; *Women —The Longest Revolution*, Pantheon Books, 1984. 한편 하이디 하트만은 자본주의는 물론 가부장제도 각자 물질적 토대를 가지는 것으로 본다. Heidi Hartman, *Comparable Worth —New Directions for Research*, National Academy Press, 1985; *Women's Work, Men's Work —Sex Segregation on the Job*, National Academy Press, 1986; 하이디 하트만·린다 번햄 외, 김혜정·김애령 공역, 『여성해방이론의 쟁점-사회주의 여성해방론과 마르크스주의 여성해방론』, 태암, 1989, 28~29쪽.

가 아니라 '자본주의 가부장제capitalist partriachy'라고 규정한다. 그리고 어느 한쪽만 투쟁 대상으로 삼을 때 야기될 문제점을 지적한다.[17] 그럼에도 지적 전선에서 80년대 이후 반이론적 탈근대주의가 큰 영향력을 발휘하고 신자유주의의 득세 가운데서 사회운동이 쇠퇴하면서 사회주의 여성주의는 진리와 인과율이라는 총체화하는 서사에 여전히 매몰된 이론, 구체적으로는 인종문제를 소홀히 한다는 비판을 받는다. 그럼에도 사회주의 여성주의는 오늘날 자본주의 일터에서 성, 인종, 종족, 계급, 국적에 관한 모순되는 이데올로기들이 노동통제와 착취 및 노동자의 저항 형태로 동시에 이용되는 모습을 드러내는데 중요한 기여를 했다.[18] 사회적 재생산 체계 곧 산업구조화에서 성별화된 이데올로기가 노동 관리를 명분으로 억압적으로 작동하는 방식을 보여주고 작업장에서 이른바 '재여성화refeminizations 전략'을 분석했다.

　그러면 맑스주의/사회주의 여성주의를 로컬리티 연구에 어떻게 적용하는 가능할 것인가? 먼저 맑스주의/사회주의 여성주의자들이 가장 주목하는 것은 '가정'과 '직장'에서 여성의 역할이 주변부적 평가를 받고, '여성의 빈곤화'로 귀결되는 현상이다. 이 현상을 비판하는 과정에서 그들은 '가정'과 '직장'을 여성 활동의 주요 장소로 제시한다. 나는 이 장소들을 로컬로 규정 하는 것이 가능한지 여부를 질문한다. 엘스페

---

17 Iris Marion Young, *Justice and the Politics of Difference*, Princeton U. P., 1990; *On Female Body Experience —"Throwing Like a Girl"land Other Essays in Feminist Philosophy and Social Theory*, Oxford University Press, 2005, p.74. 맑스주의 여성주의에 비판적 입장은 다음을 참조, Louise A. Tilly · Joan W. Scott eds., *Women, Work, and Family*, Methuen, 1987(김영 · 박기남 · 장경선 역, 『여성, 노동, 가족』, 후마니타스, 2008).

18 Nancy Holmstrom, *The Socialist Feminist Project —A Comtemporary Reader in Theory and Politics*, Monthly Review Press, 2002(유강은 역, 『페미니즘 왼쪽 날개를 펴다』, 메이데이, 2012, 276쪽).

쓰 프로빈의 경우 세 가지 전제 아래에서 '가정'을 로컬로 규정한다. ① 특정 사건이 일어나는 현장으로서 로컬locale ② 특정 시간과 연관된 실제의 장소로서 로컬local ③ 로컬이 로컬로서 위계화된 지식이 형성되어 위치가 정해지는 방식location이 그것이다. 프로빈은 여성 활동의 주요 무대인 '가정'을 로컬locale의 출발점으로 삼고, 여기서 발생하는 사건들이 시간적 장소에서 어떻게 지식으로 정렬되고, 사회적 위계질서 안에 배치되는지 탐구할 필요를 강조한다. 가부장제의 실제 안에 놓여 있는 여성이 직면하는 삶의 공간과 사건에 대한 투쟁, 그에 따른 여성 경험이 어떻게 부정되고 주변화되는지 알게 해준다고 보기 때문이다.[19] 나는 가정 자체가 로컬이라고 보는 것이 아니라 로컬을 이해하는 출발점으로 삼는 점은 동의한다.

그러면 여성 노동의 장으로서 '직장workplace'은 어떻게 볼 것인가? 직장이란 육체, 정신 및 감성emotion 노동, 또는 숙련노동과 미숙련 노동이 생활 가운데서 체계적으로 구조화된 생산 공간을 말한다. 이 공간은 노동자가 자신의 생산물로부터 소외되는 자본주의적 생산관계가 작용하는 장소인 동시에, '최고임금'을 놓고 다른 노동자들과 경쟁관계를 벌이는 장소이다. 거기에 덧붙여서 여성주의 입장에서 직장은 '남성의 시선'을 놓고, 곧 남성의 승인과 인정을 목표로 다른 여성들과 경쟁하는 관계의 장소이다. 여성의 노동은 첫째 목표가 가족경제에 기여하는 것이다.[20] 특히 여성노동은 대부분 비정규직 단순노동이며 유연노동인

---

19 Elspeth Probyn, "Travels in the Postmodern−Making Sense of the Local", Linda Nicholson ed., *Feminism/Postmodernism*, Routledge, 1990, pp.178~86.

20 Louis A. Tilly·Joan W. Scott, *Women, Work and Familly*, Taylor and Francis, 1987(김영·박기남·장경선 역, 『여성, 노동, 가족』, 후마니타스, 2008).

경우가 많으며, 판매원이나 안내원처럼 자신의 심리적·감정적 상태를 의식적이고 합목적적인 방식으로 관리하고 사용하는 감정노동의 특징을 크게 가진다.[21] 여성 노동자의 작업장과 판매장은 로컬리티 연구의 대상으로 삼을 수 있다. 특히 신자유주의 세계질서에서 '가난의 여성화'로 귀결되는 비정규직 유연노동 현장의 증가[22] 성노동 여성과 이주 노동 여성의 증가로 말미암은 자본이 주도하는 공간변화와 재구성의 확산은 중요한 주제이다. 공단 지역 뿐 아니라 비공단 지역의 여성노동, 성매매 구역 성장치의 다중공간성[23] 백화점을 비롯한 군소판매점에서 비정규직 여성노동, 어촌과 농촌 같은 특정 공간에서 노년 여성노동에 관한 연구가 가능할 것이다.

3. 탈근대 여성주의와 로컬리티

후기구조주의와 탈근대주의의 영향을 받으며 여성주의 제3의 물결을 주도한 탈근대 여성주의 는 다양한 논리로 젠더 불평등의 원인을 크게 세 가지 요소에서 발견한다. ① 특권보유 젠더와 비특권 젠더 및 성 범주로 양분하는 것 ② 이성애를 당연시하는 것 ③ 규범적인 젠더를 문화 및 개인적으로 재생산하는 것이 바로 그것이다. 그와 같은 불평등의

---

21 조순경 편, 『노동과 페미니즘』, 이화여대 출판부, 2000, 40쪽.
22 Rhacel Salazar-Parreñas, *Servants of Globalization —Woman, Migration, and Domestic Work*, Stanford U. P., 2001(문현아 역, 『세계화의 하인들—여성, 이주, 가사노동』, 여이연, 2009).
23 고정갑희, 『성이론—성관계, 성노동, 성장치』, 여이연, 2011, 219~221쪽.

해결 방안은 무엇인가? ① 젠더와 성의 경계를 의도적으로 모호하게 만들기 ② 몸, 여성 성, 젠더 특히 '퀴어queer' 정체성을 만들어 내는 대중문화 긍정. 여성의 정체성은 자유주의 여성주의나 맑스주의/사회주의 여성주의가 모두 규정하려고 노력했지만 소위 '울스튼크래프트의 난관'[24]에 직면했다. 그것은 곧 여성이 남성과의 평등을 요구하면 남성 중심적 혹은 가부장적 시민권 개념을 수용하는 것이고, 이것은 곧 여성이 남성처럼 되어야 한다는 것을 의미한다. 반면에 급진여성주의 처럼 여성의 독특한 속성과 능력 및 활동을 강조하고 그것이 독자적인 사회적 시민권 형성을 주장하는 것이라면, 남성중심 또는 가부장적 시민권이 이미 그런 차이를 배제하고 나섰으므로 결국 불가능한 것을 요구하는 것과 같다. 따라서 여성의 정체성을 명확히 규정하려는 태도는 어느 방식이든 너무 정태적이고 본질주의적이라는 평가를 받는다. 일찍이 이 선구적 여성운동가가 직면했던 난관은 로컬과 로컬리티 연구에도 마찬가지로 적용될 평가이다.

흔히 프랑스 여성주의자[25]들로 불리는 줄리엣 미첼, 줄리아 크리스테바, 엘렌 식수, 뤼스 이라가레이 등은 시몬 드 보부아르, 프로이트와 라캉 및 자크 데리다를 차용하여 여성주의를 재해석하고 여성성이 언

---

24 Carole Pateman, *The Sexual Contract*, Stanford U. P., 1988; *The Disorder of Women*, Cambridge U. P., 1989. cf. Mary Wollstoncraft, *Vindication of the Rights of Woman*, 1792 (손영미 역, 『여권의 옹호』, 한길사, 2008).

25 프랑스여성주의란 용어의 성립가능성 여부를 둘러싼 논쟁은, Christine Delphy, "The Invention of French Feminism—An Essential Move", *Yale French Studies* Vol. 97, 2000, pp.166~197; Judith Still, "Continuing Debates about 'French' Feminist Theory", *French Studies* Vol. 61 No. 3, 2007, pp.314~328. 이들 외에 유물론적 여성주의도 중요하다. Alison Stone, "The Incomplete Materialism of French Materialist Feminism", *Radical Philosophy* Vol. 145, 2007, pp.20~27.

어 이론, 성과 여성을 두고 맺는 관계를 탐구했다. 현대사회의 문화구
조가 사회적 성의 무차별화와 여성성의 억압에 바탕 둔 것을 비판하고
남성과 여성의 차이와 시몬 드 보부아르의 견해를 전유하여 여성의 타
자성을 강조한 것은 그 산물이다.[26] 여성이 직면하는 현실에서 타자성
의 상황은 여성이 가부장적 지배문화가 부과한 규범과 가치 및 실천을
비판하도록 이끌므로 억압과 열등한 상황 그 이상의 것이다. 관용과 다
원성, 다양성과 차이를 허용하는 존재방식이며 사고방식, 더 나아가 표
현방식이기도 하다. 이들은 특히 여성성이나 남성성은 고정불변이 아
니라 부단히 변화 생성 과정인 점을 강조한다. 특히 크리스테바는 남성
과 여성을 애초 고정된 구조가 아닌 과정으로 받아들이며, 언어를 통한
다양한 의미 창조와 변화를 전제로 남성성/여성성의 이분법적 정체성
의 해체를 시도했다.[27]

　탈근대여성주의자들이 라캉이나 데리다에게 각별하게 주목한 이유
는 무엇인가? 남성중심, 말하기 중심, 이원적 사고 질서가 부과하는 법
칙의 언어가 '여성적'인 것을 배제한다는 판단에서 비롯한다. 엘렌 식
수는 여성의 글쓰기와 남성의 글쓰기를 구분하며 남성의 성욕과 남성
의 남근말씀 중심적 글쓰기에 맞서는, 여성의 성욕과 개방성, 복수성,

26　이 차이가 본질적 규범의 차이인가 아니면 차이 자체이며 정체성이 전혀 없는 차이에 불과
　　한가, 나아가서 무차별적인 차이에 대한 논의가 여성의 정체성을 도리어 분열시키고 여성
　　주의를 게토화시키는 것이 아닌가 심각한 반론이 있었다. Simone de Beauvoire, *Le
　　Deuxieme Sexe*, 1949(조홍식 역, 『제2의 성』, 을유문화사, 1986); 윤성훈, 「시몬 드 보부아
　　르-절대적 타자에서 실존적 인간으로」, 사회비판과대안 편, 『현대 페미니즘의 테제들』,
　　사월의책, 2016, 13~58쪽.
27　Julia Kristeva, *Sémiotique-recherche pour une semanalyse*, Seuil, 1969(서민원 역, 『세미오티
　　케-기호분석론』, 동문선, 2005); *La revolution du langage poetique*, Seuil, 1974(김인환 역,
　　『시적 언어의 혁명』, 동문선, 2000); 박주원, 「'여성'이란 무엇인가? 크리스테바의 사상에
　　서 '여성'이라는 주체성의 재구성」, 『시민사회와 NGO』 14-1, 2016, 251~281쪽.

환희에 찬 리듬감 있는 여성적 글쓰기 사이에 연관성을 끌어내었다.[28] 이것은 로컬리티 연구의 글쓰기가 중심적 글쓰기와 다를 가능성을 열어준다. 이리가레가, 라캉처럼 상상계(자아가 가공의 여성들의 포로로 존재하는)와 상징계(독자적 주관성을 갖춘)를 대조시키면서도, 남성의 상상과 여성의 상상을 분리시키고 남성적 여성성 즉 남근적 여성이 아닌 여성적 여성성을 강조하고 남성의 상상계에서 벗어나 여성의 독자적 상상계로 진입을 촉구한 것 역시 중요하다.[29] 그것을 중심에 얽매이지 않고 로컬의 독자적 시선과 꿈을 추구하며 로컬리티 연구를 지향하는 것과 연결시킬 수 있다. 한편 크리스테바가 라캉의 정신분석학 틀을 이용하여, 해방된 사람을 모성적이고 기호학적이며 상징적 질서의 내부에서 기호학적 양상과 상징적 양상 사이에서 변증법적 놀이를 전개할 수 있는 사람―검객―으로 본 것은[30] 참으로 흥미롭다. 이것은 여성적인 것과 남성적인 것, 무질서와 질서, 변혁과 현상유지 사이에서 허허실실 자유롭게 이동 가능한 인간을 말한다고 받아들이면, 이것은 아마도 로

---

28 Hélène Cixious, *L'Histoire qu'on ne connaître jamais*, Des femme, 1994; *Le rire de la méduse/Sortie*, 1975(박혜영 역, 『메두사의 웃음/출구』, 동문선, 2004, 111~130쪽); *Les reveries de la femme sauvage―science primitive*, Galilée, 2000; *Newry Born Women*, Uni. of Minnesota Press, 1986(이봉지 역, 『새로 태어난 여성』, 나남, 2008).

29 Luce Irigaray, *Speculum de l'autre femme*, Minuit, 1974; *Ethique de la différence sexuelle*, Minuit, 1984(권현정 외 편역, 『성적 차이와 페미니즘』, 공감, 1997); *Ce sexe qui nen est pas un*, Minuit, 1977(이은민 역, 『하나이지 않은 성』, 동문선, 2000); *Je, tu, nous―pour une culture de de la difference*, Bernard Grasset, 1990(박정오 역, 『나, 너, 우리―차이의 문화를 위하여』, 동문선, 2002)

30 Julia Kristeva, *Histoires d'aomur*, Denoel, 1983(김인환 역, 『사랑의 역사』, 민음사, 1999·2008); *Soleil noir―depression et melancholie*, Gallimard, 1987(김인환 역, 『검은 태양―우울증과 멜랑콜리』, 동문선, 2004); *Les samourai*, Gallimard, 1992(홍명희 역, 『무사들』, 솔, 1995); *Les nouvelles maladies de l'ame*, Fayard, 1993; *Possessions―roman*, Fayard, 1996(김인환 역, 『포세시옹―소유라는 악마』, 민음사, 1999); *L'avenir d'une revolution*, Calman-Levy, 1998; *La haine et le pardon*, Fayard, 2005.

컬리티 연구자가 궁극적으로 지향하는 모습이 아닐까!

미셸 푸코의 사상과 여성주의는 과연 어떻게 로컬리티 연구에 동원 가능한가? 푸코의 계보학이 실현하는 담론/실천의 해체가 남성적 징후를 들어낸다는 비판도 높지만[31] 여성주의에 기여한 측면도 많다. 탈근대여성주의자들은 '차이'를 논하면서 여성의 몸, 생식의 리듬, 성적 기관들에 자부심을 천명한다. 몸은 미셸 푸코의 권력이론과 주체이론에서 지식, 신체, 섹슈얼리티에 관한 논의와 결부된 쟁점이다. 『성의 역사』Ⅰ·Ⅱ를 중심으로 삼아 정리하면 다음과 같다. ① 아래로부터의 미시적 권력 및 관계적 권력 개념을 통해서 주변성의 정치학을 성립시키는데 기여했다. 곧 권력의 미시물리학이 작용하는 지배적 패권에, 정체성의 관계적이고 역동적 다원성을 강조하는 급진적 다원주의로서 도전하며 새로운 해방이론의 가능성을 열었다. ② 현실의 역동성을 비본질주의적 구성론의 입장에서 파악하여 여성주체를 고정된 단일집단이 아니라 다양한 경험과 다양한 조건 — 계급, 인종, 연령, 세대, 결혼 등 — 에서 변화하는 정체성을 가진 것으로 설명했다. 이런 접근은 생물학적 남성조차도 경험에 따라서 여성적 정체성을 가진 것으로 이해하고 여성주의에 참여할 길을 열어 주었다. ③ 신체, 성, 섹슈얼리티에 관심을 두고 섹슈얼리티를 인간해방 투쟁에서 핵심지점으로 파악했다. 그 결과 지금까지 사적영역 또는 여성의 영역으로 소홀히 여겼던 인식영역을 검토하는 이론 도구인 계보학으로 기여했다.[32] 푸코의 계보학이 주

---

31 Caroline Ramazanoğlu et al eds., *Up Against Foucault—Explorations of Some Tensions Between Foucault and Feminism*, Routledge, 1993(최영·박정오·최경희·이희원 공역, 『푸코와 페미니즘—그 긴장과 갈등』, 동문선, 1997).

32 Dianna Taylor·Karen Vintages eds., *Feminism and the Final Foucault*, Uni. of Illinois

변성의 정치학에 핵심적 이슈를 제공하며 여성주의에 기여한 측면은, 로컬리티 내부의 주체들이 안과 바깥 사이에서 맺는 권력관계를 인식할 계기를 제공한다.[33] 특히 이성적 주체인 '저자의 죽음' 개념은 주체를 더 이상 고정된 개념이나 본질의 표현, 통일이나 완성된 것이 아니라 '과정중의 주체'로 파악한 산물로서 사고할 계기를 제공한다.

각설하고 주디스 버틀러는 푸코의 입장—집단적 정체성 개념을 전체주의화한 개념이라고 거부하는 반본질주의를 가장 잘 계승한 여성주의자로 평가받는다. 그 역시 주체성을 남성/여성, 섹스/젠더, 몸/정신, 생물학/문화학, 본질/구성으로 대립적 이분화하는 것과, 여성 정체성이란 개념 자체를 거부한다. 성sex도 젠더처럼 문화적 의미를 생산하고, 여성 성sexuality이란 것도 제도담론이 정상이라고 반복해서 각인시킨 것을 자연스런 욕망으로 착각한 것일 뿐이다. 버틀러의 이런 관점은 또한 「여성거래」(1975)와 「성을 사유하기」(1982)에서 여성억압을 '성/젠더가 조직되고 생산되는 관계들의 산물'로 이해하고 푸코의 『성의 역사』를 자신에게 소개해준 게일 루빈의 영향을 많이 받았다. 그러나 그는 게일 루빈에서 보이는 사회구성주의적 여성주의가 제도와 구조를 너무 강조한 결과, 개인의 행동이나 주체성에 충분한 주의를 기울이지 않는다는 한계를 지적한다.[34] 젠더란 행위수행적인 것이며 수행의 결

Press, 2004.

33 로컬 정체성은 본질이 아니라 구성원들의 경험에 따라 변화하고 구성원들 내부의 차이에 따라 달라진다는 사실을 자각하도록 이끈다. 특히 생명권력(bio-pouvoir)과 생명정치(bio-politique) 개념은 여성의 신체를 자본주의 체제가 사회학적으로 재생산하고, 가부장제가 생물학적 재생산의 기제에 끼워 넣는 규율권력의 통제과정을 간파하는 데 기반을 제공한다. 로컬리티 연구는 이러한 통제 과정이 로컬 단위에서 어떤 방식으로 작동하는지 검토할 수 있다.

34 Gayle Rubin, *Deviations*, Duke University Press, 2011(신혜수·임옥희·조혜영·허윤

과이고 수행 안에서 구성되므로 젠더의 실재를 구성하는 행위들로부터 멀리 떨어져 존재할 수는 없다.[35] 탈근대여성주의는 조직, 법률, 종교 및 정치적 텍스트에 뿌리박힌 근원적이고 통제적인 이성애 담론이 내포한 상징적 문화적 담론의 요소를 거부하고 해체했다. 버틀러 역시 젠더화된 정체성 개념에 도전하고 개인이 의식적이고 의도적으로 사회변화를 여는 무질서와 젠더 불안정성을 만드는 형식을 보여준다. 주체적 인상관리, 획일적 또는 그것을 패러디하는 외모와 의상으로 자아표현을 강조하는 레즈비언이나 게이 같은 동성애자와 양성애자 같은 젠더 반항아 '퀴어queer'에 주목하기를 요청한 것이 바로 거기서 나왔다. 그러나 그것은 지배적 패권에 대한 저항과 전복은 독립적이고 연속적인 정체성을 주장하는 것이 아니라, 패러디가 '반복되는 재현의 실천' 안에서 오직 '재현의 무질서한 복수성'만을 요구할 뿐이다.[36]

그러나 버틀러의 견해에는 동감하기 어려운 측면이 적지 않다. 젠더를 고정된 정체성 없이 끊임없이 변화하는 행위수행성으로 인정하는 것은 도리어 '성의 정치학'을 부정하지는 않는가?[37] 버틀러는 정체성의 해체가 정치학의 해체는 아니며, 오히려 정체성이 표현되는 형태들을 정치적으로 배치한다고 판단한다. "정체성을 하나의 효과, 즉 생산

역, 『일탈―게일 루빈 선집』, 현실문화, 2015, 91~147 · 281~355 · 572~3쪽).

35 조현준, 『주디스 버틀러의 젠더 정체성 이론―퀴어 정치학과 A. 카터의 『서커스의 밤』』, 한국학술정보, 2007.

36 Kathy Rudy, "Queer Theory and Feminism", *Women's Studies* Vol. 29, 2000, pp.195~216; Jasbir K. Puar, "Queer Times, Queer Assemblages", *Social Text* Vol. 23 No. 3/4, 2005, pp.121~139. 프랑스에서 퀴어 이론에 동의하는 대표적 관점은 Marie-Hélène Bourcier, *Sexpolitiques, Queer zone 2*, La Fabrique, 2005; *Queer Zones ―Politiques des identités sexuelles et des savoirs*, Êd, Amsterdam, 2006, p.131.

37 노성숙, 「포스트모더니티와 여성주의에서 본 젠더와 정체성」, 『인간연구』 8, 2005, 20~21쪽.

된 것이나 산출된 것으로 새롭게 개념화하며 (…중략…) 젠더 범주를 공정된 근본 범주로 보는 입장이 은밀하게 배제했던 '행위주체성'의 가능성을 열수 있다." 그 결과 옛 정체성의 잔해로부터 새로운 정체성의 배치가 등장한다.[38] 퀴어적 주체 역시 부단한 비판 대상으로서 퀴어적 정치를 지속적으로 민주화시키도록 이끈다.[39] 그러나 버틀러의 퀴어 논의와 이에 근거한 퀴어 공간 논의는 많은 문제점을 지적받았다. 먼저 남성(자본, 중심)과 여성(노동, 주변)의 구분을 문화적 구성물로만 받아들이면서 사회모순의 존재를 모호하게 받아들거나 심지어 부정하게 만든다는 데 있다. 이런 불확정성은 공간 내부에서 작동하는 차별과 모순의 기제 곧 자본과 노동의 관계를 해체시키고 계급문제나 민족 문제의 갈등을 증발시키거나 소거시킬 우려가 있다는 비판을 받는다.[40] 그럼에도 한편 복합적 성정체성을 드러낸 퀴어 이론은 제3세계 또는 '남반부'의 다양한 조건에 처한 여성주의를 성찰하는 탈식민 여성주의로 옮겨가는 징검다리 역할도 인정된다.

로컬리티 연구에, 젠더와 섹슈얼리티에 대한 이분법을 전복시키는 수행적 젠더 그리고 퀴어 이론을 어떻게 적용 가능한가? 퀴어 이론이 이분법적인 젠더 범주 이해를 끊임없이 전복하기를 시도하는 것은, 여

---

38 Judith Butler, *Gender Trouble—Feminism and the Subversion of Identity*, Routledge, 1990 · 1999 · 2006(조현준 역, 『젠더 트러블—페미니즘과 정체성의 전복』, 문학동네, 2008, 359~63쪽).

39 Judith Butler, *Bodies that Matter—On the Discursive Limits of 'Sex'*, Routledge, 1993(김윤상 역, 『의미를 체현하는 육체—"성"의 담론적 한계들에 대하여』, 인간사랑, 2003, 423쪽).

40 Adam Green, "Queer theory and sociology—Locating the subject and self in sexual studies", *Sociological Theory* Vol. 25 No. 1, 2007, pp.26~45; James Penny, *After Queer Theory—the limits of sexual politics*, Pluto Press, 2014; Valerie Rohy, *Lost causes—narrative, etiology, and queer theory*, Oxford U. P., 2015.

성주의가 본래 소홀히 취급하는 계급적 이해를 완전히 증발시킬 우려가 있다.[41] 또한 버틀러가 남/여 이원론에 한정되지 않는 성차들을 강조하는 것은 로컬/내셔널의 구분을 해체하고 글로벌리티와 연관시키는 게기를 제공하지만 한편으로는 '여성의 몸'을 해체시키는 재구성의 논리는[42] 중심과 주변의 구분을 모호하게 만들어 로컬의 정체성 구성에 실패할 가능성이 우려된다. 그럼에도 퀴어 이론은 피부색, 이주민, 국가 권력가 복잡하게 얽혀 있는 로컬에서 끊임없이 가변적인 로컬 규모와 정체성 담론이 교차하고 분절되는 방식을 드러내어 재구성을 사유하는데 유용하다. 로컬의 정체성 역시 끊임없이 만들어 가는 과정이기 때문이다. 이 관점을 여성주의에 적용하면 남성과 여성 사이에 중요한 차이들을 흡수시켜 버리려는 시도를 막고, 여성다움의 가치를 보존시켜 남성중심수의적 보편성으로 환원되는 것을 방지한다. 동시에 이것은 문화 및 정신분석학적 접근으로서 여성들 간의 차이 즉 계급, 인종, 문화적 차이에서 비롯되는 여성성 내부의 다양한 차이와 복합성을 고려하는 다차원적 사고를 부각시켜, 여성성 자체가 여성중심적 보편성으로 환원되는 것도 역시 방지하는 데 기여한다.

---

41 Vivyan C. Adair, "Class Absences—Cutting Class in Feminist Studies", *Feminist Studies* vol. 31 no. 3, 2005, p.600.
42 cf. 전혜은, 『섹스화된 몸—엘리자베스 그로츠와 주디스 버틀러의 육체적 페미니즘』, 새물결, 2010.

4. 탈식민 여성주의와 로컬리티

탈식민 여성주의는, 먼저 서구의 기존 여성주의가 제1세계 여성의 관점에 매몰되어 있다는 비판에서 출발한다. 그들은 기본적으로 제3세계 노동자와 제1세계 다국적 기업과의 관계가, 어떤 측면에서는 전세계적인 남녀 관계와 유사하다는 전제에서 출발한다. 동시에 제3세계 여성의 다양성을 강조하고 젠더 불평등의 원인을 먼저 식민정책이 가져온 여성의 전통적 경제기반 약화, 탈식민주의 세계경제에서 여성노동자 착취, 딸들에 대한 교육 부족, 부적절한 모자 보건 관리, 여성에게 해로운 문화적 관습과 가부장적 가족구조로 꼽는다. 그리고 해결책으로 현대화 프로그램에서 여성의 경제적 자원 보호, 딸들 교육, 건강관리와 가족계획 지원봉사, 엄마들의 공동체 조직 구성, 여성 할례 관습의 근절 등을 제시한다.[43] 여성과 식민지는 공통적으로 저임금이나 무임금 노동자로서 가난을 벗어나기 힘든 구조적 종속에 의존한다.[44] 자본주의는 자본가와 임노동자의 이원구조 최하층부에 가부장적 자본주의 관행 아래 노동가치가 평가절하된 식민지 주부와 생계 노동자를 깔고 앉아 있다. 제3세계 여성의 노동은 보조적이거나 열등한 것으로 평가절하되고, 여성의 낮은 지위를 그들이 맡는 일 탓으로 전가하며 궁극

---

43 프랑스에서는 급진여성주의가 공화국 보편주의에 입각한 동화주의 정책 대상인 무슬림 여성을 비롯한 '남반부' 여성의 성차별과 인종차별을 성찰하는 제3의 길에서 탈식민여성주의와 결합했다. Pierre Lénel et Virginie Martin, "La contribution des études post-coloniales et des féminismes 《Sud》 à la constitution d'un féminisme renouvelé, ver la fin de l'occidentalisme", *Revue tiers monde* Vol. 209, 2012, p.127.

44 Chilla Bulbeck, *Re-orienting western feminisms —women's diversity in a postcolonial world*, N.Y. : Cambridge University Press, 1998.

적으로 그들의 여성성을 통제한다. 전통적 의미의 프롤레타리아 계급을 제3세계 노동자와 주부들이 대체하고 새로운 자본 축적 노동자 집단 역할을 맡게 되었다. 선진자본주의는 여성들의 저(무)임금에 의존하여 해고가 자유로운 유연노동에 적합하도록 재편과 적응을 강요한다. 그 결과 여성은 지구상의 마지막 식민지가 되었다. 성차별주의는 식민지 경험에 기인한 억압으로 더욱 강화되고 있다. 특히 신자유주의 전지구화는 경계, 타자, 초국적 및 재식민화 등의 탈식민주의 담론이 식민지 잔재와 잠재적 식민성의 해체를 위한 실천력 뿐 아니라 정체성의 이동과 구성방식, 권력과 지식생산의 관계, 민족주의 여성 등의 관계를 이론적으로 성찰할 계기를 제공했다. 탈식민주의 자체는 본래 젠더 문제에 소홀하고 남성우월적이지만, 자본주의 제국의 억압과 불평등에 대한 저항과 전복을 모색하는 과정에서 공동이해를 확인하고 여성주의와 전략적 제휴를 가져왔다. 동시에 서구 백인 여성과는 다른 공간 지각, 개인적 공간 소유와 배제[45] 등에 관심을 가질 필요가 있다.

탈식민주의는 식민주의의 공식적 종언 이후 신제국주의적 권력관계의 재편과 식민주의 잔재의 지속적 영향과 변형 그리고 그 결과를 동시에 은유하는 개념이다. 이는 과거의 반제 · 반식민 정신을 계승하면서 전지구적 정의를 고민하는 급진적 사고를 요청한다.[46] 프란츠 파농, 에드워드 사이드, 호미 바비, 폴 길로리Paul Guillory, 가야트리 스피박 등이 주도한 탈식민주의는 식민지배/종속국, 백인/흑인, 동양/서구 이분법

---

[45] Alison Brunt · Gillian Rose eds., *Writing woman and space—colonial and postcolonial geographies*, Guiford Press, 1994.

[46] Robert J. Young, *Postcolonialism—A Historical Introduction*, Blackwell, 2001, p.6.

으로는 현시대에 복잡하게 겹쳐진 경계와 문제를 제대로 파악하기 어렵다는 인식에서 출발했다. 이들은 제국의 물리적 직접지배만이 아니라 지배적 재현구조를 통해서 특정 개인이나 집단을 비인간화시키고 제약하는 심상과 정신구조의 재생산 방식도 폭로한다. 따라서 전지구화시대 신제국주의 힘의 논리가 재생산되는 국가들과 주체들 사이에 불평등한 힘의 역학 관계, 이에 내재한 식민주의와 식민성에 관한 성찰이자, 제도와 구조 나아가 의식과 무의식의 탈식민화를 향한 실천을 지향한다. 아울러 탈식민은 의식과 무의식 안에 식민화된 영토를 들여다보고 해방시키는 작업에서 시작하여, 신식민지 현실 속에서 '정신의 탈식민화를 실천하려는 저항의지의 표현'이다.[47] 그러나 탈식민주의가 식민지 국가나 제3세계에서 서구로 이동한 유색인 지식인들이 자신들의 탈위치나 재배치의 경험을 정당화한 것이란 비판.[48] 또는 주로 문학이나 문화이론에서 논의되는 문화주의적 특성에 불과하고, 주체의 정체성을 규정하는 자본주의 구조화 또는 재구조화 논의에 무관심하다는 비판도 받는다.[49]

가야트리 스피박이 과연 '서벌턴은 말할 수 있는가' 다시 말하면 젠더화된 식민지 하위주체가 자신의 입장을 말할 수 있었는지 도전적으로 질문한 것은 거듭 회자되는 명제이다. 이것은 여성이 식민지배자와

---

47 이경원, 「탈식민주의의 계보와 정체성」, 고부응 편, 『탈식민주의-이론과 쟁점』, 문학과 지성사, 2003, 30쪽.

48 Judith Lorber, *Gender Inequality—Feminist Theories and Politics*, Roxbury Pub. Co., 2nd ed. 2001(최은정·임소희, 임혜련·정광숙 공역, 『젠더 불평등-페미니즘 이론과 정책』, 일신사, 2005, 95쪽).

49 Arif Dirlik, *Global Modernity—Modernity in age of global capitalism*, Paradigm Pub., 2007, pp.67~70.

피지배 남성의 이중억압 대상자였고, 성별과 계급에 따라서 식민지 서 벌턴의 위치가 단일하지 않다는 점을 강조한 진술이었다. 더구나 반 제·반식민 운동에서 조차도 여성은 저항의 목소리를 낼 기회가 거의 부재했던 탓에, 여성의 침묵도 저항의 한 형태라고 역설한 이래로[50] 탈 식민 논의는 성별과 계급에 얽힌 다양한 층위의 탈식민 여성주의로 발 전했다. 거기에는 여성주의가 성별·인종·문화·민족 등에 내재한 지 배적 권력관계를 역전시키는 기획에서, 성별화된 식민지 주체 문제, 식 민지 이데올로기가 성별 논리에 근거하여 재생산되는 방식, 남성중심 적 민족주의가 유일한 저항 담론으로 작동하는 방식을 비판하며 탈식 민 이론을 추동한 것이 유효했다. 그러나 탈식민 여성주의 기획이 급진 적 탈식민, 반가부장제, 반백인중심주의를 표방했지만, 호미 바바의 경 우에서 보듯 탈식민주의가 맑스주의와 탈근대주의의 중간 어디쯤 위치 하는 듯한 이론적 절충주의[51] 특히 성별과 민족주의의 모순과 양립불 가능성이 문제가 된다.[52]

　　탈식민여성주의는 여러 측면에서 탈근대주의와 문제의식을 공유한 다. 이성주의, 보편주의, 단일주체 개념을 비판하고 객관성과 진리, 인 식론적 근본주의에 회의, 권력과 지식생산의 관계 비판적 성찰, 경험의

---

[50]　Gayatri Ch. Spivak, "Can the Subaltern Speak", Cary Nelson·Lawrence Grossberg eds., *Marxism and Interpretation of Culture*, Mcmillan, 1988, pp.271~313; *A Critique of Postcolonial Reason—Toward a History of the Vanishing Present*, Harvard University Press, 1999(태혜숙·박미선 역, 『포스트 식민이성 비판—사라져 가는 현재의 역사를 위하여』, 갈무리, 2005). cf. 임옥희, 『타자로서의 서구』, 현암사, 2012.

[51]　Homi K. Bhaba, *The Location of Culture*, Routledge, 1994(나병철 역, 『문화의 위치—탈 식민주의 문화이론』, 소명출판, 2002).

[52]　이나영, 「초/국적 페미니즘—탈식민주의 페미니스트 정치학의 확장」, 『경제와 사회』 70, 2006, 69쪽.

투명성과 진정성에 회의, 특히 기호의 가치중립성에 문제의식을 제기하며 지식생산에서 주체와 객체의 분리를 비판하는 데서 그렇다. 그러나 식민제국의 패권주의 비판, 탈식민을 향한 투쟁과 독립, 주권 추구, 인권과 개체성에 근거한 자유·정의·권리 개념에서 이들은 구분 된다. 탈식민여성주의는 총체적 전복을 꿈꾸는 저항적 식민운동, 초국적 자본주의가 초래한 계급재편 및 노동계급 재구성 이론에서 맑스주의와 연결된다. 정치경제 및 문화적 거시 층위들이 미시적 층위들을 내재함에 주목하고 담론권력과 제도권력 그리고 이 두 권력 사이의 관계를 탐구하면서 식민지 담론을 재생산하는 텍스트성과 텍스트 생산에 근거하는 물적 조건과 맥락을 복합적으로 분석한 것 역시 이와 연관이 있다.[53] 특히 백인이 주도하는 여성주의가 비서구 여성을 단일한 타자로 규정하고, 제3세계 여성들의 다양한 경험을 단순화하여 식민화한다는 비판에서 이들의 입장은 부각된다. 그러나 탈식민여성주의가 서구여성 대 비서구 여성을 단순한 지배와 억압 관계로 설정하는 것은 결코 아니다. 찬드라 모한티가 서구여성주의를 비판하면서도 제3세계 여성들은 여성주의에 항상 동참해 왔다는 것을 강조하며 탈식민화된 대안적 재현 방식을 고민하는 자세와, 민족과 국가 및 문화의 경계를 넘어선 연구를 모색하며 분석적 전략과 원칙의 정치적 함의를 점검하고, 연구목표를 자성적으로 질문하는 태도는 바로 이런 전망과 연관 있다.[54]

---

53 Ritu Birla, "History and the Critique of Postcolonial Reason−Limits, secret, value", Purushottama Bilimoria · Dina Al-Kassim, *Postcolonial Reason and its Critique −Deliberations on Gayatri Chakravorty Spivak's Thought*, Oxford U. P., 2014. p.33.

54 Chandra Talpade Mohanty, *Feminism without Borders −Decolonizing Theory, Practicing Solidarity*, Durham NC : Duke U. P., 2003, pp.222~3(문현아 역, 『경계없는 페미니즘−이론의 탈식민화와 연대를 위한 실천』, 여이연, 2005, 82쪽); 고정갑희, 「탈식민주의 저항전

한편 탈식민여성주의는 넘기 어려운 난관과 직면한다. 다름 아닌 국민(민족)국가와 관계 정립의 문제이다. 탈식민이론은 당위적으로 여성의 지위와 권리를 보장해주는 독립된 민족국가 건설을 요청한다. 그 결과 정치행동의 범위를 주권국가의 경계를 침해하지 않는 한계 안에서 결정할 필요와 직면한다. 여기서 직면하는 문제가 민족주의가 제국주의나 식민주의에 맞서면서, 역설적으로 자민족 여성들의 섹슈얼리티를 민족의 상징으로 전유와 통제 대상으로 삼는 것이다. 탈식민여성주의자들은 상징과 실체로서 여성이 전유와 재전유, 부인과 부정되는 과정을 탐구하고, 식민주의와 민족주의가 모순 관계이면서도 이중적으로 여성을 지배하는 방식에 주목했다.[55] 식민주의가 여성을 지배의 우월성을 과시하는 표지로 사용했다면, 민족주의 또한 민족해방을 추동한다는 명분 아래 여성의 심상을 이용한 사실을 지적한 셈이다. 심지어 여성을 민족국가 건설 운동에 핵심적으로 동원하였음에도 그 역할을 사소한 것으로 치부하고, 실질적인 완전한 시민권조차도 부여하지 않았다. 주디스 버틀러와 가야트리 스피박이 합심해서 합창한 민족국가 비판은 바로 이 상황을 말한다.[56] 그럼에도 우리는 정현백이 민족주의 담론을 한국여성운동에서 폐기하면 여성의 소외를 더욱 심화시킬 것이라고 우려하여, 불가피하게 민족 문제에 관심가지고 통일운동에 복무하기를 촉구하는 말을 듣는다.[57] 이와 같은 사례에서 보듯 모순적 관계와 내재적 긴장은

략과 페미니즘」, 『젠더와 문화』 4-1, 2011, 167~203쪽.

55 이나영, 「민족주의와 젠더」, 『한국여성학』 31-2, 2015, 213~56쪽.

56 Judith Butler · Gayatri Chakravorty Spivak, *Who Sings the Nation-State? Language, Politics, Belonging*, Seagull, 2007(주혜연 역, 『누가 민족국가를 노래하는가?』, 산책자, 2008).

57 정현백, 『민족과 페미니즘』, 당대, 2003; 『여성사 다시쓰기―여성사의 새로운 재구성을 위하여』, 당대, 2007. 이스라엘의 여성주의와 팔레스타인의 여성주의 경우 민족갈등이

탈식민여성주의의 한계를 보여주는 동시에 인종·계급·성별·민족·섹슈얼리티 등이 교차하는intersectionnel 패러다임을 가진 매우 긴박하게 상호연관 된 복잡하고 혼종적인 쟁점이라는 것을 보여준다.[58]

탈식민여성주의를 로컬리티 연구와 어떻게 결합시킬 수 있을 것인가? 필자는 신자유주의 전지구화를 추동하는 초국적 투기 자본의 이윤추구가 불평등한 경제구조를 심화시키고 문화의 접합과 충돌을 자극하는 현실에 주목한다. 그리고 현재 제3세계의 '불평등한 성별, 인종, 섹슈얼리티의 축'에서 진행되는 재생산의 기제를 전면 가동시키며 여성노동을 착취하고 이주현상을 강화하여 여성을 재식민화하고 재타자화하는 양상의 확장에 주목한다. 이것은 마치 전지구화가 국민국가의 로컬을 끌어내어 신자유주의 경제논리의 질서에 직접적으로 포섭하여 타자화하고 결국 초국적 자본의 투기장으로 식민화하는 것과 유사하다. 그러므로 모한티가 여성의 몸이 경계를 넘어 재식민화되는 과정에서 성애화·인종화·계급화 현상에 주목한데[59] 덧붙여, 필자는 자본이 로컬 공간을 영토화, 탈영토화, 재영토화하는 다양한 과정을 거치며 공간 규모를 조정하며 직간접으로 수탈하는 현상에 주목한다. 여성이 보편성을 내세우는 전지구화라는 새로운 경계와 만나 타자화 및 재식민화

상호 연대를 약화시킨다. Élisabeth Marteu, "Féminisms décoloniaux, genre et dével-oppment; féminisme israéliens et palestiniens questions postcoloniales", *Revue tiers monde* Vol. 209, 2012, pp.83~4.

58 Pierre Lénel et Virginie Martin, "La contribution des études postcoloniales et des féminismes du 《Sud》 à la constitution d'un féminisme renouvellé, ver la fin de l'occidentalisme", *Revue tiers monde* Vol. 209, 2012, p.141.

59 Chandra Talpade Mohanty, *Feminism without Borders—Decolonizing Theory, Practicing Soli-darity*, Durham NC : Duke U. P., 2003, pp.222~3(문현아 역, 『경계없는 페미니즘—이론의 탈식민화와 연대를 위한 실천』, 여이연, 2005, 97쪽).

의 덫에 포섭되기 쉬운 것처럼, 로컬 역시 보편과 본질의 이름 앞에 포섭되거나 착취와 폭력의 대상으로서 '위험한 존재'로 규정되는 양면성과 직면해 있다. 필자는 한편 스피박의 지적, 식민화/탈식민화 논의가 확산되면서, '세계시민적 탈식민주의'화가 진행되고 역설적으로 '탈'의 의미가 희석되고 있다는 분석에 공감한다.[60]

여성과 로컬은 서로 연대하여 전지구적 자본의 수탈에 맞설 수 있다. 그러나 로컬리티 연구를 탈식민여성주의와 결합시키면서 우려되는 점이 없지 않다. 민족주의의 선례처럼 여성주의를 동원하고도 역할과 내용을 평가절하고 소홀히 취급할 가능성이 크기 때문이다.(다행스럽게도 지금까지는 여성주의를 전혀 동원하지도 않은 것으로 보인다) 이것은 그동안 로컬이 국민국가 주체와 중심의 강요로 타자화되고 식민화되는 문제에 분노하면서도, 우리 안에 수많은 로컬과 타자들을 만들어 짓밟으면서도 양성해온 현실과 맞물린다. 그동안 우리는 여성, 장애인, 빨갱이, 노동자, 전라도 깽깽이 등으로 로컬을 타자화하고 타자화할 로컬리티를 생산하고 재식민화시키는 데 몰두해왔다. 심지어 우리 안에 들어온 새로운 이방인들을 열등한 타자로 인종차별적으로 자리 매김하고 내면화된 식민지적 시각을 폭력적으로 실천하고 있다. 탈식민여성주의는 로컬리티 연구가 중심과 남성의 시선에서 보지 못한 음지의 사람들 "비조직 노동자, 노인, 도시 하층 프롤레타리아, 주변부 외곽지대 여성, 원주민 여성"에 주목하도록 이끈다.[61] 이것은 로컬인이 '타자를 타자화'하

---

60 Gayatri Ch. Spivak, *A Critique of Postcolonial Reason — Toward a History of the Vanishing Present*, Harvard University Press, 1999(태혜숙·박미선 역, 『포스트 식민이성 비판 — 사라져 가는 현재의 역사를 위하여』, 갈무리, 2005, 31쪽).
61 태혜숙, 『한국의 탈식민 페미니즘과 지식생산』, 문화과학사, 2004, 90쪽.

는 과정이, 가부장적 질서와 자본의 질서 및 정치적 질서와 같은 패권적 권력 구조와 연관됨을 반성적으로 통찰하기를 요청한다.

5. 생태여성주의와 로컬리티

생태여성주의는 여성주의 담론의 장에서 장소성과 현장성을 연관시킨 논의를 자극하므로 많은 관심을 끈다.[62] 캐롤린 머천트가 1980년 과학혁명과 자본주의를 성취한 서구 근대 철학의 정신/신체 이분법이 남성중심주의, 인간중심주의, 유럽중심주의가 여성과 자연지배로 귀결된 것을 비판하고 의사소통적이고 상호주의적 돌봄과 배려caring의 윤리에 기초하는 여성주의 철학을 대안으로 표명했다.[63] 생태여성주의는 출발점에서 프랑크푸르트학파나 시몬 드 보부아르에게도 충분히 실마리를 발견할 수 있지만, 본격적 출현은 1970년 초반 노르웨이 철학자 아르네 네스Arne Naess(1921~2009)의 심층생태학[64]과 미국의 머레이 북친의 사회생태론의 영향을 받았다. 그는 남성이 여성을 출산과 양육,

---

62 프랑수와즈 도본이 1972년 생태여성주의 센터를 설립하고 1974년 처음 사용했다. Fran-
   çoise d'Eaubonne, *Le Feminism ou la Mort*, Paris : Pierre Horay, 1984; 이상화, 「여성과
   환경에 대한 여성주의 지식 생산에 있어 서구 에코페미니즘의 적용가능성」, 『한국여성철
   학』 16, 2011, 109~140쪽.

63 Carolyn Merchant, *The Death of Nature—Women. Ecology, and the Scientific Revolution*(1980),
   Harper & Row, 1990, p.xxi; *Radical Ecology—The Search for a Livable World*, Routledge,
   1992 : 2nd, 2005(허남혁 역, 『래디컬 에콜로지—잿빛 지구에 푸른빛을 찾아주는 방법』,
   이후, 2001·2007); *Earthcare—Women and the Environment*, Routledge, 1996.

64 Arne Naess, "The Deep Ecological Movement—Some Philosophical Aspects",
   Philosophical Inquiry Vol. 8 No. 1-2, 1986, pp.10~31. 생태위기의 근본원인은 모든 자연
   가치관을 인간적 측면에서 평가하고 자연을 인간 욕망 충족 대상으로 보는 인간중심적 사
   고에서 비롯한다고 비판한다.

성욕해소의 도구로 삼고, 공포의 대상인 자연과 죽음으로부터 자신을 보호하기 위하여 여성과 자연의 지배에 집착하도록 만드는 가부장제가 모든 형태의 억압과 착취의 뿌리라는 급진여성주의를 표방했다. 북친은 지역자치주의 곧 연방형태로 점차 확대되는 도시 단위의 직접민주주의를 구상하고, 지역제도의 급진적 재구성을 실현하여 민회를 제도화하는 코뮌주의를 요청했다.[65] 생태여성주의는 북친의 위기의식 곧 가부장제가 환경오염, 자원고갈과 생태파괴로 인류를 최악의 상황으로 내몬다는 관점을 중요한 기반으로 삼았다.[66] 생태여성주의는 1980~90년대에 후기구조주의와 탈근대주의를 수용한 여성주의 제3의 물결을 거치면서 정체되었다.

1990년대 이후 본질주의적 자연관을 넘어 후기구조주의와 탈근대주의를 수용한 벨 플룸우드의 '비판적 생태여성주의'[67] 캐런 워런의 '통합적 변형 여성주의'라고 부른 생태여성주의가 기존 여성주의가 생태문제 해결에 무기력함을 비판하며 출현했다.[68] 캐런 워런이 제시하는 생태여성주의의 4대 기본원칙은 다음과 같다. ① 여성의 억압과 착취

65 Murray Bookchin, *The Ecology of Freedom – The Emergence and Dissolution of Hierarchy* (1982), Black Rose Books, 1991; *Social Ecology and Communalism*, Erik Eiglad ed., AK Press, 2007(서유석 역, 『사회적 생태론과 코뮌주의』, 메이데이, 2012). Murray Bookchin, *The Next Revolution – Popular Assemblies and the Promise of Direct Democracy*, Verso, 2015.

66 미국의 생태여성주의는 머래이 북친의 사회생태학연구소에서 활동한 이네스트라 킹 (Ynestra King)의 '생태여성주의 강좌'를 통하여 발전했다. Ynestra King, *Ecofeminism – The Reenchantment of Nature*, Beacon Press, 1991; Jael Miriam Siliman · Y. King eds., *Dangerous Intersections – Feminist Perspectives on Population, Environment, and Development*, South End Press, 1999; Brian Tokar, "On Bookchin's Social Ecology and its contribution to social movements", *Capitalism, Nature Socialism* Vol. 19 No. 1, 2008, p.60.

67 Val Plumwood, *Feminism and the Mastery of Nature*, Routledge, 1993; *Environmental Culture – The ecological crisis of reason*, Routledge, 2003.

68 Charis Thompson, "Back to nature – Resurrecting ecofeminism after poststructuralist and third wave feminisms", *Isis* Vol. 97, 2006, pp.505~512.

② 여성과 자연의 억압에 관한 올바른 이해 ③ 모든 여성주의 이론과 실천의 생태학적 관점 포함, ④ 생태문제 해결은 여성주의 관점을 반드시 포함하기를 요청한다. 워런에 따르면 인간이 성·인종·계급·연령·종교·국적과 같은 요소의 영향을 받은 일련의 신념과 가치, 태도와 전제를 가진 사고방식인 '개념의 틀'을 가지며, 남성은 '가부장제 개념의 틀'을 표준으로 삼아왔다. 이 가부장제 개념 틀의 특징은 가치에 수직적 등급을 매기는 가치계급적 지배의 논리를 만드는 것. 예컨대 여성보다 남성, 자연보다 문화, 육체보다 정신에 가치를 부여하고 소위 우수한 개념과 집단이 소위 열등한 개념과 집단을 이분법적으로 구분하며 지배와 착취를 정당화했다. 워런은 이런 남성/여성 이원론이 가부장제, 인간/자연 논리가 부당한 자연지배와 착취naturism를 정당화하고, 정신/육체 대립논리가 계급지배, 이성/감성 문명/원시 형식의 대립적 가치로서 인종주의적 지배를 정당화했다고 비판한다. 곧 이원론적 사고를 배격하고 이들 두 요소가 배타적 관계가 아닌 보완적 관계라는 것을 강조한다.[69]

생태여성주의는 처음에는 여성과 자연의 억압에만 관심을 집중했지만, 점차 모든 형태의 불평등한 지배와 억압과 착취에 관심을 기울이게 되었다. 앙드레 고르André Gorz(1923~2007)의 정치 생태학,[70] 곧 자기생

---

69 Karen J. Warren, *Ecofeminism—Women, Culture, Nature*, Bloomington : Indiana U. P., 1997, p.4; 영성을 강조하는 여성주의가 이런 이원론을 벗어나지 못한다는 비판을 받지만 워런은 일정 수준에서 수용할 것을 권고한다. *Ecofeminist Philosophy—A western perspective on what it is and why it matters*, Lanham Maryland : Rowman & Littlefield, 2000, pp.194~5.

70 André Gorz·Michel Bosquet, *Ecologie et politique*, Seuil, 1978, p.27; *Ecologica*, Galilée, 2008(임희근·정혜용 역, 『에콜로지카—정치적 생태주의, 붕괴직전에 이른 자본주의의 출구를 찾아서』, 갈라파고스, 2015, 51~78쪽). cf. Conrad Lodziak·Jeremy Tatman, *André Gorz—A critical introduction*, Pluto Press, 1997.

성 및 자기재조직하는 능력을 가진 생태체계를 유지하는 방도로서 경제적 합리성을 최우선시하는 자본주의를 넘어 생산방식과 노동 등 기존의 경제적 삶의 관행 전면 재편성 요청은 여성해방과 자연환경 보호는 먼저 모든 권력구조를 문제 삼아야 한다는 자각을 제공했다. 이 점에서 생태여성주의는 가부장제만이 아니라 모든 형태의 억압과 착취를 비판하며 인간과 자연의 동시 해방을 모색한다. 여성주의 정치생태학의 새로운 경향은 "여성의 취약성과 초점을 맞추고 젠더화되고 서벌턴적 지식에 침묵하기로부터 사회운동에서 출현하는 여성들의 구체화된 실천의 전지구적 의미 강조"[71]로 이동하고 있다. 워런이 설정한 목표에서 보듯 여성주의 정치생태학은 매우 다양한 장소에서 다면적으로 전개되며 개인보다는 구조에 도전한다.

여성과 자연의 관계를 분석하여 성 차별은 물론이고 인종차별, 계급차별, 연령차별, 민족중심주의, 제국주의, 제국주의, 식민주의 등 모든 사회적 지배체제 사이의 복잡한 상호관계를 포함한다.[72]

사실 그동안 여성주의는 흑인과 아시아계 유색인종 여성, 심지어 백인 하층 여성에게는 별 관심 없는, 백인 중산층 여성 심지어 백인 미혼 여성의 운동이란 조롱도 들었다. 그러나 생태여성주의가 인종과 지역

71 Sthephanie Buechler · Anne-Marie Hanson, "Introduction—towards a feminist political ecology of women, global change, and vulnerable waterscapes", Buechler · Hanson eds., *A Political Ecology of Women, Water and Global Environmental Change*, Routledge, 2015, pp.1~16.
72 K. J. Warren ed., *Ecological Feminism*, Routledge, 1994, Introduction, p.2.

및 계급 차별을 거부하며 아시아·아프리카·중남미 제3세계에 주목하고 토착원주민에게 관심을 기울이면서 흑인여성, 호주여성, 인도를 비롯한 아시아계 여성, 심지어 북미 인디언계 여성조차도 참여가 활발하다.[73] 생태여성주의가 로컬리티 연구의 장소성·타자성·소수성·현장성과 다양하게 결합될 가능성을 내포한 지점이 여기다. 생태여성주의는 자연이란 보편적 물질성과 결합되지만 그것의 인식과 실천이 구체적 국지local 공간에서 출발하여 진행되기에 그렇다.[74]

생태여성주의는 특정 체제를 옹호하거나 비판하지 않지만 억압적 지배나 통치 무엇보다 본질주의를 거부하고 끊임없이 입장이 변화한다. 그 대신 개인의 자유와 공동체를 상호의존적으로 모색하는 아나키즘(정치적 아나키즘과는 구분되는), 사회진화론적 적자생존과 약육강식의 논리와 계급지배를 거부하는 생태아나키즘과 밀접한 관련이 있고 최근에 주요 관심사는 반전, 반핵, 평화운동이다. 또한 1960년대 말에서 1980년대에 걸쳐 일어난 제3세계의 녹색혁명은 도리어 저개발 국가에 비료와 농약의 부담으로 가난을 가중시키고, 토착농작물 대신 커피와 같은 단일 환금작물 농법으로 토양을 척박하게 만들었을 뿐 아니라, 제1세계 다국적 자본의 통제를 강화시켰다고 비판한다. 생태여성주의자들은 대규모 댐 공사와 벌목이 가져오는 생태 파괴에 맞서는 인도 여성들의 실천을 중요한 모범 사례로 삼는다.[75] 여기에는 개인의 권리와 자

---

73 K. J. Warren, *Ecofeminist Philosophy —A western perspective on what it is and why it matters*, Lanham Maryland : Rowman & Littlefield, 2000.

74 Ch. Rootes eds., *Acting Locally —Local Environmental Mobilisations and Campaigns*, Routledge, 2008; Robin Hahnel, "Eco-localism—A Constructive Critique", *Capitalism, Nature, Socialism* Vol. 18 No. 2, 2007, pp.62~78.

75 Dianne Rocheleau · Barbara Th. Slayter · Esther Wangari eds., *Feminist Political Ecology*

율성을 강조하는 자유주의의 한계를 넘어 모성윤리와 공동체적 관계를 중시하는 '윤리적 전회ethical turn'가 작용한다.[76]

생태여성주의는 심층생태학 및 사회생태학 계열과 많은 논쟁을 거쳐 왔다. 생태철학적 심층생태학은 '생태 조화나 균형의 철학'이라는 의미에서 환경운동의 차원을 넘어 정신적 각성과 영혼의 개안을 추구한다. 심층생태학이 '휴머니즘의 오만'이라고 불리는 인간중심주의를 비판하며, 다원주의에 뿌리를 두고 타자의 존재를 존중하길 강조한 것은 철학과 환경윤리 등 여러 분야에서 큰 관심을 끌었다. 이들은 현재의 환경위기 원인을 보편적 인간 조건에서 찾으며 생물중심적 평등주의, 다양성과 공생의 원리, 반계층적 태도와 같은 대안 개념을 제시한다.[77] 그러나 생태여성주의자들은 심층생태학이 만물의 생물학적 평등주의에서 보듯 지나치게 주관적, 심리적, 현학적, 관념적이며 현실적 실천성이 결여되었다고 비판한다. 자연착취나 환경파괴의 근본원인을 심리적 이기심에서 찾고 사회구조의 개혁보다는 개인의 변화에 더 무게를 두는 부르주아 자유주의 환경개혁운동에 불과하다는 비판이다. 그리고 인간을 생물학적 종種으로만 여길 뿐 여성과 같은 개별 존재를 부정하고, 인간중심주의를 비판하지만 남성중심주의 늪에서 벗어나지 못한, 더구나 자연 억압에 분개하면서도 여성의 억압에는 침묵하는 서구 백인 남성 중심의 생태론으로 비판한 것[78]은 잘 알려진 사실이다.

―Global issues and local experience, Routledge, 1996(김욱동, 「에코페미니즘과 생태중심주의 세계관」, 『미국학 논집』 29-1, 1997, 47~70쪽).

76 장선희, 『페미니즘과 페미니즘 윤리』, 울산대 출판부, 2005; 김진, 『페미니즘 윤리학』, 울산대 출판부, 2007.

77 Bill Devall · George Sessions, Deep Ecology, Salt Lake City UT : Peregrine Smith, 1985.

78 Ariel Salleh, "Class, race, and gender discourse in the ecofeminism/deep ecology

생태여성주의자의 비판은 일면 타당성이 있다. 그러나 남성에게 모든 환경파괴의 책임을 부과하고 여성의 친생태성을 강조한 결과, 역설적으로 남성을 생태파괴 책임에서 면제시키고, 여성 또는 여성적 특성만이 환경보존의 책임이 있다는 결론을 가져왔다는 반론도 제기되었다.[79] 특히 가부장제가 생태파괴를 조장한 것은 인정되지만, 가부장제에서 해방이 곧 자연지배의 종식을 가져올지는 대답하기 어려운 것이었다. 도리어 비가부장제적 인간중심주의 사회의 출현 가능성, 예컨대 동아시아 전통문화가 가부장제이지만, 서구와 비교하면, 자연을 정복과 지배와 착취가 아닌 도리어 존경과 경외의 대상으로 삼지 않았던가? 생태여성주의가 자본주의와 가부장제에 맞서 생명체에 내재한 생존본능과 의지를 되살리고 지속가능한 사회를 구성하고 가꾸는 일에는 행동적 실천이 필요하다. 특히 맑스주의/사회주의적 여성주의의 실천력과 결합할 필요가 있다. 독일의 빌Whyl에서 시작된 원자력발전소 반대운동, 유해폐기물 투기와 매립에 반대하는 로우이스 마리 깁스의 활동, 일본여성들의 농약사용식품 반대 운동, 미국 오레곤주 캐스캐디아 숲 보존 운동, 특히 제3세계에서 벌어진, 히말라야의 백악chalk 채굴과 벌목 반대운동, 케냐의 그린벨트운동, 에콰도르의 맹그로브숲 보존운동, 인도의 나르마다 댐 건설에 맞서는 메다 빠뜨까르Medha Patkar의 활동, 역시 인도에서 대기업의 벌목에 맞서 생존의 숲을 지킨 칩꼬Chipko

debate", *Environmental Ethics* Vol. 15 No. 3, 1993, pp.225~44; Deborah Slicer, "Is there an ecofeminism- deep ecology 'debate'", *Environmental Ethics* Vol. 17 No. 2, 1995, pp.151~169.

[79] Rosemary Radford Ruether, *Gaia and God—An Ecofeminist Ecology of Earth Healing*, San Francisco : Harper & Row, 1992(전현식 역, 『가이아와 하느님—지구 치유를 위한 생태여성학적 신학』, 이화여대 출판부, 2000).

여성들의 활동, 멕시코 국경지대 조립공정maquiladoras 공단의 불법행동 항의 등이 모두 여성 환경운동 활동가들이 생명과 생태를 지키려는 투쟁이었고 지금도 진행형이다.[80] 지역의 토착indigeneous 지식과 여성의 지역적 지식에 바탕 두고 생물 다양성 생산자로서 여성, 새로운 먹거리 문화운동자, 지속가능한 삶의 방식에서 여성의 자연의 동맹자 역할[81]의 강조는 로컬리티 연구의 좋은 주제로 삼을 수 있다.

한편 생태여성주의는 급진여성주의가 여성의 독자적 대항문화 건설을 모색하는 문화적 여성주의로 변화에 발맞추어 문화적 생태여성주의로 변화하는 경향도 나타났다.[82] 그들은 인종차별·계급차별·연령차별·민족중심주의·제국주의·제국주의·식민주의 등 모든 사회적 지배체제를 변혁하는 문화혁명 및 정신혁명론을 표방한다. 머레이 북친 — 한때는 맑스주의자 현재는 무정부주의자로 평가도 받는 — 이 주도한 사회생태학은 문화적 생태여성주의자들의 비판대상이다. 북친은 모든 존재는 자연적 존재로서 자기 발전과 자기 변형 과정에 있으며 모든 현상은 전체 가운데서 서로 분리될 수 없다는 변증법적 자연주의에 입각한다. 생태위기는 인종차별과 계급차별로 대표되는 인간의 지배에

---

80 Rosemary Radford Ruether·Maria Mies·Vandana Shiva, *Ecofeminism*, Zed Books, 1993(손덕수·이난아 역, 『에코페미니즘』, 창작과비평사, 2000, 11~14쪽); R. Ruether ed., *Women Healing Earth — Third World Women on Ecology, Feminism, and Religion*, Orbis Books, 1996.

81 Maria Mies·Veronica B. Thomsen, *Kuh für Hilary*, Frauenoffensive Verlag, 1997(꿈지모 역, 『힐러리에게 암소를 — 자급의 삶은 가능한가?』, 동연, 2013); 황희숙, 「토착 지식과 생태운동」, 『철학논집』 40, 2015, 69~89쪽.

82 송명규, 「생태여성주의의 탐구주제와 논리 — 문화적 생태여성주의를 중심으로」, 『도시행정학보』 16-2, 2003, pp.43~58; Melissa Leach, "Earth Mother Myths and Other Ecofeminist Fables — How a Strategic Notion Rose and Fell", *Development and Change* Vol. 38 No. 1, 2007, pp.67~85; Cynthia Belmont, "Ecofeminism and the Natural Disaster Heroine", *Women's Studies* Vol. 36, 2007, pp.349~372.

서 비롯된 사회적 위기의 산물이므로 사회변혁이야말로 생태위기 극복의 지름길이다. 인간의 인간지배는 여성 지배와 억압에서 시작하여 계급 지배와 착취의 순서로 진행되어 결국 자연지배와 착취를 가져왔다는 것. 자연지배와 착취는 사회적 원인이기보다는 사회적 증후에 속하므로 자연해방에 앞선 인간해방이 필요하다는 논리이다. 구체적으로 엘리트 체제의 계급지배를 비판하고 지방분권화된 공동체와 태양 에너지와 유기농법 같은 생태 기술 개발을 강조한다.[83]

그러나 생태여성주의자들은 북친의 사회생태학이 인간의 불평등을 강조하고 인간해방을 주창하지만, 자연과 인간의 관계에는 무관심한 인간중심의 이론이라고 불편해 한다. 플룸우드는 서양철학이 플라톤의 로고스/자연 구분단계, 데카르트의 의식/기계 단계, 인간중심/자연정복 단계를 거쳐 이제 세계경제 영역에서 완전합병이냐 완전제거냐 양자택일의 단계에서 생물계의 자연 억압과 인간계의 여성/인종/계급 차별이 극도로 심화된 단계라고 규정한다. 필요한 것은 자연을 한 인격체로 대하여 인간과 인간 사이에 적용될 윤리성과 정치성을 자연관계에도 적용하는 것이다.[84] 이들은 사회생태학이 여전히 전통적 이성과 계몽의 진보의 신화를 신뢰하는 '생태학적 합리주의'이며, 제3세계 민족의 평등에 침묵하는 서구중심주의라는 비난한다. 이에 사회생태학 계

---

83 Murray Bookchin, *The Philosophy of Social Ecology —Essays on Dialectical Naturalism*, Black Rose Books, 1990(문순홍 역, 『사회생태론의 철학』, 솔, 1997, 125쪽); *Re-Enchanting Humanity —A Defense of the Human Spirit against Antihumanism, Mysticism, and Primitism*, Cassell, 1995(구승회 역, 『휴머니즘의 옹호—반인간주의, 신비주의, 원시주의를 넘어서』, 민음사, 2002); *Social Anarchism or Life Style Anarchism*, AK Press, 1995; *Social Scarcity Anarchism*, AK Press, 2004.

84 Val Plumwood, *Environmental Culture —The Ecological Crisis of Reason*, Routledge, 2002.

열에서는 생태여성주의자들이 무저항주의로 퇴각하여 사적 집단감수성 훈련을 선호하는 방향 잃은 영성주의자들이라고 응수한다.[85] 생태여성주의자들은 자신들의 영성은 종교가 아니라 합리적이고 물질적 욕망에 충만한 세상에 자연과 인간 그리고 동물이 공감하는 감성의 추구를 은유한 것이라고 설명한다.[86] 사실 문화적 생태여성주의와 사회생태학은 많은 교집합을 가진다. 물론 생태여성주의자들이 서구 중산층 여성의 경험을 모든 문화권에 보편적 현상인 듯 상정하거나, 제3세계 여성의 생존권과 결합된 환경의식과 생태보존 활동을 고도의 수사로 치장하는 보편적 추상의 진보 담론에 불과하다는 비판도 일리가 있다. 생태여성주의가 담론의 급진성에 비해서 정치적 참여와 행동의 실천력이 미흡하다는 비판[87]과 결부시키면 더욱 그렇다.

6. 쟁점과 전망

로컬은 국민국가라는 남성적 심상과는 대비되는 여성의 표상과 접점을 가진다는 것이 이 연구의 출발점이었다. 글로벌리티는 아마도 퀴어에 해당할 것일까? 이 연구는 여성주의 이론을 원용하여, 로컬리티의 내용을 풍부하게 만들고 여성성과 마찬가지로 사회를 이해하는 소중한 가

---

85 M. Bookchin, *Remaking Society—Pathways to a Green Future*, South End Press, 1989(박홍규 역, 『사회생태주의란 무엇인가? 녹색 미래로 가는 길』, 민음사, 1998, 200~201쪽).

86 Deane Curtin, "Compassion and being human", Carol J. Adams·Lori Gruen eds., *Ecofeminism—feminist intersections with other animals and the earth*, Bloomsbury, 2014, pp.39~58.

87 Lucy Sargisson, "What's Wrong with Ecofeminism?", *Environmental Politics* Vol. 10 No. 1, 2001, pp.52~64.

치로 부각시킬 수 있다는 명제를 표방했다. 특히 로컬리티 연구의 경험과 용어, 논리와 이론이 남성 중심 곧 국가 중심의 가치를 표명하거나 반복하는지 여부를 반성적으로 성찰할 계기를 잠정적으로 시론 했다.

먼저 한국사회에서 영향력이 가장 큰 맑스주의/사회주의 여성주의가 가정과 직장에서 여성 노동의 역할을 주변부적으로 평가하는데 주목하고, '가정'과 '직장'을 로컬 단위로 규정 가능한지 여부의 문제를 제기했다. 그리고 탈근대여성주의 전망이 차이에 주목한 것은 남성중심주의 보편성으로 환원하는 경향을 견제하고 문화 및 정신분석학적으로 여성들의 차이 곧 계급, 인종, 문화적 차이에서 비롯되는 여성성 내부의 다양한 차이와 복합성을 고려한 것이다. 이는 다차원적 사고를 부각시켜 여성성 자체가 여성중심적 보편성으로 환원되는 경향도 역시 저지할 것으로 기대한다. 이것은 남성을 국가, 남성성을 국가중심, 여성을 로컬, 여성성을 로컬리티라는 이론 구조틀로 전유하여 로컬리티 연구와 연관성 설정에 유용성을 부각시킬 가능성을 질문했다.

한편 탈식민여성주의가 선진자본주의가 제3세계의 '불평등한 성별, 인종, 여성 성의 축'에서 진행되는 재생산의 기제를 전면 가동시키며 여성노동을 착취하고 이주현상을 강화하여 여성을 재식민화하고 재타자화하는 과정에 주목한 점을 긍정한다. 이것은 전지구화가 국민국가의 로컬을 끌어내어 신자유주의 경제논리의 질서에 직접 포섭하고 타자화시켜, 결국 초국적 자본의 투기장으로 만들며 식민화하는 것과 유사하다. 여성과 여성성이 보편적 전지구화라는 새로운 경계와 만나 타자화 및 재식민화의 덫에 포섭되기 쉬운 것처럼, 로컬과 로컬리티 역시 보편과 본질의 이름에 포섭되거나 착취와 폭력의 위험한 존재로 규정되는 양면성과 직면해 있다. 여성과 로컬은 전지구적 자본의 수탈에 맞서는 연대가 필요하다. 한편 로컬리티 연구가 탈식민여성주의와 결합에서 우려되는 점은 여성 곧 개념을 전위시켜 로컬을, 타자성과 소수성, 차이성과 이종성의 이름으로 이론적 동원 대상으로 삼을 가능성이다. 끝으로 생태여성주의가 여성과 자연의 억압을 넘어 모든 형태의 불평등 지배억압과 착취에 깊은 관심을 기울이고, 인간과 자연의 동시적 해방을 모색하고 반전, 반핵 및 평화운동에 참여하여 생명과 생태보존 운동이 로컬 차원에서 전개되고 여성들이 투쟁의 주체로서 로컬리티를 생성하는 사례에 주목한다. 생태여성주의는 장소성과 결합하여 로컬리티 연구에서 가장 많은 소재와 쟁점을 제공한다.

참고문헌

고정갑희, 「탈식민주의 저항전략과 페미니즘」, 『젠더와 문화』 4-1, 2011, 167~203쪽.

김미덕, 『페미니즘의 검은 오해들―가부장제, 젠더, 그리고 공감의 역설』, 현실문화, 2016.

김진, 『페미니즘 윤리학』, 울산대 출판부, 2007.

김욱동, 「에코페미니즘과 생태중심주의 세계관」, 『미국학 논집』 29-1, 1997, 47~70쪽.

미셸 바렛, 「맑스주의 페미니스트 분석의 몇 가지 개념적 문제」, 신현옥·장미경·정은주 편역, 『페미니즘과 계급 정치학』, 여성사, 1995.

박주원, 「'여성'이란 무엇인가? 크리스테바의 사상에서 '여성'이라는 주체성의 재구성」, 『시민사회와 NGO』 14-1, 2016, 251~281쪽.

배은경, 「사회분석 범주로서 '젠더' 개념과 페미니스트 문화연구―개념사적 접근」, 『페미니즘 연구』 40, 2000, 55~100쪽.

송명규, 「생태여성주의의 탐구주제와 논리―문화적 생태여성주의를 중심으로」, 『도시행정학보』 16-2, 2003, 43~58쪽.

윤성훈, 「시몬 드 보부아르―절대적 타자에서 실존적 인간으로」, 사회비판과대안 편, 『현대 페미니즘의 테제들』, 사월의책, 2016, 13~58쪽.

이경원, 「탈식민주의의 계보와 정체성」, 고부응 편, 『탈식민주의―이론과 쟁점』, 문학과지성사, 2003.

이나영, 「초/국적 페미니즘―탈식민주의 페미니스트 정치학의 확장」, 『경제와 사회』 70, 2006, 63~88쪽.

_____, 「민족주의와 젠더」, 『한국여성학』 31-2, 2015, 213~56쪽.

이상화, 「여성과 환경에 대한 여성주의 지식 생산에 있어 서구 에코페미니즘의 적용가능성」, 『한국여성철학』 16, 2011, 109~140쪽.

임옥희, 『타자로서의 서구』, 현암사, 2012.

_____, 『젠더, 감정, 정치』, 여이연, 2016.

장선희, 『페미니즘과 페미니즘 윤리』, 울산대 출판부, 2005.

장필화 외, 『나의 페미니즘 레시피』, 서해문집, 2015.

전혜은, 『섹스화된 몸―엘리자베스 그로츠와 주디스 버틀러의 육체적 페미니즘』, 새물결, 2010.

정현백, 『민족과 페미니즘』, 당대, 2003.

_____, 『여성사 다시쓰기―여성사의 새로운 재구성을 위하여』, 당대, 2007.

조순경 편,『노동과 페미니즘』, 이화여대 출판부, 2000.

조현준,『주디스 버틀러의 젠더 정체성 이론─퀴어 정치학과 A. 카터의『서커스의 밤』』, 한국학술
　　정보, 2007.

주유신, 「서구 페미니스트 성정치학─그 지형과 쟁점들」, 『여성학 논집』 25-1, 2008, 197～208쪽.

태혜숙,『한국의 탈식민 페미니즘과 지식생산』, 문화과학사, 2004.

황희숙, 「토착 지식과 생태운동」, 『철학논집』 40, 2015, 69～89쪽.

Bannerji, Himani, "Building from Marx─Reflections on 'race', gender and class", Shahrzad
　　Mojab ed., *Marxism and Feminism*, Zed Books, 2015, pp.102～121.

Beauvoire, Simone de, *Le Deuxieme Sexe*, 1949(조홍식 역, 『제2의 성』, 을유문화사, 1986).

Belmont, Cynthia, "Ecofeminism and the Natural Disaster Heroine", *Women's Studies* Vol.
　　36, 2007, pp.349～372.

Benston, Margaret, "The Political Economy of Women's Liberation", *Monthly Review* Vol.
　　21 No. 4, 1969, pp.13～27.

Bhaba, Homi K., *The Location of Culture*, Routledge, 1994(나병철 역, 『문화의 위치─탈식민주의
　　문화이론』, 소명출판, 2002).

Bookchin, Murray, *Remaking Society─Pathways to a Green Future*, South End Press, 1989(박홍
　　규 역, 『사회생태주의란 무엇인가? 녹색 미래로 가는 길』, 민음사, 1998).

_____, *The Ecology of Freedom─The Emergence and Dissolution of Hierarchy*(1982), Black Rose
　　Books, 1991.

_____, *The Philosophy of Social Ecology─Essays on Dialectical Naturalism*, Black Rose Books,
　　1990(문순홍 역, 『사회생태론의 철학』, 솔, 1997).

_____, *Re-Enchanting Humanity─A Defense of the Human Spirit against Antihumanism, Mysticism,
　　and Primitism*, Cassell, 1995(구승회 역, 『휴머니즘의 옹호─반인간주의, 신비주의, 원시
　　주의를 넘어서』, 민음사, 2002).

_____, *Social Anarchism or Life Style Anarchism*, AK Press, 1995.

_____, *Social Scarcity Anarchism*, AK Press, 2004.

_____, *Social Ecology and Communalism*, Erik Eiglad ed., AK Press, 2007(서유석 역, 『사회적
　　생태론과 코뮌주의』, 메이데이, 2012).

_____, *The Next Revolution─Popular Assemblies and the Promise of Direct Democracy*, Verso, 2015.

Bourcier, Marie-Hélène, *Sexpolitiques, Queer zone 2*, La Fabrique, 2005.

_____, *Queer Zones—Politiques des identités sexuelles et des savoirs*, Éd. Amsterdam, 2006.

Buechler, Sthephanie and Anne-Marie Hanson, "Introduction—towards a feminist political ecology of women, global change, and vulnerable waterscapes", Buechler · Hanson eds., *A Political Ecology of Women, Water and Global Environmental Change*, Routledge, 2015, pp.1~16.

Bulbeck, Chilla, *Re-orienting western feminisms—women's diversity in a postcolonial world*, N.Y. : Cambridge University Press, 1998.

Butler, Judith, *Bodies that Matter—On the Discursive Limits of 'Sex'*, Routledge, 1993(김윤상 역, 『의미를 체현하는 육체―"성"의 담론적 한계들에 대하여』, 인간사랑, 2003).

_____, *Gender Trouble—Feminism and the Subversion of Identity*, Routledge, 1990 · 1999 · 2006 (조현준 역, 『젠더 트러블―페미니즘과 정체성의 전복』, 문학동네, 2008).

Butler, Judith · Gayatri Chakravorty Spivak, *Who Sings the Nation-State? Language, Politics, Belonging*, Seagull, 2007(주혜연 역, 『누가 민족국가를 노래하는가?』, 산책자, 2008).

Braun, Christina von · Stephan Inge eds., *Gender-Studien. Eine Eibführung*, Stuttgart, 2000(탁선미 외 역, 『젠더연구―성평등을 위한 비판적 학문』, 서울 : 나남, 2002).

Brunt, Alison · Gillian Rose eds., *Writing woman and space—colonial and postcolonial geographies*, Guiford Press, 1994.

Bryson, Valerie, "Marxism and Feminism—Can the 'unhappy marriage' be Saved?", *Journal of Political Ideologies* Vol. 9 No. 1, 2004, pp.13~30.

Chandra Talpade Mohanty, *Feminism without Borders—Decolonizing Theory, Practicing Solidarity*, Durham NC : Duke U. P., 2003(문현아 역, 『경계없는 페미니즘―이론의 탈식민화와 연대를 위한 실천』, 여이연, 2005).

Cixious, Hélène, *Le rire de la méduse/Sortie*, 1975(박혜영 역, 『메두사의 웃음/출구』, 동문선, 2004).

_____, *Newry Born Women*, Uni. of Minnesota Press, 1986(이봉지 역, 『새로 태어난 여성』, 나남, 2008).

_____, *L'Histoire qu' on ne connaître jamais*, Des femme, 1994.

_____, *Les reveries de la femme sauvage—science primitive*, Galilée, 2000.

Curtin, Deane, "Compassion and being human", Carol J. Adams · Lori Gruen eds., *Ecofeminism—feminist intersections with other animals and the earth*, Bloomsbury, 2014, pp.39~58.

d'Eaubonne, Françoise, *Le Feminism ou la Mort*, Paris : Pierre Horay, 1984.

Delphy, Christine, "The Invention of French Feminism—An Essential Move", *Yale French Studies* Vol. 97, 2000, pp.166~197.

Devall, Bill · George Sessions, *Deep Ecology*, Salt Lake City UT : Peregrine Smith, 1985.

Eisenstein, Hester, *Contemporary Feminist Thought*, Unwin Paperbacks, 1984(한정자 역, 『현대 여성해방사상』, 이화여대 출판부, 1986).

Gayatri Ch. Spivak, "Can the Subaltern Speak", Cary Nelson · Lawrence Grossberg eds., *Marxism and Interpretation of Culture*, Mcmillan, 1988, pp.271~313.

_____, *A Critique of Postcolonial Reason—Toward a History of the Vanishing Present*, Harvard University Press, 1999(태혜숙 · 박미선 역, 『포스트 식민이성 비판—사라져 가는 현재 의 역사를 위하여』, 갈무리, 2005).

Gillis, Stacy · Gillian Howie · Rebecca Munford eds., *Third Wave Feminism—A critical exploration*, Palgrave, 2007.

Gorz, André · Michel Bosquet, *Ecologie et politique*, Seuil, 1978.

Gorz, André, *Ecologica*, Galilée, 2008(임희근 · 정혜용 역, 『에콜로지카—정치적 생태주의, 붕괴 직전에 이른 자본주의의 출구를 찾아서』, 갈라파고스, 2015).

Green, Adam, "Queer theory and sociology—Locating the subject and self in sexual studies", *Sociological Theory* Vol. 25 No. 1, 2007, pp.26~45.

Firestone, Shulamith, *The Dialectics of Sex—The Case for Feminist Revolution*(1972), Morrow Quill Paperbacks, 1980(김예숙 역, 『성의 변증법』, 풀빛, 1983).

Furguson, S., "A Response to Meg Luxton's 'Marxist Feminism and Anticapitalism'", *Rethinking Marxism* Vol. 23 No. 1, 2014, pp.161~8.

Hahnel, Robin, "Eco-localism—A Constructive Critique", *Capitalism, Nature, Socialism* Vol. 18 No. 2, 2007, pp.62~78.

Holmstrom, Nancy, *The Socialist Feminist Project—A Comtemporary Reader in Theory and Politics*, Monthly Review Press, 2002(유강은 역, 『페미니즘 왼쪽 날개를 펴다』, 메이데이, 2012).

Irigaray, Luce, *Speculum de l'autre femme*, Minuit, 1974.

_____, *Ethique de la différence sexuelle*, Minuit, 1984(권현정 외 편역, 『성적 차이와 페미니즘』, 공감, 1997).

_____, *Ce sexe qui nen est pas un*, Minuit, 1977(이은민 역, 『하나이지 않은 성』, 동문선, 2000).

_____, *Je, tu, nous—pour une culture de de la différence*, Bernard Grasset, 1990(박정오 역, 『나,

너, 우리-차이의 문화를 위하여』, 동문선, 2002).

King, Y., *Ecofeminism - The Reenchantment of Nature*, Beacon Press, 1991.

King, Ynestra·Jael Miriam Siliman eds., *Dangerous Intersections - Feminist Perspectives on Population, Environment, and Development*, South End Press, 1999.

Kristeva, Julia, *Sémiotique - recherche pour une semanalyse*, Seuil, 1969(서민원 역, 『세미오티케-기호분석론』, 동문선, 2005).

_____, *La revolution du langage poetique*, Seuil, 1974(김인환 역, 『시적 언어의 혁명』, 동문선, 2000).

_____, *Histoires d'aomur*, Denoel, 1983(김인환 역, 『사랑의 역사』, 민음사, 1999, 2008).

_____, *Soleil noir - depression et melancholie*, Gallimard, 1987(김인환 역, 『검은 태양-우울증과 멜랑콜리』, 동문선, 2004).

_____, *Les samourai*, Gallimard, 1992(홍명희 역, 『무사들』, 솔, 1995).

_____, *Les nouvelles maladies de l'ame*, Fayard, 1993.

_____, *Possessions - roman*, Fayard, 1996(김인환 역, 『포세시옹-소유라는 악마』, 민음사, 1999).

_____, *L'avenir d'une revolution*, Calman-Levy, 1998.

_____, *La haine et le pardon*, Fayard, 2005.

Lénel, Pierre et Virginie Martin, "La contribution des études postcoloniales et des féminismes du 《Sud》 à la constitution d'un féminisme renouvellé, *ver la fin de l'occidentalisme?*", *Revue tiers monde* Vol. 209, 2012. pp.125~144.

Leach, Melissa, "Earth Mother Myths and Other Ecofeminist Fables - How a Strategic Notion Rose and Fell", *Development and Change* Vol. 38 No. 1, 2007, pp.67~85.

Lodziak, Conrad·Jeremy Tatman, *André Gorz - A critical introduction*, Pluto Press, 1997.

Lorber, Judith, *Gender Inequality - Feminist Theories and Politics*, Roxbury Pub. Co., 2nd ed., 2001(최은정·임소희, 임혜련·정광숙 공역, 『젠더 불평등-페미니즘 이론과 정책』, 일신사, 2005).

Luxton, Meg, "Marxist Feminism and Anticapitalism - Reclaiming our History, Reanimating our politics", *Studies in Political Economy* Vol. 94, 2014, pp.137~160.

_____, "Reclaiming Marxist Feminism - A response", *Studies in Political Economy* Vol. 95, 2015, pp.161~74.

Marteu, Élisabeth, "Féminisms décoloniaux, genre et développment - féminisme israéliens et palestiniens questions postcoloniales", *Revue tiers monde* Vol. 209, 2012, pp.71~88.

Massey, Doreen, *Space, Place Gender*, Polity, 1994(정현주 역, 『공간, 장소, 젠더』, 서울대 출판문
화원, 2015).

Merchant, Carolyn, *The Death of Nature—Women. Ecology, and the Scientific Revolution*(1980),
Harper & Row, 1990.

_____, *Radical Ecology—The Search for a Livable World*, Routledge, 1992 : 2nd, 2005(허남혁 역,
『래디컬 에콜로지―잿빛 지구에 푸른빛을 찾아주는 방법』, 이후, 2001·2007).

_____, *Earthcare—Women and the Environment*, Routledge, 1996.

Mies, Maria · Veronica B. Thomsen, *Kuh für Hilary*, Frauenoffensive Verlag, 1997(꿈지모
역, 『힐러리에게 암소를―자급의 삶은 가능한가?』, 동연, 2013).

Millett, Kate, *Sexual Politics*, Garden City, N.Y. : Doubleday, 1970; University of Illinois
Press, 2000(앞의 책은 조정호·정의숙 역, 『성의 정치학』, 현대사상신서, 1976; 뒤의 책
은 김전유경 역, 『성 정치학』, 이후, 2009).

Mohanty, Chandra Talpade, *Feminism without Borders—Decolonizing Theory, Practicing Solidarity*,
Durham NC : Duke U. P., 2003(문현아 역, 『경계없는 페미니즘―이론의 탈식민화와
연대를 위한 실천』, 여이연, 2005).

Naess, Arne, "The Deep Ecological Movement—Some Philosophical Aspects", *Philosophical
Inquiry* Vol. 8 No. 1-2, 1986, pp.10~31.

Naples, Nancy A. · Manisha Desai, *Women's Activism and Globalisation—Linking Local Struggles
and Global Politics*, Routldge, 2002.

Pateman, Carole, *The Sexual Contract*, Stanford U. P., 1988.

_____, *The Disorder of Women*, Cambridge U. P., 1989.

Penny, James, *After Queer Theory—the limits of sexual politics*, Pluto Press, 2014.

Plumwood, Val, *Feminism and the Mastery of Nature*, Routledge, 1993.

_____, *Environmental Culture—The ecological crisis of reason*, Routledge, 2003.

Probyn, Elspeth, "Travels in the Postmodern—Making Sense of the Local", Linda Nicholson
ed., *Feminism/Postmodernism*, Routledge, 1990, pp.178~86.

Puar, Jasbir K., "Queer Times, Queer Assemblages", *Social Text* Vol. 23 No. 3-4, 2005,
pp.121~139.

Ramazanoğlu, Caroline et al eds., *Up Against Foucault—Explorations of Some Tensions Between
Foucault and Feminism*, Routledge, 1993(최영·박정오·최경희·이희원 공역, 『푸코와
페미니즘―그 긴장과 갈등』, 동문선, 1997).

Ritu Birla, "History and the Critique of Postcolonial Reason—Limits, secret, value", Purushottama Bilimoria · Dina Al-Kassim, *Postcolonial Reason and its Critique— Deliberations on Gayatri Chakravorty Spivak's Thought*, Oxford U. P., 2014.

Rocheleau, Dianne · Barbara Th. Slayter · Esther Wangari eds., *Feminist Political Ecology— Global issues and local experience*, Routledge, 1996.

Rohy, Valerie, *Lost causes—narrative, etiology, and queer theory*, Oxford U. P., 2015.

Rootes, Ch., eds., *Acting Locally—Local Environmental Mobilisations and Campaigns*, Routledge, 2008.

Rose, Gillian, *Feminism and Geography—The Limits of Geographical Knowledge*, Polity Press, 1993(정현주 역, 『페미니즘과 지리학—지리적 지식의 한계』, 한길사, 2011).

Rubin, Gayle, *Deviations*, Duke University Press, 2011(신혜수 · 임옥희 · 조혜영 · 허윤 역, 『일탈—게일 루빈 선집』, 현실문화, 2015).

Rudy, Kathy, "Queer Theory and Feminism", *Women's Studies* Vol. 29, 2000, pp.195~216.

Ruether, Rosemary Radford, *Gaia and God—An Ecofeminist Ecology of Earth Healing*, San Francisco : Harper & Row, 1992(전현식 역, 『가이아와 하느님—지구 치유를 위한 생태 여성학적 신학』, 이화여대 출판부, 2000).

Ruether, Rosemary Radford · Maria Mies · Vandana Shiva, *Ecofeminism*, Zed Books, 1993 (손덕수 · 이난아 공역, 『에코페미니즘』, 창작과비평, 2000).

Ruether, R. R. ed., *Women Healing Earth—Third World Women on Ecology, Feminism, and Religion*, Orbis Books, 1996.

Salazar-Parreñas, Rhacel, *Servants of Globalization—Woman. Migration, and Domestic Work*, Stanford U. P., 2001(문현아 역, 『세계화의 하인들—여성, 이주, 가사노동』, 여이연, 2009).

Salleh, Ariel, "Class, race, and gender discourse in the ecofeminism/deep ecology debate", *Environmental Ethics* Vol. 15 No. 3, 1993, pp.225~44.

Sargisson, Lucy, "What's Wrong with Ecofeminism?", *Environmental Politics* Vol. 10 No. 1, 2001, pp.52~64.

Scott, Joan W., "Gender—A Useful Category of Historical Analysis", *Gender and the Politics of History*, Columbia U. P., 1988(송희영 역, 「젠더—역사분석의 유용한 범주」, 『국어문학』 31-1, 1996, 291~326쪽).

_____, *Only Paradoxes to Offer—French Feminists and the Rights of Man*, Harvard U. P., 1996(공임

순·이화진·최영석 공역, 『페미니즘 위대한 역설』, 엘피, 2006).

_____, *Going Public—Feminism and the Shifting Boundaries of Private Sphere*, Uni. of Illinois Press, 2004.

_____, *Women's Studies on the Edge*, Duke U. P., 2008.

Slicer, Deborah, "Is there an ecofeminism- deep ecology 'debate'", *Environmental Ethics* Vol. 17 No. 2, 1995, pp.151~69.

Still, Judith, "Continuing Debates about 'French' Feminist Theory", *French Studies* Vol. 61 No. 3, 2007, pp.314~328.

Stone, Alison, "The Incomplete Materialism of French Materialist Feminism", *Radical Philosophy* Vol. 145, 2007, pp.20~27.

Taylor, Dianna·Karen Vintages eds., *Feminism and the Final Foucault*, Uni. of Illinois Press, 2004.

Thompson, Charis, "Back to nature—Resurrecting ecofeminism after poststructuralist and third wave feminisms", *Isis* Vol. 97, 2006, pp.505~512.

Tilly, Louis A.·Joan W. Scott, *Women, Work and Familly*, Taylor and Francis, 1987(김영·박기남·장경선 역, 『여성, 노동, 가족』, 후마니타스, 2008).

Tokar, Brian, "On Bookchin's Social Ecology and its contribution to social movements", *Capitalism, Nature Socialism* Vol. 19 No. 1, 2008. pp.51~66.

Warren, Karen J. ed., *Ecological Feminism*, Routledge, 1994.

Warren, K. J., *Ecofeminist Philosophy—A western perspective on what it is and why it matters*, Lanham Maryland : Rowman & Littlefield, 2000.

_____, *Ecofeminism—Women, Culture, Nature*, Bloomington : Indiana U. P., 1997.

Wollstoncraft, Mary, *Vindication of the Rights of Woman*, 1792(손영미 역, 『여권의 옹호』, 한길사, 2008).

페미니즘의 세대론과 젠더공간의 정치

임옥희

1. 급진적 페미니즘의 귀환

한국은 적어도 근대적 민주주의가 성취된 사회라고 주장해왔다. 그런 만큼 사람들은 공적 제도의 공정성, 법적 정의, 경제적 민주화가 성취되었다고 믿고 싶어 했다. 그런데도 젊은 세대들은 흙수저, 금수저, 헬조선을 말한다. 기득권 기성세대들은 그런 불만이 젊은이들의 과도한 엄살이거나 아니면 젊은이들의 반항적인 시선의 탓으로 돌리면서 외면하고 싶어 했다. 하지만 이제 기성세대들의 그런 믿음과 주장은 공허하게 들린다. 탄핵정국을 통해 적나라하게 보여주었다시피, 차마 믿고 싶지 않았던 것들이 사실로 판명되었다. 우리는 '헬'조선과 대한민국이 동시대적으로 공존하는 공간에서 살고 있다.[1] 전근대적 형태의

---

[1] 대통령직에서 파면된 전 박근혜 대통령의 사저 앞에서 '마마 지켜드리지 못해서 죄송합니다'라면서 큰절을 하는 여성이 있었다. 사극 연기를 한 것이라고 할지라도, 아직도 대통령

인맥, 청탁, 부패가 상식으로 통하는 비상식적인 사회다.[2] 공적공간의 사유화로 정치적 정의는 위협받는다. 자유롭고 평등하고 민주적인 시민사회의 이상은 조롱감이 되고 있다. 모두가 동등한 시민권, '보편적' 인권을 누리고 있다는 주장의 허구성은 현재진행형으로 목격되고 있다. 분배정의와 경제적 민주화를 실현하겠다는 공약이 무색하게도 경제적 양극화가 진행되고 있다. 한국노동연구원의 '2015년까지의 최상위 소득 비중' 보고서에 따르면 상위 10%의 자산이 국민전체소득의 48.5%를 차지한다.[3]

경제적 양극화와는 무관하게, 젠더평등만큼은 성취되었다는 환상이 지배하고 있다. 젠더평등이 달성되었다는 환상에서 한걸음 더 나아가 다수의 남성들이 젠더역차별을 주장한다. 하지만 21세기를 살아가고 있음에도 한국사회에서 유교 가부장제의 잔재는 소멸된 것이 아니라 무의식화되어 있다. 잔존한 '젠더무의식'[4]은 틈만 있으면 귀환한다. 유교적 봉건시대를 상기시키는 호주제, 남아선호, 남존여비, 삼종지도 등의 용어는 사라졌다지만, 여성 몸의 도구화(재생산 도구)와 남성중심적 사고는 소멸되지 않았다. 젠더평등이 형식적으로 성취된 사회에서 남성우월주의라는 주장은 여성들의 지나친 피해의식이라고 비난받는다.

을 마마님으로 생각하는 인구가 있다는 점에서 우리 모두가 균질적이고 동시대적으로 살고 있지 않다는 점을 잘 보여준 장면이었다.

2 2016년 10월 24일 소위 최순실 게이트로 알려진 사건이 처음으로 JTBC를 통해 알려짐으로써 설마가 현실이 되었다. 믿고 싶지 않았지만, 한국사회가 인맥으로 움직이는 전근대적인 사회임을 '우리는' 인정하지 않을 수 없게 되었다.

3 이제 1% 대 99%의 양극화마저 넘어서고 있다. 국제 구호기구 옥스팜에 따르면 세계 억만장자 8명이 세계인구 하위 50%의 재산을 보유하고 있다고 보도한 바 있다. 옥스팜, 「99%를 위한 경제보고서」, 『월요신문』, 2017.1.7(http://wolyo2253.blog.me/220913384669).

4 임옥희, 『젠더 감정 정치』, 여이연, 2015, 21~67쪽.

남성우월주의가 과도하다면, 남성은 여성보다 우월하지는 않더라도 적어도 무시받지 말아야 한다는 편견은 그다지 변함이 없다. 현상적인 젠더평등과 가부장적인 잔존 이데올로기 사이에 시차와 간극이 있기 때문이다.

젠더역차별을 주장하는 남성들은 여성혐오를 시대정신으로 삼고 있는 것처럼 보인다. 2015년 페미니스트가 싫어서 IS로 가겠다던 김군의 발언으로 인해, 잠복되어 부글거리던 여성혐오가 단숨에 가시화되었다. 2016년 5월 17일 23세의 한 여성이 서울 강남역 인근의 남녀 공용 화장실에서 흉기에 찔려 살해당했다. 그녀를 살해한 남성은 "사회생활에서 여성들에게 무시를 당해 범행을 했다"[5]고 경찰에 진술한 것으로 알려졌다.[6] 은밀하고 사적인 공간인 화장실에서마저 젊은 여성들은 안심할 수 없다는 불안이 지배하고 있다. 젊은 여성들은 두 사람이 사귈 동안에는 어떻게 하면 데이트폭력 등을 당하지 않을까를 고민하고, 헤어지면서는 어떻게 하면 안전하게 이별할까를 고민한다. 여성의 결별 선언에 대처하는 남성의 폭력에 우리사회는 관대할 뿐만 아니라 남성다움의 한 표지처럼 간주한다. '한 남자가 아내를 죽이면 살인이라고 부르지만, 충분히 많은 수가 같은 행동을 하면 생활방식이라고 부른다.'[7] 여자로부터 결별통보에 분노하는 것이 남성다움의 한 표식으로 받아들여지고 있다. 여성에 대한 남성폭력은 사랑의 열정인 것처럼 관

---

5   경향신문 사회부 사건팀, 『강남역 10번 출구, 1004개의 포스트잇 ─ 어떤 애도와 싸움의 기록』, 나무연필, 2016.

6   마치 전염병처럼 페미사이드가 진행되었다. 사패산, 수락산 등에서 50,60대 여성이 단순 강도강간으로 살해되었다. 이들의 죽음은 애도조차 받지 못하고 망각된다. 자연적인 죽음은 없다. 죽음은 정치적으로 배치된다는 점에서, 죽음은 사회적인 죽음이다.

7   제임스 팁트리 주니어, 이수현 역, 『체체파리의 비법』, 아작, 2016, 23쪽.

대하게 수용된다. 직장, 학교, 문단 등 사회전반에 성폭력, 성희롱이 일상적인 관행처럼 되어 있다.[8]

문자적으로 물리적 폭력에 노출되다보니 젠더를 넘어 '동등한' 인간에 이르기 위한 페미니즘의 탈젠더화 추구는 오히려 재젠더화되고 있다. '여성없는 페미니즘'[9] 혹은 젠더를 넘어서 탈젠더화를 추구해왔던 포스트페미니즘의 추구가 무색할 만큼 성별이분법에 바탕한 재젠더화가 확연해지고 있다. 메갈리아 이후 넷 페미니스트[10]들 사이에 여성의 적은 남성이라는 선명한 '성적 계급'[11] 전선이 형성되고 있다. 그들은 좌파남성들이 주요모순으로 삼았던 계급모순으로부터 벗어나 젠더모순을 전면에 배치시켰다. 이미 소멸된 것으로 여겨졌던 과거의 급진적 페미니즘이 넷 페미니즘으로 귀환한 현장을 '우리'는 지금 여기서 다시 목격하고 있다.

워마드[12]는 남성을 적으로 삼는 여성분리주의자로 요약할 수 있다. 워마드는 정치적 올바름과는 거리가 멀다. 그들은 여성이라는 사실만으로 박근혜 전 대통령을 '햇님'[13]으로 숭배하고 여신으로 섬겨야 할

---

8 출판사 봄알람은 『참고문헌 없음』에 이어 크라우드 펀딩을 통해 #문단_내_성폭력이란 책을 제작하려는 중이다. 146명의 여성 작가들이 서명을 하고 함께 이 크라우드 펀딩에서 이틀 만에 3천만 원의 지원금이 들어왔다는 것은 여성들이 그만큼 성폭력, 성희롱에 노출되어 있다는 것의 반증이기도 하다.

9 타니아 모들스키, 노영숙 역, 『여성없는 페미니즘』, 여이연, 2008 참조.

10 인터넷 언어에 익숙한 인터넷 원어민들인 영 페미니스트들을 지칭하는 것.

11 슐라미스 파이어스톤, 유숙열 역, 『성의 변증법』, 꾸리에, 2016, 21~29쪽.

12 여성혐오에 저항하기 위해 만들어진 인터넷 커뮤니티. 극단적 성별분리주의자자 남혐 사이트로서 반페미 커뮤니티로 간주되기도 한다.

13 "이 사태가 온 건 햇님 탓이 아니다. 다 자지들 때문이다. 그 밑에 자지새끼들이 햇님 보좌 똑바로 못 하고 잇속 챙기다 사달 난거노." 워마드 내 추천수가 높은 경우 등재되는 '워넘글'에서 퍼온 내용이다. 이지원, 「여성성으로 환원되는 박근혜 비판의 문제점」, 〈페미니즘, 새로운 민주주의를 상상하라—박근혜 퇴진 정국과 그 이후〉, 2016.12.23 발표문.

것으로 주장한다.[14] 성적소수자를 '똥꼬충'으로 혐오하는 워마드는 좌파오빠들의 승인 따위에는 관심조차 없다. 그런 점에서 그들은 진보적인 남성집단과 확실히 결별한 분리주의자들이다. 워마드는 생물학적인 '여자의, 여자에 의한, 여자를 위한' 사이트를 표방한다. 그들은 탄핵정국에서 탄핵기각을 요구하면서 친박사이트로 부상했다. 어쨌거나 지금 인터넷을 통해 다양한 관점에서 두려움 없이 혐오발언을 즐기면서 '마법적으로'[15] '주체화의 열정'에 사로잡힌 그들은 성별 적대와 혐오전쟁에서 전위부대라고 할만하다. 그들은 안전한 공간에 안주하면서 여성의 비폭력성에 호소하는 온건한 페미니스트들이 무슨 짓을 하고 있는지 또한 미러링하고 있다. 그들은 혐오벌언을 통해 '주권적 수행'주체[16]가 되는 환상적 즐거움을 만끽하는 것처럼 보인다.

2. 영/올드 페미니즘의 공간

이처럼 여성들 사이에서도 복잡다단한 이해관계가 첨예한 시대다. 여성이라고 하여 하나의 정체성으로 묶을 수도 없다. '개인적인 것이 정치적인 것이다'라는 선언에서 보다시피, 개별 여성의 이해관계를 중심으로 한다면 사안별로 여성들 사이의 이해관계가 달라질 수 있다. 계급, 민족, 인종, 섹슈얼리티뿐만 아니라 나이, 종교, 학력, 결혼 유무,

---

14 워마드는 페미니즘이라고 볼 수 없다는 논란이 분분하지만 여성분리주의자들이라는 점에서 필자는 이들을 페미니즘의 한 경향으로 포함시켰다.
15 주디스 버틀러, 『혐오발언』, 알렙, 2016, 99쪽.
16 위의 책, 155쪽.

직장, 지역에 따라 여성들 사이에도 이해관계는 천차만별이다.

급진적 페미니스트들이 주장한 것처럼 여성들 사이에 '자매애'를 발휘하는 것[17]은 쉬운 일이 아니다. 개인적인 것을 정치화하게 되면 여성들 사이에 발생하는 무수한 이해관계로 인해 연대하기가 현실적으로는 어렵다. 개인적인 억압을 정치화하라는 급진적 페미니스트들의 선언은 개인적인 젠더 이해관계를 중심으로 여성억압의 문제를 조직하는 것으로 쉽사리 퇴행할 수 있다.[18] '반사회적 감정의 사회화'[19]가 지배하는 시대에 이르러 여자들 사이에 자매애를 찾아보기 힘들다. 워마드와 넷 페미니스트들이 연대할 수 없고, 심지어 워마드 내부에서도 끊임없이 분열하고 상호 추방할 수 있다. 진부한 드라마들은 여자의 적은 여자라는 낡은 표현을 증명이나 하듯, 자신과 공감하지 않는 사람은 전부 '흉자', '명자'라는 딱지를 붙여 퇴출시키려고 할 수도 있다. 나이든 여자와 젊은 여자들 사이의 세대간 불화와 갈등이 부각되고 있다. 이성애 지배사회에서 남자를 사이에 두고 여성들끼리 경쟁과 질투가 강조되고 있다. 맘고리즘[20]에 시달리는 기혼직장여성과 비혼 여성들 사이의 갈등도 만만하지 않다. 안정적인 사회적 지위를 누리는 나이든 여성들과 젊음이라는 육체자본만을 가지고 있는 여성들 사이에 연대할 수 있는 가능성 또한 크지 않다. 결혼으로 얻을 수 있는 것과 잃는 것을 꼼꼼히

---

17 미국의 급진적 페미니즘에 관한 것은 앨리스 에콜스, 유강은 역, 『나쁜 여자 전성시대―급진 페미니즘의 오래된 현재, 1967~1975』, 이매진, 2017. 4장 「급진 페미니즘의 갈래들 레드스타킹스, 셀16, '페미니스트들,' 뉴욕급진페미니스트」, 215~300쪽 참조.

18 위의 책, 44~45쪽.

19 앙드레 고르, 정혜용 역, 『에콜로지카』, 생각의나무, 2008, 36쪽.

20 Mom+algorithm의 신조어. 알고리즘은 컴퓨터에서 주어진 문제 해결을 위해 컴퓨터프로그램이 수행해야 할 과정을 뜻한다. 그와 마찬가지로 엄마가 육아와 양육이라는 과제를 수행하기 위해 모든 것을 수행해야 하는 것을 빗댄 신조어이다.

따지는 시대다. 비혼여성들은 시댁과의 불화, 육아의 어려움을 토로하는 기혼여성들의 불만을 들어주는 감정노동 따위는 하고 싶어 하지 않는다. 가부장제의 재생산 장치인 이성애 결혼제도를 유지하려는 여성들의 욕망과 비혼 1인 가구로서 반려가족과 살아가는 젊은 여성들 사이에 이해관계가 같을 수는 없다.

가임기가 지나 생산력과 경쟁력이 없어진 여성과 가임기 여성의 의제도 다를 수밖에 없다. 가임기 여성의 몸을 지도화하는 사회에서, 젊은 여성들은 낙태문제, 성폭력, 성희롱, 페미사이드, 안전이별 등을 염려하고 의제화한다. 페미니즘의 정치를 싹 바꾸기 위해 모인 '페미광장' 포럼에서 설정된 의제들은 온라인 마녀사냥에 대한 저항, 낙태불법화 저항 투쟁, 월경의 정치, 노동현장에서 외모지상주의 저항 등이다. 젊은 여성들은 몸 자산에서 경쟁력을 가진다. 젊음과 생산성에서 경쟁력을 가지기 때문이다. 그들은 가임여성지도에 재/생산성이 있는 여성들로 지도화[21]된다. 그렇기 때문에 그들은 남성중심적 사회에서 강간, 성폭력, 성희롱과 같은 상시적인 위험과 위협에 노출된다.

탄핵정국에서 보다시피 세대에 따라 모이는 공간 또한 달라져 있다. 워마드의 박사모 집회는 서울역에서, 페미존의 촛불시위는 광화문에서 열린다. 광화문에서도 젊은 페미니스트들은 페미존에 결집한다.[22] 페미존이 형성된 것은 100만 명, 200만 명이 모여드는 광장에서 페미니

---

21 행자부에서는 전국 가임여성지도를 발표한 바 있다. 지금은 고스펙 젊은이들에게 불이익을 주겠다는 발상을 하고 있다.

22 페미존의 활동이 갖는 의미에 대해서는 조이다혜, 「박근혜 정권 이후, 퇴진 정국에서 나타난 여성혐오와 페미존(Femi-Zone) 활동의 의미」, 〈페미니즘, 새로운 민주주의를 상상하라〉, 2016.12.23 포럼 발표문 참조.

스트들의 힘을 보여주자는 의도도 있었지만, 성추행(슴만튀, 엉만튀) 탓
이기도 했다. 페미존에서 비로소 불안하지 않고 거리로 나올 수 있게
되었다고 페미존에 모인 여성들은 토로한다. 여성전용 전철칸, 임신여
성을 위한 핑크 좌석 등처럼 말이다. 지하철에서 임신여성을 위한 핑크
색 자리배치를 볼 때마다 낯설다. 한국은 OECD 국가 중 출산율 최저
인 나라다. 임신부를 보기 힘든 사회에서 임신부를 위한 핑크색 좌석
배치는 가임여성 지도와 유사하게 여성을 위한 것이라기보다 전시행정
으로 보인다. 불필요한 스펙을 쌓으려고 휴학하면서 결혼시장 진입이
늦는 고학력 여성들 때문에 저출산 현상이 일어난다는 분석을 내놓는
저출산대책 전문가도 있다.[23] 결혼시장에 빨리 진입하도록 강제하기
위해 고스펙 젊은 여성들에게 불이익을 주는 것으로 출산대책을 세우
려는 사회에서, 젊은 여성들은 결혼 임신 출산이 아니라 낙태권[24]을 요
구하고 있다.

　페미니즘 사이에서도 영 페미니스트/올드 페미니스트의 영역은 달
라져 있다. 양자는 나이, 활동 공간, 의제, 이해관계, 조직방식과 공간

---

[23] 2017년 2월 27일 8시 SBS 뉴스보도. 한국보건사회연구소의 연구원인 원종욱은 2017년
2월 24일 시행된 한국보건사회연구소 주최로 열린 제13차 인구포럼에서 만혼과 독신현상
에 대한 이런 분석을 내놓았다.

[24] 문단 내 성폭력을 기획한『문학과사회』 2016년 겨울호 '#문단_내_성폭력' 기획에 실린 고
백적 글쓰기는 거의 강제적 성관계를 하면서 콘돔마저 사용하기를 거부하는 한국남성들
의 저급한 의식을 잘 보여주고 있다. 임신출산의 뒷감당은 전부 여성의 몫이 된다. 그런데
한국사회에서 낙태는 불법이다. 여성은 혼자 알아서 불법적으로 불법낙태시술을 받는다.
문단에 만연한 성희롱, 혐오발언, 성폭력에 대한 커밍아웃은 피해자 여성을 언제나 얼룩이
자 수치로 만드는 것에 대한 저항이다. 여성에게 강제된 임신, 낙태의 경험의 커밍아웃은
여성이 평생 안고 가야 할 수치로 만드는 젠더 레짐 사회를 폭로함으로써, 공동체의 빛 속
으로 걸어 나오려는 커밍인(coming in)의 운동인 셈이다. 나는 동성애자, 라고 커밍아웃
하는 것만큼이나 '나는 낙태했습니다'라는 커밍아웃은 용기를 필요로 하는 사건이기 때문
이다.

등에서 차이를 드러내고 있다. 올드 페미니스트들은 주로 상징자본을 가졌던 명망가, 대학교수, 혹은 운동권 출신이었다. 그들은 아카데미 공간에서 자기의 목소리, 자신들의 지면이나 조직을 갖거나 만들어냈다. 전국적인 여성조직을 통해 젠더감수성을 고양시키고 젠더주류화에 기여했다.

1987년을 기점으로 한 세대가 지난 30년 동안 올드 페미니스트[25]들은 주로 이성애 가정을 꾸려야 했던 여성들의 이해관계를 부각시키고 의제화했다. 유교 가부장제에서 초래된 이슈들, 호주제 폐지(2005), 가사노동 분담, 여성의 무임금 가사노동 문제 제기, 성매매방지특별법 제정(2004), 직장 탁아, 직업 창출, 유리천장 파괴 등이었다. 도식화하자면, 여성 억압적인 유교 가부장제의 해체, 젠더평등 추구에 집중되었다.

올드 페미니즘은 제도화되었고 그로 인한 성취와 공과 모두에 책임을 떠안게 되었다. 1997년부터 2007년 십년 동안 페미니스트들은 여성부를 신설하고 여성의 권익을 향상시키는데 일조했지만, 2008년 이후 여성부는 그야말로 '보건복지여성가족부'로 일컬어질 만큼 정부정책의 도구가 되었다. 특히 여성가족부가 시행했던 게임셧다운제도(2011)으로 인해 학업성취의 압박으로부터 벗어나기 위해 게임에 빠져있던 십대 소년들은 페미니즘=여성가족부라는 오인에 바탕하여 페미니즘에 대한 혐오를 키워왔다. 그리고 10년 뒤 그들의 상당수가 여성혐오를 시대정신으로 삼는 일베로 전화되었다.

---

25 1968년 미국에서 급진적 페미니즘이 폭발적으로 부상했다면, 한국에서 여성운동이 폭발적으로 등장하게 된 것은 1987년 시민혁명부터라고 할 수 있겠다. 이 점에 관해서는 임옥희, 『채식주의자 뱀파이어』, 여이연, 2010, 9~14쪽 참조.

그들과 동시대를 살았던 십대 소녀들은 어떻게 전화되었다고 할 수 있을까? 지금의 넷 페미니스트들의 기원을 '촛불소녀'에서 찾는 이론가도 있다. 촛불소녀들은 그 당시 또래 중학생이었던 미선이, 효순이 사건으로 인해 촛불을 들고 광장으로 나왔다. 그들은 노무현 탄핵(2004), 광우병 파동(2008), 노무현 서거(2009)를 거치면서 정치화되었다. 지금 2030세대가 된 그들은 넷 페미니스트들로 전화되었다[26]는 것이다.

금융 위기가 초래되었던 2008년 이후부터 남성연대와 일베와 같은 남성집단들뿐만 아니라 여성들조차도 페미니즘에 적대적인 반응을 보였다. 그러면서 페미니즘은 급격하게 힘을 잃을 뿐만 아니라 혐오의 대상으로 추락하면서 소멸되는 것처럼 보였다. 하지만 페미니즘은 소멸이 아니라 잔존하고 있었다. 영 페미니스트들이 올드 페미니즘을 전혀 몰랐다고 하더라고 앞선 시대의 페미니즘은 "수돗물에 함유된 불소와 같다. 우린 늘 마시면서도 알아채지 못한다. 그냥 물속에 있는" 것처럼, 숨 쉬는 공기처럼 의식하지 못한 채 스며들었던 것이다.

이렇게 본다면 영 페미니스트들과 올드 페미니스트는 엄격하게 구별되는 것이 아니라 서로 중첩된다. 그럼에도 양자를 구별하려는 까닭은 페미니즘의 다양한 목소리를 이해하고 연대할 수 있는 가능성을 모색해보기 위해서이다.

---

26 손희정, 「페미니즘 리부트, 새로운 여성주체의 등장―2000년대 중반부터 현재까지」, 『대한민국 넷 페미사』, 나무연필, 2017, 100~104쪽.

	올드 페미니스트	영 페미니스트/넷 페미니스트
출신	진보적인 운동권 출신, 교수들, 지식자본을 가진 학계 출신 엘리트 페미니즘	넷 페미니스트, 디지털 네이티브 여/성 주체들, 블로거 투사들 대중적 페미니즘
활동 공간	학술지, 공적 제도	SNS
조직 형태	조직, 단체, 연구소	유연한 형태, 비조직적, 탈제도화
투쟁 대상	유교/가부장제	남성
아젠더	유교가부장제의 잔재 청산 국공립대학내, 교수할당제, 정치권 할당제(비례대표) 여성 직업, 취업, 유리천장 부수기 가내노동분담 무임금가사노동의 사회화 동일노동, 동일임금, 젠더분배정의	낙태권, 성적 자기결정권, 성적소수자운동, 밤거리 되찾기, 안전이별, 여혐에 대한 저항, 성범죄 방지, 성희롱, 성폭력 방지 차이의 인정 여성의 언어 찾기
가족 개념	이성애 핵가족 중심	1인 가구 반려가족
운동의 지속성	조직적, 장기지속성	플래시 몹, 민주적, 수평적 유연한 모임, 사안별로 헤쳐모임
공간	전국적인 단체만들기, 여성민우회, 여성의 전화 등	페이스북, 트위터, 블로거, 온라인 공간
담론	거대담론 : 젠더정의실현	여성의 구체적인 이해관계에 집중
재정 마련	회원들의 회비, 후원금	크라우드 펀딩, 기념품 제작판매
회원	회원제	다중의 참여
젠더기획	탈젠더화, 젠더평등추구	재젠더화, 차이, 새로운 여성주체

넷 페미니스트들은 '디지털 네이티브 주체'라고 할 만큼 인터넷 사용에 친숙하다. 그들에게 인터넷 공간은 숨 쉬는 공기처럼 익숙하다. '넷 페미니스트'들은 순식간에 확산되고 동참할 수 있는 미디어를 활용한다. SNS를 활용하여 순발력, 기동력을 발휘한다. 폴란드에서의 낙태죄 반대 시위가 서울에서도 동시적으로 일어날 정도로 그들은 글로벌하게 네트워킹한다. 넷 매체들을 통해 영 페미니스트들은 사안별로 순식간에 모이고 연대한다. 디지털 네이티브 영 페미니스트들은 익명성, 순발력, 속도전에 의존하므로, 느린 호흡으로 성찰하지 않는다. 포스트-트

루스post-truth 시대, 누군가가 트위터에 올린 이야기의 진위여부를 그다지 따지지 않는다. 넘쳐나는 과잉 정보화 시대에 사건의 진위는 그다지 중요한 것처럼 보이지 않는다. 사건의 개연성이 곧 진실처럼 받아들여진다. 이성이 아니라 정동에 따라 반응하면서 이야기는 일파만파로 전파된다.

올드 페미니즘이 일종의 지식엘리트들이 장악했던 운동이라고 한다면, 영 페미니스트들은 대중화된 디지털 주체중심의 운동이다. 영 페미니스트들은 '주목경제'에 바탕하여 대중적인 관심사를 순식간에 응집시킬 수 있는 미디어를 활용한다. 순식간에 전파되고 전염되는 온라인 공간에서 움직이므로 조직화된 인맥, 학연, 지연과 같은 위계로부터 자유롭다. 올드 페미니스트들이 지식주체로서 이론적인 목소리와 영토를 장악했다면, 영 페미니스트들은 누구나가 디지털 주체가 될 수 있다는 점에서 대중적이고 민주적인 방향으로 나가고 있다. 엘리트 지도자, 지식과 권위를 가진 셀렙을 요청하지 않는다는 점에서 넷 페미니즘 운동은 과거와 달라져 있다.

영 페미니즘 운동은 이제 자유롭게 이동 중이고 여행 중이다. 페미니즘 내부에서도 신구 페미니즘은 달라져 있다. 그뿐만 아니라 나이, 학력, 직업, 비/장애, 성적 정체성 등이 변수로서 기능한다. 세대간의 회계에서 나이로 인한 차이가 발생한다. 세대에 따라 여성의 생산성/재생산성 중심의 의제는 변하기 때문이다. 이처럼 개인적인 이해관계를 중심으로 움직인다면, 여성의 보편적인 이해관계라는 의제를 설정하는 것이 거의 불가능해 보인다. 그런 상황에서 비체화되고 타자화된 여성들과의 연대를 주장하는 페미니즘 운동은 가능할까? 단정한 중산층 중심 페미니즘이 워마드와 연대할 수 있는가? 페미니즘은 모든 차별로부터 해방을 추구하는 해방기획이라고 주장해왔다. 여성이 단일한 주체가 아니라고 한다면 페미니즘은 어떤 여성과 어떻게 만나서 차별을 해체하고 해방을 추구해야 하는 것일까? 한국사회에서 주변화, 비체화, 타자화된 여성들과 페미니즘은 어떻게 만날 수 있는가? 여성의 몸을 가로지는 온갖 모순과 개별 여성의 이해관계를 뛰어넘어 여성이라는 이유만으로 연대할 수 있는 가능성은 있는가?

3. 타자화된 젠더공간의 정치 – 〈죽여주는 여자〉

이재용 감독의 〈죽여주는 여자〉는 여성의 몸을 가로지르는 제국, 국가, 민족, 젠더, 나이, 결혼 여부, 학력, 직업, 종교 등이 교차하는 경계선에 서 있는 여성의 몸이 시간의 경과에 따라 비체화, 타자화되는 과정을 잘 보여주고 있다. '죽여주는 여자' 소영이 이동하는 공간은 이태원, 탑골공원, 남산등산로 등이다. 그녀는 어려서 혼자 월남했다. 전후 한국사회에서 소위 '38따라지'인 어린 여자아이가 살아남을 수 있는 방법은 많지 않았다. 소영은 친척집에서 식모살이, '공순이'를 거쳐서 기지촌에서 양공주로 일했다. 좀 더 나이가 들어가자 백인미군이 아니라 흑인미군을 상대하면서 살아간다. 이렇게 본다면 소영은 한국사회에서 기층 여성이 살아간 방식을 대체로 따른 셈이다.

국가는 버릴 여성들과 가부장제의 우산 아래서 보살펴줄 여성으로 구획해왔다. 국가는 필요할 때면 기지촌 여성들을 애국자라고 치켜세웠다.[27] 그들이 미군들로부터 벌어들이는 돈은 결국 외화벌이이며 한국의 경제적 부흥에 보탬이 되는 애국행위라고 보건당국 공무원들은 그들을 추켜세웠다. 그들은 기지촌 여성들에게 미군들이 북한 빨갱이들로부터 남한을 잘 지킬 수 있으려면 그들이 건강해야 하므로 충실히 보건증 검사를 받도록 교육시켰다. 김수현 감독의 영화 〈우리손자베스트〉에서 탑골 공원 박카스 아줌마는 술에 취하면 넋두리를 한다. 기지촌 출신인 그녀는 '닉슨이 미군을 한반도에서 철수하겠다고 하니까 박 오빠가 졸개를 시켜서 우리더러 미군 잘 대접하라고 그랬다'면서 주정을 한다. 그러면서 '내가 밑구멍으로 대한민국을 세웠다. 미군 좆을 세워가면서. 박정희가 경제를 세웠다고 웃기지 말아라'라고 비웃는다. 이제 성매매가 불법인 한국사회에서 그들의 성노동은 수치스러운 얼룩이자 치욕이 된다. 그들은 우리사회에서 은폐되어야 할 존재들이 된다. 소영은 늙어서 기지촌 생활마저 할 수 없다. 소영은 거리를 떠도는 늙은 성매매여성이 된다. 탑골공원에서 노인들에게 성을 파는 야쿠르트 아줌마로 생활한다.

소영이 살고 있는 이태원 셋집은 한국사회가 타자로 만든 사람들이 대안가족으로 모여 사는 곳이다. 이 집에는 캐릭터를 만드는 성인 피규어 작가이자 장애인인 성규, 트랜스젠더 티나, 그리고 소영이 세들어 살고 있다. 65세인 소영은 손님에게 임질을 얻어서 비뇨기과에 갔다가 코피노 소년을 보고 무조건 집으로 데리고 온다. 코피노 소년의 필리핀 엄마는 자신을 버리고 간 한국인 비뇨기과 의사를 찾아와서 칼부림을

---

27 최정무 외, 『위험한 여성—젠더와 한국의 민족주의』, 삼인, 2001 참조.

한다. 그녀는 경찰에 연행된다. 인터넷에서는 소년의 엄마가 아이를 애타게 찾는다는 기사가 올라와 있다고 피규어 작가인 성규가 소영에게 알려준다. 소영은 아이의 납치범으로 몰릴 형편이다. 성규와 티나의 도움을 받아서 경찰서로 찾아간 소영은 소년의 엄마에게 경찰서에서 풀려날 동안 아이를 잘 보살펴줄 테니 염려하지 말라고 전해준다. 소영이 비뇨기과 바깥에서 엄마를 기다리고 있던 코피노 소년을 아무런 이유도 없이 데리고 가는 것이 처음에는 의아했다. 하지만 소영에게는 과거 흑인 미군병사와의 사이에서 태어난 아이를 입양 보낸 가슴 아픈 사연이 있었다.

소영의 몸은 한국의 최근사가 보여줄 수 있는 온갖 모순이 교차하는 공간이다. 식모, 100만 불 수출의 산업역군으로서 공순이, 외화벌이 양공주로 살았지만, 소영은 빈곤에서 벗어날 수 없었다. 그녀는 이제 탑골 공원 노인들에게 성을 파는 박카스 아줌마로 생계를 이어간다. 그렇다고 그녀가 자기 삶을 견딜 수 없어 하는 것은 아니다. 삶이 생존임을 담담히 보여줄 뿐이다. 그녀는 자신이 '죽여주는 여자'라는 자부심도 있다.

극중 다큐감독이 소영에게 '그럼 양공주였단 말인가요?'라고 되묻는 장면이 나온다. '내 나이가 몇인데, 그럼 위안부였겠어?'라면서 소영은 다큐감독의 멍청한 질문에 까칠하게 대답한다. 한국사회에서 위안부를 전유하는 방식에 대한 여러 가지 의미가 담긴 말일 수 있다. 위안부=강제로 끌려간 순결한 소녀라는 민족주의적인 접근법이나, 역사의 증언자로서만 위안부 여성을 재현하는 것을 보면서 소영은 무슨 생각을 할까? 노인들은 그녀의 몸을 구매하고, 다큐감독은 그녀의 이야기를 전유한다. 감독은 자신의 페르소나인 극중 다큐감독을 통해 타자의 이야기를 만드는 지식인들이 하는 짓을 스스로 조롱한다. 페미니스트들은 그녀의 노동을 불법화한다.

소영은 노인들 사이에 '죽여주는 여자'로 소문이 나 있다. 한국사회에서 비체화되고 타자화된 노인들을 위로하는 데서 그녀는 자기 일의 의미를 찾는다. 여인숙에서 성을 팔면서 소영은 기도하듯 향을 피우고 분위기를 잡는다. 성행위가 성스러운 행위로 보일만큼 그 일에 일종의 보람과 구매자들 사이에 친밀성의 공간을 찾는다. 그녀는 싸구려 여인숙을 욕망의 배설장소라기보다 신성한 제단처럼 만들어 놓는다.

〈죽여주는 여자〉는 얼핏 보면 평생 사회적 희생자였던 여성에게 끝까지 도구적인 역할을 배치하고 비체화하는 것처럼 보인다. 우리 사회가 비체화시킨 노인들, 스스로 죽을 수조차 없는 노인들을 죽여주는 역할까지 그녀에게 떠맡기는 것이 잔인해보였다. 그녀는 죽고 싶어도 죽을 수 없는 사람의 절실한 부탁으로 그들을 죽여주고 감옥행을 택한다. 감옥에서 숨을 거둔 그녀는 무연고자로 처리되고 이 지상에서 완전히 소멸된다. 그녀는 익명으로 살다가 익명으로 죽는다. 그녀가 이동하는 공간을 따라가다 보면 늙은 몸들이 가진 욕망과 남루가 보인다.

하지만 그녀는 죽여주는 여자일 때 단지 희생자만은 아니었다. 그녀는 자기가 이동하는 장소에서 만나는 사람들과 감정적 친밀성을 갖고 있었다. 그래서 소영은 그들을 죽여줄 수 있었다. 소영이 죽인 자의 명복을 빌러 가는 곳이 조계사다. 영화 속에는 조계사로 피신했던 한상균 민주노총 위원장과 얼마 전 세상을 떠난 백남기 농민이 물대포를 맞는 장면까지 담겨 있다. 이재용 감독은 그 장면들을 "우연이지만 필연"이라고 했다. 〈죽여주는 여자〉가 먼 훗날 2015년 무슨 일이 있었는지를 되돌아보는 영화가 되었으면 한다고 감독은 말한다. 한국사회에서 노인의 성과 죽음의 문제를 통해, 소영의 개인사herstory가 기록된다.

홈이 없는 사람들, 거리의 부랑자들, 노숙자들, '거리의 부사副司'들은 여성으로 젠더화된다. 여성으로 젠더화된 사람들은 자기 영토를 갖지 못한다. 그들은 자식에게서 버림받거나 연금이나 상속을 받으려는 자식들 때문에 죽고 싶어도 죽지 못한다. 누군가가 자신을 죽여주기를 바란다는 점에서 그들은 우리 사회가 비가시화시킨 비장소에 거처한다. 무력한 그들을 도와줄 수 있는 사람이 성모화된 소영이다. 동시에 늙은 육신을 한 소영 또한 한국사회가 만들어낸 비체이자 타자다.

타자를 섬겨야 할 윤리적 대상으로 이론화한 철학자가 레비나스다. 한동안 한국사회에서도 타자이론이 유행처럼 언급되었다. 레비나스의 타자는 그 절대적 무기력으로 인해 섬김을 받아야 하는 존재다. 레비나스의 타자가 문화번역을 거치면 어떻게 될까? 우리사회에서 소영은 섬김의 대상이 아니라 마지막 순간까지 활용되고 쓰레기가 된다. 가장 비천한 자가 됨으로써 그녀는 역설적으로 성모가 된다.

만약 그런 소영이 3만 원에 몸을 파는데 지쳐서 그 돈을 받고 서울역 광장에 나와서 태극기를 흔들고 있다면 어떻게 될까? 한국사회에서 시민권을 누려보지 못했던 노숙자들은 탄핵정국을 맞이하여 광장에 동원되었다. 박사모집회에 가격표가 있다고 한다.[28] 목욕하고 오면 5만 원이라는 말은 시위에 동원된 사람들이 주로 노숙자임을 뜻한다. 서울역

---

28 http://news.donga.com/3/all/20170128/82622698/2 참조.

지하도가 거처였던 사람들이 공적 광장으로 나와서 태극기를 흔들면서 목소리를 높인다. 관제데모에 동원되었다고 할지라도 그들은 햇살 속으로 나와 '시민'으로 대접을 받아보는 것이다.

페미니즘은 '여성에 대한 정치적 헌신과 여성들이 그들 자신과 세상을 위해 희망하는 변화를 가져오기 위한 정치적 운동'[29]이라고 주장한다. 페미니즘은 단지 여성의 이해관계를 떠나서 사회적 차별을 폐지하고 다 같은 인간으로서 존중받을 수 있는 세상을 열어나가는 운동이라고 한다. 하지만 페미니스트들은 늙은 소영이 광장으로 나와서 태극기를 흔들면서 박사모 집회공간에 나왔을 때 어떤 반응을 보일까? 연대할 수 없는 늙고 막무가내인 여성으로 취급하지는 않을까? 타자가 타자로 출현하는 순간, 페미니즘은 그 타자로 인해 곤혹스러워진다. '모든 여성들'이라고 하지만 페미니즘의 관심사 또한 **특정** 여성이라고 할 수밖에 없을 것이다.

하지만 그런 타자들이 정말 타자로서 자기 모습을 드러낼 때 그들과 페미니스트들은 어떻게 만날 수 있을까? 내가 관용과 시혜를 베풀 수 있는 대상이거나 내가 우월한 입장에서 계몽할 수 있는 대상이 아니라 나의 호의를 배신하고 나와 맞서서 자신의 욕망을 드러낸다면? 그 순간 타자는 출현한다. 나의 의지를 배반할 때 그들은 타자로서 나와 대등한 관계가 되는 것이다. 탑골공원의 박카스 아줌마 소영이 박사모에 등장하게 될 때, 그들은 단지 돈 때문에 동원된 것이라 할 수 없다. 소영은 태극기를 들고 양지로 나와서 구호라도 외칠 수 있는 것에 눈물

---

[29] Griselda Pollock ed., *Generation and Geographies in the Visual Arts—Feminist Reading*, London : Routledge, 1996, p.xv.

흘렸을 수도 있다. 스스로 죽을 수 없는 사람을 죽여주면서 눈물 흘렸던 것처럼. 그녀는 한 순간이나마 자신이 애국시민으로서 대접받는다고 느꼈을 것이다. 무슨 소리를 하는지 이해할 수 없는 페미존에는 다가갈 수 없지만, 태극기 무리에서 그녀는 편안할 수 있다. 좌파들은 그들을 일당 받고 동원된 희생양쯤으로 동정할지 모른다. 보수우파가 그들을 돈으로 매수했다고 할지라도 그들은 시민으로 활용되는 것에 기꺼이, 적극적으로 참여할 수 있다. 순간적이나마 광장으로 나올 수 있었고 사람으로 인정받았다는 기쁨으로.

4. 상호교차 페미니즘으로

트럼프 당선 이후 여성들의 행진 운동이 일어났다. 2017년 1월 21일 한 하루 동안 7개 대륙, 700만 명의 여성들이 런던, 나이로비, 서울 강남, 미국 워싱턴, 남극에 이르기까지 행진했다. 시작은 반-트럼프 운동이었다. "모든 지위에 있는 이민자들, 무슬림과 다양한 종교적 신념을 가진 사람들, 성적 소수자, 원주민, 흑인과 유색인종, 장애인들, 성폭행을 당한 사람들 등 선거에서 상처를 입고 선거에 의해 두려움에 처한 모든 공동체들이, 이 국가적이고 국제적인 우려에 대처하기 위해" 거리로 쏟아져 나왔다고 워싱턴 여성행진Women's March on Washington 측은 말했다. 50만 명의 여성들이 핑크색 푸시햇pussyhat**30**을 '당당히' 쓰고 나왔다.

---

30 pussy는 트럼프의 여성비하발언에서 등장하듯, 여성의 성기를 뜻하는 비속어다. 그래 내가 푸시캣이다 어쩔래, 라는 식으로 푸시햇을 쓰고 행진했다. 쇼셜미디어를 통해 2017년

워싱턴 여성들의 행진은 "새 정부가 출범한 첫날, 여성의 권리는 바로 인간 기본권들의 문제라는 것을 세계에 전할 것"이라고 말하며, "모든 성, 나이, 인종, 문화, 정치적 성향, 종교, 장애인들과 함께 할 것"이라고 선언했다. "여성들의 행진"은 성소수자, 경제, 건강, 최저임금, 인종, 평등, 이민자, 심지어 환경과 반전평화 이슈들까지 포괄하고, 다양한 상황에 처한 모든 여성들을 포괄하는 것은 물론, 광범위한 단체들과의 연대를 실현할 수 있었다. "상호교차 페미니즘"을 기반으로 한 인식의 확장으로 인해, 단 하루 만에 전세계적으로 오백 만 명이 행진할 수 있게 되었다.

상호교차 페미니즘이란 어휘는 이처럼 전지구적 상황의 변화에 따른 것이다. 모든 모순과 갈등을 아우르는 교차 운동이 될 때 페미니즘은 역설적으로 힘을 가진다. 온갖 갈등과 모순이 교차하는 공간으로서 페미니즘 운동이 전개되고 있다. 워싱턴 여성행진운동은 같은 날 서울 강남역에서도 진행되었다.[31] 행진을 마친 참가자들은 다시 강남역 10번 출구에 모여 벽에 포스트잇 200여 장을 붙였다. '여성의 몸은 공공재가 아니다', '우리 딸들에게 안전한 세계를' 등의 내용이다. '전국디바협회' 김지영 대표(24)는 "평소 여성인권에 대해 말만 꺼내도 적대적인 반응이 돌아온다"며 "거리에서 여성의 인권을 당당하게 외치면서 서로에게 용기(우리는 서로에게 용기다)를 주자는 취지"로 나섰다고 말했다.

요즘 페미니즘과 관련된 행사는 성황을 이루고 있다. 페미광장, 페미

1월 21일 전 세계 여성들이 동시적으로 행진하는 사건이 벌어졌다.

31 http://news.khan.co.kr/kh_news/khan_art_view.html?artid=201701222146015&code=940100#csidx8921521d7d48556800ac3f75f219185.

둥둥, 페미위키, 페미캠프. 페미니스트로 자신을 정체화하는 영 페미니스트들이 열심히 싸우고 있다. '#문단내_성폭력' 운동이 진행되고 있다. 출판시장에서 여성이 처한 환경을 헤쳐 나가기 위해 여성출판인들은 크라우드 펀딩을 통해 뜻을 같이하는 다중들의 지원을 확보해나가고 있다. 제도권의 자원조달로부터 자유로워짐으로써, 그들은 자신들의 젠더이해관계를 분명히 의제화하고 싸워나가고 있다. 여기서 온갖 의제들이 서로 충돌하고 갈등을 일으킬 수 있을 것인데 그것을 하나로 묶어두지 않고 모순들이 동시다발적으로 서로의 목소리를 내도록 광장에서 외칠 수 있도록 한다는 점에서 영 페미니스트들은 해방구 역할을 담당하고 있다.

HeforShe 운동을 주도했던 엠마 왓슨은 '내 목표는 상호교차 페미니스트에게 하나의 플랫폼을 제공하는 것'이라고 말한다. 도무지 화해할 수 없는 것들을 동시다발적으로 공존시키는 운동으로 페미니즘은 나가고 있다. 모순은 도처에 있다. 우리는 그런 모순을 하나의 주요모순으로 환원시킬 수 없는 시대에 살고 있다. 온갖 모순들이 상호 교차하고 경계를 가로지르는 공간이 궁극적으로는 젠더 공간이다. 그런데 모순을 전시하는 것만으로 페미니즘이 해방기획이 될 수 있을 것인지 올드 페미니스트들은 회의한다면, 영 페미니스트들은 그래 그것이 운동이다, 라고 대답하고 있는 것처럼 보인다. 하지만 이런 갈등과 모순이 드러나고 전시되는 과정에서 오래된 과거의 페미니즘이 새로운 미래의 페미니즘으로 귀환하면서 '새롭게' 반복되면서도 또 다시 시작될 것이다.

참고문헌

경향신문 사회부 사건팀, 『강남역 10번 출구, 1004개의 포스트잇―어떤 애도와 싸움의 기록』, 나무연필, 2016.

제임스 팁트리 주니어, 이수현 역, 『체체파리의 비법』, 아작, 2016.

슐라미스 파이어스톤, 유숙열 역, 『성의 변증법』, 꾸리에, 2016.

앨리스 에콜스, 유강은 역, 『나쁜 여자 전성시대―급진 페미니즘의 오래된 현재, 1967~1975』, 이매진, 2017.

임옥희, 『채식주의자 뱀파이어』, 여이연, 2010.

최정무 외, 『위험한 여성―젠더와 한국의 민족주의』, 삼인, 2001.

한우리 기획 번역, 『페미니즘 선언』, 현실문화연구, 2016.

Griselda Pollock ed., *Generation and Geographies in the Visual Arts―Feminist Reading*, London : Routledge, 1996.

이민경, 『참고문헌 없음』, 봄알람, 2016.

_____, 『입이 트이는 페미니즘』, 봄알람, 2016.

_____, 『우리에겐 언어가 필요하다』, 2016.

레베카 솔닛, 김명남 역, 『남자들은 자꾸 나를 가르치려 든다』, 창비, 2015.

록산 게이, 노지양 역, 『나쁜 페미니스트』, 사이행성, 2016.

앙드레 고르, 정혜용 역, 『에콜로지카』, 생각의나무, 2008.

타니아 모들스키, 노영숙 역, 『여성없는 페미니즘』, 여이연, 2008.

주디스 버틀러, 『혐오발언』, 알렙, 2016.

영화
이재용 감독, 〈죽여주는 여자〉
김수현 감독, 〈우리손자베스트〉

사이트
http://news.khan.co.kr/kh_news/khan_art_view.html?artid=201701222146015&code=940100#csidx8921521d7d48556800ac3f75f219185

http://wolyo2253.blog.me/220913384669

http://news.donga.com/3/all/20170128/82622698/2

혐오와 친화 사이에서, 도시와 마주친 여성들*

문재원

1. 혐오와 친화, 2016년 도시풍경들

〈그림 1〉 여성친화도시 로고

카스텔은 대도시 지역의 공간적 분화가 계급, 인종, 젠더에 기초한 분극화의 산물임을 강조한 바 있다.[1] 이러한 공간생산의 현실에서 젠더관점과 연결시켜 도시공간을 재구성해보겠다는 의지가 여성친화도시라는 명명에 내포되어 있다. 그러므로 여성친화도시는 기존 남성 위주의 도시계획, 도시정책에 성인지적 관점을 통합하기 위한 안티 테제로서의 속성을 내재하고 있다고 볼 수 있다. 여성친화도시 프로젝트는 남성은 주류로서 공적영역에 포함되어 있으나, 여성은 '보

* 이 글은 『동북아문화연구』 50집(2017.3)에 게재된 논문을 수정 보완한 것이다.
1 남영우, 「도시재구조화와 젠더」, 『대한지리학보』 55, 대한지리학회, 1997, 2쪽.

이지 않는 존재' 즉 비주류로서 사적인 영역에 해당된다고 본 기존 도시계획의 관성을 비판하는 것에서 출발한다. 우리나라의 경우 2009년 익산시, 여수시를 시작으로 여성가족부와 지방자치단체가 여성친화도시프로젝트를 시행하면서, 2016년 현재 여성친화도시로 지정된 곳은 76곳이다.(지정 현황에 대해서는 3장 참조) 이러한 추세라면 머지않아 대한민국 전역이 여성친화도시가 될 전망이다.

그런데 아이러닉하게도 한국의 성평등 지수는 2016년 보고서에 따르면 0.649점(1점 만점)으로 144개 나라 중 116위이다. 경제 활동 참여 기회는 125위, 정치 권한 분야는 101위 등 모든 분야에서 한국 여성의 지위는 세계 최하위 수준으로 나타났다. 성별 임금격차는 0.37 OECD 국가 평균 2배에 달했다.[2] 한국 여성의 지위가 전 세계에서 꼴찌 수준인 것은, 여성이 남성과 평등해지고 있거나 남성이 되레 역차별을 받고 있다고 보는 일각의 생각이 얼마나 실상과 동떨어져 있거나 악의적일 수도 있는지 보여준다. 그럼에도 여성친화도시를 표방하는 지자체에 대해 '보빨 레전드'라는 속어로 비하하는 시선도 공공연히 등장한다.[3]

---

2 http://www.oecd.org/employment/ministerial/employment-in-figures.htm(검색일 : 2017.3.17) 여성은 단순히 집과 가깝게 여겨질 뿐만 아니라, '사적 영역', 즉 바깥으로 상정되는 공적 상업이 판치는 더러운 세계와 분리되어 휴식과 안전과 만족을 가져다주는 공간과 결합된다. 이러한 잘못된 가정이 받아들여진 결과, 세금법과 임금법을 공적 영역에서 확정하여 여성의 임금을 남성보다 항상 적게 책정하고, 남성은 그들의 사적인 성채(castle)에서 그들의 몸과 노동을 조율할 무제한의 권한을 보장받게 된 반면, 여성은 사적 영역에서 더욱 강하게 구속되었다.(질리언 로즈, 정현주 역, 『페미니즘과 지리학』, 한길사, 2011, 283쪽)

3 가령, '메갈년들 보면 아가리 조사불고 싶어버리는 이유'라는 제목으로 사이버공간에 올려진 글을 보자. "대한민국에서 무슨 여성전용이니 여성친화도시니 이런 씹쫓걸레같은 정책개누리새끼들이 좆나게 보빨하느라 처발라대서 지들은 보지달렸다는 이유 하나만으로 대한민국에서 아몰랑 피해자 행세하면서 온갖 권리는 다 누리면서 정작 지들이 피해자인 척 코스프레 하는거랑 남자들 군가산점은 봇에 불나게 반대 처 하면서도 여성전용주차장이니 여성전용 화장실이니 뭐니는 좆나게 처챙김 씨발 어디서 드럽게 오줌싸고 똥싸고 김

최근, 대한민국의 지도가 여성친화도시의 물결로 덮여가는 시점에서 여성권한척도는 여전히 세계 하위에 머물러 있고, 여성친화도시를 바라보는 남성적 시선의 수준은 여성혐오를[4] 더욱 확산하고 있다. '된장녀', '김치녀'[5] 뿐만 아니라, '꼴페미', '보슬아치', '메갈년'[6] 등이 이제는 일반적 여성을 지칭하는 대명사가 되었다. 이 가운데 2016년 5월, 서울 강남역 부근에서 30대 남성이 아무 연관이 없는 20대 여성을 살해했다. 정신질환을 앓고 있던 그는 "여성들이 나를 무시했다"고 말

여사주차전용공간 장애인 제치고 처 만드는건 괜찮고 신성한 국방의 의무는 니기미씹좆? 집에서 기르는개?"(http://www.ilbe.com/6774778534, 검색일 : 2017.1.4) 일반적으로 일베의 상징적 성별은 남성으로 지정된다.(윤보라, 「일베와 여성혐오」, 『진보평론』 57, 2013, 36쪽)

4 국내의 많은 논자들은 수잔 팔루디의 '반격(Backlash)'의 개념으로 여성혐오를 인용하고 있다.(Susan Faludi, *Backlash –the undeclared war against American women*, New York : Crown, 1991, pp.61~86) 페미니즘이 성취한 사회적 평등으로 여성주체가 가시화되었으며, 경제위기는 남성 간의 경제적 계급차이를 벌려놓았다. 이러한 경제위기하에서 부상한 여성주체와의 경쟁에 놓인 남성의 위기위식과 열등감이 강한 여성혐오로 표출된다는 점을 지적한다. 즉 그녀는 남성유대를 계속 분화시키는 사회(경제)구조사 여성혐오의 강도를 강화하고 있다고 설명한다. 특히 한국적 상황에서 IMF 이후 '고개 숙인 남자' 담론은 한편으로 남성성의 재집결과 강화를 제창했다. 일반적으로 근대 남성적 주체의 구성에 여성을 자기 구심점의 가장 큰 자원으로 한다는 점에 대해서는 많은 논자들이 언급한 바 있다. 이와 관련한 연구는 엄기호, 「신자유주의 이후, 새로운 남성성의 가능성/불가능성」, 권김현영, 『남성성과 젠더』, 자음과모음, 2011; 박이은실, 「패권적 남성성의 역사」, 『문화과학』 76, 2013; 임옥희 외, 『여성 혐오가 어쨌다구?』, 현실문화, 2015 참조.

5 '김치녀' 호명의 위험성은 여성혐오 뿐만 아니라, 민족, 인종혐오까지 포함되어 혐오의 패착성이 더욱 심해지고 있다. 김치녀와 대비적인, 고분고분하고 말 잘 듣는 일본여성을 지칭하는 비속어로 등장한 것이 스시녀이다.(류진희, 「촛불소녀에서 메갈리안까지, 2000년대 여성혐오와 인종화를 둘러싸고」, 『사이』, 2015, 4~45쪽 참조)

6 2015년 5월 한국에 중동발 호흡기증후군 메르스 감염이 시작되자 온라인사이트 디시인사이드에 메르스 갤러리가 개설되었다. 그런데 이곳은 메르스 관련 자료가 아니라 뜬금없이 '메갈리아' 현상으로 논란의 중심이 되었다. 마침 홍콩으로 여행 갔던 한국 여성들이 메르스 검진에 협조하지 않았다는 낭설에 '한국 여자 개념 없다'는 혐오 발화가 무작정 퍼져나갔다. 이에 유저들이 집단적으로 반발하여 여성혐오 표현을 그대로 바꾼 남성을 향한 혐오 발화를 쏟아내기 시작했다. 이들은 노르웨이 여성작가 게르드 브란트의 소설 「이갈리아의 딸들」에 빗대 '메갈리아의 딸들'이라고 했고, 이어 메갈리안(Megalian)이라 칭했다. 이들의 발화 전략에 대해서는 분분한 논의가 많다. 이에 대해서는 본 논문의 논지를 흐릴 수 있어 생략한다.

했고,[7] 이 사건을 두고 오프라인과 온라인을 막론하고 논쟁이 이어졌다. 평소 여성혐오가 만연한 사회가 문제라는 주장과 정신질환의 일탈적 행위일 뿐이라는 주장이 맞섰고, 다시 남성혐오에 대한 목소리도 등장하는가 하면, 숨진 여성을 추모하는 자리에 '남여 싸우지 말라'는 피켓을 든 이가 나서기도 했다. 일련의 논쟁들은 한국사회에서 페미니즘과 여성혐오, 성 차별과 성 평등에 대한 어떠한 합의도 없는 상황에서 각각의 목소리가 터져 나오는 것으로 보인다. 물론 메갈리아 논쟁에서부터 가시화되었지만, 이 사건은 대중적으로 여성혐오를 전면화시켰고, 이를 계기로 시민사회, 학계, 출판계 등에서 활발하게 담론화되었다. 이후 이곳에서 포스트 추모가 진행되면서 이곳은 페미니즘 논쟁의 장소가 되었다.

이러한 과정에서 여성들은 '여성혐오'를 발견했고, 이에 대해 직접 목소리를 내기 시작했다.[8] 세계적 이슈가 되었던 여성행진이(2017.1.21) 이곳에서 시작되었던 것은 이러한 맥락을 잇고 있다. 이에 대해 "이 씨 발년들 강남역 10번 출구가 지년들 성지인줄 알고 있네!"[9]의 시선은 여전히 강남역 사건이 진행 중임을 보여준다. 이러한 와중에 각 시도별 '출산지도'[10]가 만들어 배포된 한편에서 "내 자궁은 나의 것"이라는 피

---

7 「강남역 묻지마 살인, 범인 "여성들이 나를 너무 무시했다…… 피해자는 모르는 여성"」, 『매일신문』, 2016.5.18.(http://www.imaeil.com/sub_news/sub_news_view.php?news_id=24443&yy=2016, 검색일 : 2017.1.4)

8 경향신문 사회부 사건팀, 『강남역 10번 출구 1004개의 포스트잇 — 어떤 애도와 싸움의 기록』, 나무연필, 2016 참조.

9 http://www.ilbe.com/8896604242(검색일 : 2017.1.4).

10 행자부는 2016.12.29 저출산 극복대책이라는 명목으로 지방자치단체별 가임기 여성 수 등을 표기한 홈페이지 대한민국 출산지도를 만들었다. 지도를 클릭하면 지자체별로 20~44세 가임기 여성이 얼마나 거주하는지 한 자릿수 단위까지 공개됐고, 인구수에 따라 지자체 순위도 매겨졌다. 그러나 여성계의 반발에 부딪치자 출산지도의 온라인 공개를 차단하고 '수정

켓을 들고 '검은 옷'의 행진이[11] 시작되었다.

이처럼 2016년은 여성의 몸이 전면적으로 가시화되면서 젠더이분법으로 구획된 우리 사회에 대한 질문들이 제기되고, 이에 재배치의 조정이 소란스럽게 진행 중이다. 필자는 남성적 질서의 기반이 공고한 도심 한가운데서 마주치는 여성들의 목소리를 도시공간을 재조정할 수 있는 '사건'으로 의미화할 수 있다고 본다. 알랭 바디우는 사건이란 돌발적으로 일어나는 것으로서 구분과 식별의 체계로서 지식을 교란시키는 것이라 했다. 사건이란 기존의 상황이나 제도화된 지식과는 다른 것을 도래시키는 것이고 그래서 우리로 하여금 새로운 존재방식을 결정하도록 강요하는 것이다. 이 사건이 일어나는 지점이 '사건의 자리'이다. 사건의 중요성을 포착하여 그 사건을 상황의 실제적이고 근본적인 문제로 간주하는 '개입intervention'을 통해 상황 속에서 그 사건에 충실한 주체가 탄생한다. 여기서 중요한 것은 사건이 발생하면 그 상황에 '충실하는' 한에서 우리는 이전과 같을 수가 없다는 점이다. 사건은 이전 상황을 지배하던 법칙성의 체계에서 벗어나 사건이 만들어낸 진리를 추구하는 주체들을 탄생시킨다.[12] 그러므로 바티우의 논의에 따르면 지금 이곳에서 여성들의 소란스러움은 다시 공간의 사회적 생산에 대한 여성의 개입과 협상이 진행되고 있음을 증명하는 셈이다.

보완'하겠다는 수정공고문을 게시 중이다.(http://birth.korea.go.kr/, 검색일 : 2017.1.20)

[11] 보건복지부가 임신중절 시술을 한 의료인을 더 강하게 처벌한다는 의료관계 행정처분규칙을 2016년 9월 22일 입법예고한 뒤, 이를 둘러싼 논란이 커졌고, '불꽃페미액션' '페미당당' '강남역10번출구' 등 여성단체들은 "여성의 몸은 통제의 대상이 아니"라며 한국판 검은 옷 시위의 움직임을 보였다.

[12] 이에 대한 자세한 논의는 알랭 바디우, 조형준 역, 『존재와 사건』, 새물결, 2013, 331~392쪽 참조.

본 글에서는 여성친화와 여성혐오를 넘나들며, 여전히 젠더이분법이 강력한 경계로 작동하고 있는 도시공간을 주목하고, 이러한 경계지대를 해체할 수 있는 가능성의 지대를 탐문하고자 한다. 그동안 공공공간은 특정한 가치체계의 틀에 부합하는 특정한 몸을 공공 공간의 주체로 상정함으로써 노숙인, 노인, 노점상, 동성애자, 매춘여성 등을 '부적절한 몸' 존재로 귀결시키고 배제해 왔다. 그러므로 공공공간은 누구에게나 열려있지 않았다. 여성친화도시의 역설은 이러한 맥락에서 유추할 수 있다. 다시 말해 여성친화도시의 선포는 그동안 도시가 남성중심성을 공고히 하면서 구축되어 왔음을 천명하는 자리이기도 하다.

도시에 젠더적 관점을 개입시키겠다는 여성친화도시 아젠다는 '잔여물'로 존재했던 (여성의) 몸들을 공공 공간의 주체에 설정하는 작업 안에서 열린 전유적 공간의 실천성을 확인할 수 있다. 그러므로 본 글에서는 여성친화와 여성혐오가 동시 발화되는 도시공간에 대해 젠더관점을 개입하여 비판적으로 성찰하고자 한다. 이를 위해 우선, 현재 우리나라의 여성친화도시의 현황을 살펴보고, 여성친화의 공간전략 중 가장 두드러지는 '안전'의 프레임에 대해 젠더적 관점에서 비판적 독해를 할 것이다. 그리고 여성과 도시는 어떻게 만나야 하는가라는 물음에 대한 제안으로, 비판적 여성친화도시를 넘어, 도시공간에서 일어나고 있는 작금의 소란스러움을 앤디 메리필드의 '마주침의 정치'를 원용해 의미화하고자 한다.

2. 젠더화된 공간문법에 대한 비판적 독해로서 여성 친화도시의 등장

공/사 영역의 구분이라는 아주 일반적인 관점에서 볼 때 도시공간은 젠더화되어[13] 있다. 젠더와 도시공간에 대한 설명에서는 전통적인 시민권 개념이 공사영역 분리라는 이분법적 사고에 바탕을 두었기 때문에, 가부장적 문화와 관행이 팽배한 도시공간은 남성적으로 코드화되어 있다. 근대화 이후 페미니스트 주체 출현은 도시와 밀접한 관계가 있어 왔다. 출신가족과 지역의 인력으로부터 벗어날 수 있는 다양한 문화적 기회와 공공장소가 있고, 무엇보다 익명성이 가능한 공간이었기 때문이다. 자본주의 도시에서 소비주의의 확산과 도심의 가부장적 공사영역의 경계가 점점 약화되면서 여성이 이용할 수 있는 도시 공간은 점차 확대되었다. 그런데 도시로 나온 여성들은 다시 자본주의적 생산과정을 종결시키는 소비 장소와 연결되었다. 모더니즘의 태동에 대한 열정적인 묘사에서 주로 찬양하는 도시의 공적 영역은 바로 남성들의 영역이었다. 대로와 카페, 술집과 사창가는 전부 남성을 위한 곳이었다. 그곳에 출입하는 여성은 그러한 남성들의 소비의 대상이었다.[14] 이처럼 남성을 공적 시장에 여성을 사적 가정에 배치하는 이분법적 삶의 방식은 근대

---

13 서울시를 대상으로 실증적으로 공간 젠더링한 연구결과에 의하면, 남성 공간이 압도적으로 우위를 차지하고 있으며, 부도심보다는 도심 안에서 이러한 구분은 더욱 선명하게 나타났다.(이건학·신정엽·홍유진, 「젠더화된 도시 공간 탐색−도시 건물의 용도별 공간분포도를 중심으로」, 『한국지도학회지』, 2013, 62~73쪽)

14 도린 매시, 정현주 역, 『공간, 장소, 젠더』, 서울대 출판부, 2015, 420쪽. 페미니스트지리학자들은 이러한 '공적 영역과 사적 영역, 남성의 영역과 여성의 영역을 분리하는 관행은 강력한 영향력을 지녔지만, 실체라기보다는 '안내적 허구(guiding fiction)'로서 기능했다고 비판하면서 공사의 분리에 균열을 내기 시작했다.

도시의 정치, 경제, 문화, 감정구조에 핵심적인 요소였다.[15]

　최근 여성을 도시의 당당한 주체로 내세운 칙릿[16] 소설의 경우를 보더라도 여성을 소비의 공간으로 배치시키면서 가부장제의 보충적 위치에 국한시키고 있다. 자본주의 담론과 절합된 도시이론에서 여성은 자본주의 체제에 종속적인 기능을 배당받은 경제 행위자로 구성된다. 소비자로서의 여성은 자본주의 상품을 더 이상의 이익을 내지 않는 마지막 방식으로 사용함으로써 그 상품의 가치를 실현하는 데 참여한다.[17] 소비하는 여성에 대한 상찬을 차려놓은 칙릿 소설은 다시 여성독자들에게 불안의 시대에 불안을 극복할 수 있는 대리만족의 기능을 한다. 그런데 문제적 현상 중의 하나는 그 불안에 대한 해법이 다시금 시장에서 찾아질 수밖에 없는 인식이, 실은 자본에 의해 추동되고 있다는 사실이다. 이때 시장이란 가부장적 자본주의 체제를 벗어나지 않는 것이며 또한 스스로를 응당 책임져야 하는 독립적 개인을 전제로 하는 것이다. 과장된 소비를 통한 자기 위안은 결국 표면적으로는 독립해 나와 사는 당당하고 세련된 도시녀의 외피를 입고 있으나, 그 내면은 기존의 젠더적 질서에 의존하면서 남성중심의 질서를 강화, 보충하는 역할을

15　공/사 영역의 구분에 대한 논의로, 린다 맥도웰, 여성과 공간연구회 역, 『젠더, 정체성, 장소─페미니스트 지리학의 이해』, 한울, 2010, 21~30쪽 참조.

16　칙릿은 chick(젊은 여성)과 문학(literature)이 결합된 신조어로서 1996년 영국의 『브릿짓 존슨의 일기』가 발표된 이후 영미권에서 선풍적인 인기를 끈 가볍고 시류에 민감한 여성 소설류를 일컫는다. 우리나라에 소개된 『섹스 앤 더 시티』, 『악마는 프라다를 입는다』 등이 '전지구적'으로 소비되면서 이와 유사한 소설 장르가 소설, 드라마, 영화에서 붐을 일으켰다. 그러므로 칙릿은 소설 장르에만 국한되는 것이 아니라, '문화적 현상'으로 파악하면서 텍스트의 내적 분석뿐만 아니라, '외부'를 향한 생산적 해석을 함께 수행할 필요가 있다.(김예림, 「문화번역 장소로서의 칙릿」, 『언론과사회』 17-4, 2009, 50쪽)

17　J. K. 깁슨-그레엄, 엄은희·이현재 역, 『그따위 자본주의는 벌써 끝났다』, 알트, 2013, 166쪽.

하고 있음을 드러낸다.

그러므로 문제는 가부장제 자본주의 도시 안에서 여성공간에 대한 전망은 지구화된 쇼핑의 성찬을 차리는 것이 아니라, 도시 자본주의 담론 안에서 여성공간이라 여겼던 소비 및 재생산의 공간과 영역들을 해체하고 재정의하는 일과 맞물려야 한다. 그렇다면, 도시와 여성의 재현은 어떤 방식으로 만나야 하는가? 이러한 질문을 구성하고, 해법을 모색해 보고자 하는 것이 이 글의 목적이다. 이러한 해법을 모색하는 경로는 다양하겠지만, 본 글에서는 여성친화도시전략 중 '안전 프레임'을 비판적으로 검토함으로써 제3의 경로를 탐색해 보고자 한다.

여성친화도시Women Friendly City에 대한 일반적인 정의는 다음과 같다. "남녀의 신체적·사회적 성 차이를 인식하고 배려하며, 육아 및 고용성, 건강 및 안정성, 접근 및 편리성, 환경 및 쾌적성, 문화 및 참여성 등을 고려하여 도시의 각종 기반시설 및 공공시설 등이 계획 및 개발되는 도시를 말한다. 도시공간의 사용과 도시계획의 참여가 남녀 모두에게 보장되어 지속가능하고, 지역정책과 발전과정에 남녀가 동등하게 참여하여 그 혜택이 모든 주민에게 고루 돌아가면서 여성의 성장과 안정이 구현되도록 하는 여성정책의 토털 솔루션이 정착된 완결적 행정단위다."[18] 이와 같은 여성친화도시의 정의를 보건대, 그 출발의 의도는 일차적으로 젠더적 관점으로 도시공간을 재배치하겠다는 실천적 움직임과 연결된다.

우선, 현재 우리나라에 지정된 여성친화도시 분포를 보자.

---

[18] 윤유정, 「여성친화도시」, 『국토』, 2012, 57쪽.

〈표 1〉 여성친화도시 지정 현황(2016년 기준)

연도	지역
2009	익산 / 여수
2010	서울 : 강남구 / 대구 : 중구, 달서구 / 경기 : 수원시, 시흥시 / 강원 : 강릉시 / 충북 : 청주시 / 충남 : 당진시
2011	서울 : 도봉구 / 부산 : 사상구 / 인천 : 동구, 부평구 / 광주 : 동구, 서구, 남구, 북구, 광산구 / 강원 : 동해시 / 경기 : 안산시, 안양시 / 충남 : 아산시 / 전북 : 김제시 / 전남 : 장흥군 / 경북 : 영주시 / 경남 : 창원시, 김해시, 양산시 / 제주도
2012	서울 : 서대문구, 마포구 / 부산 : 연제구 / 대구 : 수성구 / 경기 : 의정부시, 광명시 / 강원 : 영월군 / 충북 : 제천시 / 경북 : 포항시
2013	부산 : 중구, 남구 / 인천 : 연수구 / 대전 : 서구 / 경기 : 용인시 / 강원 : 원주시 / 충남 : 보령시, 태안군 / 전북 : 남원시 / 경북 : 구미시, 경산시
2014	경기 : 김포시, 고양시 / 강원 : 홍성군 / 부산 : 금정구, 북구, 영도구 / 경남 : 거창군
2015	서울 : 성동구, 은평구 / 경기 : 부천시 / 대전 : 동구, 대덕구 / 논산시 / 대구 : 칠곡군 / 부산 : 진구, 수영구, 사하구 / 전남 : 강진군
2016	서울 : 강동구·서초구·송파구 / 부산 : 동구 / 인천 : 남구 / 대전 : 유성구 / 울산 : 중구 / 경기 : 성남시, 화성시, 양주시 / 강원 : 횡성군 / 충북 : 충주시, 증평군 / 충남 : 서산시 / 전남 : 순천시 / 세종특별자치시

* 서울 도봉구 / 부산 사상구 / 인천 부평구 / 광주 : 동구·서구·남구·북구 / 경기 : 안산시·안양시 / 강원 : 동해시 / 충남 아산시 / 전북 김제시 / 경남 양산시 / 제주특별자치도(2016년 재지정)

여성친화도시는 1970년대 북미에서 도시 공간의 안전에 대해 여성의 관점이 필요하다는 공감대가 형성되면서, '밤길 안전하게 다니기' 캠페인으로 이어지면서 시작되었다. 이후 1990년대 들어 여성의 안전을 바탕으로 접근성, 편리성, 쾌적성을 갖춘 도시 차원의 새로운 접근으로 발전시켰다. 이후 OECD에서 여성과 도시문제에 관한 논의가 시론적으로 다루어지고, 1992년 리우환경선언 뒤 '환경적으로 건전하고 지속가능한 개발' 원칙이 의제로 떠오르면서 여성, 장애인, 아동 등 소외된 계층의 거주권 확보가 본격적으로 주목을 받았다.

1994년 '도시 여성을 위한 유럽선언'은 그동안 여성이 도시의 이용자로서 뿐만 아니라, 계획가로서도 배제되어 왔음을 지적하였고 본격적으로 여성성을 고려한 도시를 모색하게 되었다. 1996년 제2차 유엔 인간정주회의에서는 해비타트 아젠다Habitat Agenda 차원에서 여성과 남성 간의 평등성 실현에 관한 논의로 본격화되면서 여성친화 도시에 대한 관심도 현실화되어 갔다. 특히 1995년 북경에서 열린 세계여성대회는 여성정책 전반에 걸쳐 중요한 의미를 지니는데 여기서 행동강령으로 채택한 성 주류화Gender mainstreaming가 주목되었다. 성 주류화는 사회적 성의 관점에서 정부가 실현하는 모든 정책이 양성에 미칠 영향을 고려할 것을 요구하고 있다. 이후 각 나라는 성평등을 실현하고 도시를 여성친화적으로 개조하려는 움직임과 함께 여성친화도시가 보다 확산되었다. 이러한 맥락에서 볼 때, 여성친화도시는 도시의 물리적/제도적 공간에 대한 성 평등 실현과 정책의 주류화로 이해되고 있다.[19]

한편, 우리나라의 경우, 2000년대 들어 본격적으로 '여성이 행복한 도시건설', '여성이 행복한 도시' 등의 개념을 제시하면서 도시개발에 여성의 이슈를 접목시키기 시작했다. 가시화된 것은 2003년 한국여성건설인협회가 2012년까지 '여성이 살기좋은 도시건설'이라는 주제로 여러 차례 세미나를 개최하였는데, 이때 토목, 환경, 교통, 조경, 건축, 건설관리 등의 분야에 종사하는 여성 건설인들이 중앙정부와 서울시 등에 지속가능한 도시발전을 위해 여성친화도시 조성이 필요함을 강조

---

19 여성친화도시의 정의, 흐름에 대해서는 박태원·천현숙, 「여성친화도시의 개념과 도시계획 구성요소」, 『월간 국토』, 2012; 채명희, 『광주광역시 여성친화도시 정책에 관한 연구』, 조선대 박사논문, 2015; 주경미, 「여성친화도시 '부산' 만들기」, 『부산여성가족브리프』 15, 2013; 김영화, 「여성친화도시를 위한 성찰과 전망─공간의 정치에서 복지의 공간으로」, 『사회과학담론과 정책』 3-1, 2010; 조명희·공미혜, 「여성친화도시 사례분석」, 『여성연구논집』 25, 2014 등 참조.

〈그림 2〉 분홍분홍한 안심콜택시

했다. 이후 자치단체들이 도시계획과 공원조성에 성별영향평가를 실시하게 되면서 여성친화도시에 대한 논의가 본격적으로 확산되었다. 특히 서울시는 2007년 '여성이 행복한 도시' 프로젝트를 시작했는데, '돌보는 서울, 일있는 서울, 안전한 서울, 편리한 서울'을 목표로 여성친화도시 사업을 추진했다.[20]

우리나라에서 여성친화도시가 현실화되는 맥락은 북미, 유럽 등 서구와는 다소 출발선이 상이하지만, 여성친화도시전략이 공간화되는 과정에서 공통적인 점은 주류 정책 전반에 젠더 관점을 접목시킬 것을 요구하면서 도시정책의 새로운 패러다임으로 자리 잡았다는 점이다. 이러한 여성친화도시는 국가단위의 중앙정부에서 다루기 어려운 도시 단위의 젠더 이슈를 지역 여성의 일상적 삶에서 도시권에 바탕을 두고 처음으로 시도해간다는 점에서 의의를 찾을 수 있다.[21] 그러나 기존의 연구들이 정책적인 면이나 도시 경관을 중심으로 하는 가시적인 홍보에 치중되어 있고, 근본적으로 젠더적 관점이 도시에 어떻게 개입하고 있는지, 이로 인해 기존의 도시질서를 어떻게 재편하고 있는지에 대한 성찰은 드물다.[22]

---

20 최성지, 「여성친화도시정책의 현황과 향후 과제」, 『월간 국토』, 2012, 6쪽; 주경미, 앞의 글, 2쪽.
21 주경미, 위의 글, 4쪽.

3. 변하지 않는 고정점 여성친화도시에서 '안전'을 묻다

여성친화도시의 개념을 무엇으로 정의할 것이냐와 관련된 논란에는 안전하고 편리한 도시공간 조성사업을 여성친화도시로 등치시키는 것과 관련된 문제, 그리고 여성정책과 성 주류화 정책과의 관계 설정의 문제가 있다. 특히 안전하고 편리한 공간 조성은 성평등 목표 달성을 위한 하나의 하위분야라는 점이 인식될 필요가 있다. 공간은 지역 여성이 이동하고, 사용하고, 조성하라고 있는 것이지 아무리 편리하고 안전한 이상적인 공간을 조성했다 할지라도 지역 여성의 다양한 사회활동과 연계되지 않은 공간은 성평등 지역사회 조성에 기여할 바가 없기 때문이다.

3장에서는 초창기부터 현재까지 가장 가시화되고 있는 '안전한 도시'의 공간 전략을 살펴보고, 여기에 반여성적 장치가 어떻게 내면화되어 있는가를 고찰하고자 한다. 우리나라의 경우, 2012년 여성친화도시 사업 중 대표사업 실적을 제출한 결과 그중 가장 높은 비율은 "안전하고 편리한 도시" 영역이었다. 세부적으로는 여성, 아동을 대상으로 한 범죄로부터의 안전을 위한 물리적 공간 개선 사업이 4개, 건강관련 사업이 3개이다. '안전'에 쏠려 있는 여성친화 사업에 대해 기존 여성정책의 범위를 물리적 공간 환경에서의 안전 영역까지 확대하고 범죄와 폭력으로부터 여성과 아동의 안전을 보장하기 위한 직접적 서비스

---

22 도시적 젠더 정의에 대하여 안숙영, 이현재의 논의는 참조할 만하다.(안숙영, 「젠더와 공간의 만남을 위한 시론－젠더 평등의 관점에서」, 『여성학연구』 21-2, 2011; 이현재, 「도시와 권리－여성주의적 도시권을 위한 시론」, 『공간과사회』 34, 2010)

제공을 여성친화도시 사업의 고유한 특성으로 이해하고 있는 것으로 볼 수 있다.[23]

안전과 관련된 2012년도 구체적 사업을 보면 다음과 같다.[24]

〈표 2〉 여성친화도시 안전관련 사업(2012)

안전한 물리적 공간	여성, 아동 등 사회적 약자 배려	시흥시
	청 내 편의시설 설치 및 보완	여수시
	혁신도시 내 여성친화적 도시조성(개발) 시범 추진	제주도
	전용 축구장 조성에 따른 어린이 놀이시설 설치	동해시
안전 서비스	안심귀가 동행 서비스	안산시
	U-통합상황실 운영	안양시
	택시안심귀가 서비스	안양시
	법인브랜드 택시(시민콜)와 연계한 분홍택시	청주시
	여성안전지도 제작	김제시
	우리 동네 한바퀴 지킴이단 안전망 구축, 운영	창원시
건강	U-헬스 케어 시스템 구축	강남구
	더불어 만드는 여성 건강 마을	도봉구
	환경성질환(아토피) 상담센터 및 아토피 치유센터 건립	수원구

안전관련 사업은 2013년에도 지속적으로 나타난다. 안심마을 만들기 구축(연제구), 안전마을 만들기 '서로 좋은 이웃'(인천 동구), 시민강사 활용 아동안전지도 제작(시흥시), 조명 개선(광주 서구 등), 안심 서비스(도봉구 등), 맞춤형 방범 안전 도우미 서비스(안양시), 안심 무인택배 서비스

---

23 한국여성정책연구원,『여성친화도시 점검지표 개발 및 이행현황 분석』, 여성가족부, 2012, 62쪽.
24 구체적 사업 내용에 대해서는 위의 책, 60~100쪽 참조: 2011년도의 현황에 대해서는 한국여성정책연구원,『여성친화 지정도시 이행점검 연구 및 컨설팅』, 여성가족부, 2011, 66~67쪽 참조. 초창기는 주로 어린이 안전, 아동성폭력 예방, 어린이보호구역, 아동 안전지도, 어린이식품 안전보호구역 등 어린이 안전에 초점이 맞춰져 있다.

구축(당진시), 청주시민 콜택시 운영(청주시), 싱글우먼 케어 서비스(광명시), 은빛순라군 운영(대구 중구) 등등으로 안전관련 사업은 지속적으로 진행되고, 대상과 내용이 점점 세분화되고 있음을 확인할 수 있다.[25]

　2014년도 대표사업으로 제출한 여성친화도시 안전 분야 관련 사업을 살펴보면[26] ① 안전지도 제작, ② 안전지킴이와 안심귀가 서비스 ③ 복합형 지역안전으로 나눌 수 있다. 특히 ②와 ③의 구체적인 사업내용은 〈표 3〉, 〈표 4〉로 정리된다.

〈표 3〉 안전관련 사업-순찰 및 귀가 지원(2014)

순찰(지킴이)	가족안전공감 지평선프로미 순찰대	김제시
	여성안심귀가 서비스	제천시
	우리동네 안전 지킴이 행복수호대	대구 중구
	은빛 순라군	대구 중구
순찰 및 동행	여성안심귀가길 사업	사상구
	안심귀가 서비스	강남구
	밤길안심 귀가서비스	포항시
	안심귀가 동행서비스 사업	영주시
	안심귀가지킴이 사업	김해시
	24시안심허브 및 안심귀가동행서비스	용인시
	야간안심동행 귀가서비스	광명시
교통수단	택시 안심귀가 서비스	구미시
	심야안심 귀가마을서비스	서대문구
	심야시내버스 안심귀가서비스	제천시
	여성안심 콜택시 장착지원	청주시
택배	여성안심 무인택배 서비스	구미
	여성행복 안심무인택배	제주

---

25 한국여성정책연구원, 『여성친화도시 이행현황 분석 및 중장기 발전 방안』, 여성가족부, 2013, 89~102쪽.
26 한국여성정책연구원, 앞의 책, 2014, 64~69쪽.

여성이 편안한 발걸음 500보	CCTV, 도로포장, 보안등, 비상벨, 위치표시등, 벽화, 수목전지	부평구
안전마을축제	1일 프로그램	서대문
지역안전프로그램 운영	지킴이, 모니터링, 교육	제주
안심마을 만들기	통학로, 안심귀가, 가로등, CCTV, 안심지킴이집, 안전교육, 심폐소생술, 호신술강좌	연제구
여성안심 도봉구 만들기	안심귀가스카우트, 안심택배, 지역연대, 교육, 안심지킴이집	도봉구
여성폭력 No, 마을안전우리가 지킨다	지킴이 양성 및 활동, 캠페인	도봉구
누구나 안심하는 정다운 안골 마을만들기	벽화, 꽃길, 순찰, 캠페인	대전 서구
안전마을만들기 시범사업	학교지킴이, 교육, 환경개선, 자율방범, 마을매니저, 안전축제, 안전귀가	달서구
서로 좋은 이웃	안전지킴이, 마을 환경조사, 안전지도와 개선, 축제	인천 동구
여성안심귀갓길	안심귀가, CCTV, 표식, 도색	사상구
군서통학로 노란별길	통학로정비, 지킴이, 공원리모델링	시흥시
여성친화적 안전한 통학로	학교담장정비, 벽화, 녹색어머니 지킴이, 어린이보호구역	광주 북구
다같이 놀자, 안전골목길	안전 반상회, 안전점검과 벽화, 엄마지킴이	광주 북구
셉티드 생생 테마거리 조성	셉티드거리(LED화분, 벤치), 엄마품순찰대, 사랑방, 교육	광주 북구
햇빛과 달빛 산책으로 정겹고 안전한 마을만들기	워크숍, 안내도, 동네한바퀴, 마을환경개선	광주 북구

위의 표에서 알 수 있듯이, 〈표 2〉에 비해 〈표 3〉과 〈표 4〉에서는 안전이 함의하는 물리적, 추상적 공간이 점차 확장되어가고 있음을 알 수 있다. 또한 〈표 4〉는 이전에 어린이, 여성 등을 대상으로 하고, 밤, 골목길, 교통수단 등 특정한 대상, 공간에 한정되어 있었던 안전을 '복합'이라는 형식으로 '마을화'하고 있음을 보여준다. 뿐만 아니라, 지역사회 안전한 환경의 조성 외에 점차적으로 '엄마지킴이'라는 이름으로 '여성의 안전역량'을 강화하고 있음도 엿보인다. (본 글에서는 개별적 사례

의 소개와 분석에 집중하기보다 이러한 방향성이 무엇을 함의하는지에 대한 담론분석에 목적이 있다. 그래서 개별적 텍스트에 대한 분석은 생략하기로 한다.)

이러한 안전 서비스에 대한 개선과제로 제시되는 제안으로 "장기적으로 여성들이 혼자 다녀도 위험하지 않고 두려움을 갖지 않아도 되는 안전한 환경 조성을 위한 사업으로 대체될 필요가 있음"[27]이라는 의견이 지배적이다. 도대체 여성들이 혼자 다니면 위험하다는 전제 위에서, 혼자 다녀도 위험하지 않는 환경 조성은 어떻게 만들어지는 것인가에 대한 질문을 하지 않을 수 없다. 이러한 담론은 피해/가해의 이분법 위에서 형성되는데, 이런 발언의 대상이 여성들에게 향할 때, 종착역은 '여성들이여 위험한 밤길을 다니지 마라'의 경고가 기다리고 있다. 이때 여성은 여전히 위험에 노출된 대상이자, 피해자의 위치에서 한발짝도 벗어날 수 없다. 이러한 지점에 대해서, '젠더화된 폭력문법은 남성을 폭력의 주체, 그러한 도구의 운영자에, 여성을 폭력의 대상이자 공포의 주체로 묘사'하는 데 있다고 본 마커스S. Marcus의 '강간 스크립트'를 원용하여 읽어낼 수 있다.

강간 스크립트는 여성의 몸을 취약하고 폭력에 노출되어 있으며, 관통가능하고 상처입을 수 있는 것으로 묘사한다. 침입이나 침략과 같은 강간 은유들은 이러한 정의를 강화한다. 이러한 속성 은유를 심리학적으로 추론하게 되면, 여성적 섹슈얼리티는 내부공간으로, 강간은 이 내부공간에 대한 침입으로 그리고 반강간 정치학은 이 내부공간을 어떤 외부적인 것과의 접촉으로 보호하는 수단으로 규정된다. 전체로서의 여성의 몸은 질(vagina)

---

27 위의 책, 2014, 82쪽.

로 상징화되며, 불가피하게 손상되고 고통당할 수밖에 없는 허약한 내부 공간으로 인지된다.[28]

변하지 않는 '안전'의 강조는 여전히 안전하지 않음을 역설하는 셈인데[29] 이러한 인식의 기저에는 위험/안전, 피해자/가해자의 이분법이 변하지 않는 고정점으로 놓여 있음을 보여준다. 여성친화도시의 출발이 되었던 '밤길 되찾기'는 조명개선, 대중교통의 치안보강, 주차장의 경비 강화 그리고 남성 행동 감시를 위한 각종 기제를 마련할 것을 요구, 이행했다. 그런데 여성 공포의 지리가 가시화될수록 남성 섹슈얼리티의 현실성과 여성에 대한 남성 폭력의 불가피함도 수용될 수밖에 없다. 더 많은 공적 감시의 옹호는 여성들은 공적 공간에서 돌아다니지 말라는 경고일 수도 있다. 한밤에 거리를 돌아다닌다든지 퇴근 후 대중교통을 이용하는 여성은 강간 스크립트의 등장인물이 될 수 있음을 확실하게 경고하는 셈이다.[30]

28 S. Marcus, "Fighting bodies, fighting words—A theory and politics of rape pre-vention", J. Butler · J. W. Scott eds., *Feminists Theorize the Political*, New York : Rout-ledge, 1992, p.398.

29 2013년부터 실시한 서울시 '여성안심특별시' 정책의 범죄예방 주요 사업인 '여성안심귀가스카우트', '여성안심택배', '여성안심지킴이집', '택시 안심귀가서비스' 그리고 올해 3월 발표한 귀갓길 SOS를 요청할 수 있는 '안심이 앱' 등등 '여성안심귀갓길'의 여성 대상 범죄에 대한 접근은 초창기부터 가해/피해, 강/약의 프레임을 벗어나지 않고 있음을 알 수 있다. 이러한 프레임 안에서 여성을 대상으로 하는 범죄는 여전하다. 아이러닉한 풍경을 보자. "성폭력 발생률, 가정폭력 발생률, 아동·청소년 성범죄 발생률 전국 1위……'여성친화도시' 제주특별자치도의 부끄러운 민낯이다." 경찰청 통계에 따르면, 제주는 인구 대비 살인·강도·절도·폭력 등 4대 강력범죄 발생률(인구 1만 명당 153.62건)이 전국에서 가장 높은 곳이다.(『여성신문』, 2016.8.30)

30 J. K. 깁슨-그레엄, 앞의 책, 167쪽. 한편, 이런 점에서 "달빛 시위"를 참조해 볼만하다. "달빛 아래, 여성들이 밤길을 되찾다"(2004년 제1회 달빛 시위), "달빛 아래 여성들, 어둠의 봉인을 해제하다"(2009년 제6회 달빛 시위). 1973년 독일에서 연쇄 성폭력살인 사건에 대한 대응으로 시작되었고, 이후 벨기에, 영국, 미국, 캐나다, 대만, 호주 등에서도 시위와

물론 이러한 공간 전략이 여성들을 좀 더 살만한 곳으로 바꾸는 데 기여하였다 하더라도 이에 대해 깁슨-그레엄은, 이 전략들이 여성/공간을 규정하는 '대문자 정체성들', 즉 대문자 남근과 대문자 자본을 그대로 수용함으로써만 가능하다면 혹은 그 전략들로 인해 여성/공간의 성적 강간 스크립트에의 희생자 역할이나 도시경제 스크립트에서의 종속적 역할만 수행해야 한다면 이러한 변화를 얻기 위해 우리는 너무 많은 비용을 치른 것이 아닌가?[31]라고 반문한다. 남/여를 강/약에 배치하는 강간 스크립트의 진술방식은 강간의 가시화와 고발이라는 성과에도 불구하고 여성의 몸을 허약한 내부공간으로, 여성을 희생자로 고착시키기에 다른 담론전략을 구사할 것을 주문한다. 다시말해 문제는 기존의 공간질서가 젠더 위계로 되어 있는데, 이것을 해체하지 않고 기존의 것 위에 새로운 공간을 만드는 것은 아무런 의미가 없다는 것이다. 그러므로 여성/공간을 다른 방식으로 재편하고 그것에 다른 가능성들을 부여할 수 있는 대안적인 정체성 개념을 모색하는 데서 찾아야 한다는 것이다.

고착된 젠더문법은 최근 여성친화도시 프레임이 가족친화 프레임으로 이동하는 경로에서도 유추할 수 있다. 저출산 문제를 해결하기 위한 정부 대안으로서 일-가정 양립 프레임을 더욱 강화하면서 '가족친화 마을'의 프레임으로 확장한다. 가족친화 마을환경이란 노인부양이나 아동양육 등 가족 돌봄을 지역차원에서 분담할 수 있는 환경 및 다양한

거리행진 등의 형태로 확산되었다. 우리나라에서는 유영철 연쇄살인사건 이후 여성에 대한 성적 폭력과 여성에게 책임을 전가시키는 보도태도 등에 문제를 제기하며 "달빛 아래, 여성들이 밤길을 되찾는다"라는 캐치프레이즈를 통해 행진 및 시위를 진행했고 전국적으로 확산되었다.

31 위의 책, 167쪽.

가족구성원이 필요로 하는 시설과 공간을 충족시킬 수 있는 가족생활 여건이 갖추어진 마을환경을 뜻한다. 가정 내에서, 교외에서 이루어졌던 돌봄, 양육이 도심 한가운데로 진출함으로 가시화된 셈인데, 이는 이러한 돌봄, 양육이 여성의 영역이라는 것을 인정하는 바탕 위에 진행될 수 있는 일이다. 그런데 이러한 변화는 중심-남성, 주변-여성의 오래된 젠더공간의 연속 위에서 도심 중심부에서 다시 '가사노동을 여성화'시키는 결과를 낳고,[32] 여성들을 보살핌 제공자로, 즉 자본주의 체제의 보충 인력이라는 전제에서 가능한 일이다.

다시 말해, 돌봄과 양육을 여성들의 참여에 초점을 맞추는 일은, 여성의 성역할과 가부장적 젠더질서의 복원으로 이어질 수 있다. 공동체의 위기는 가정, 가정의 위기는 여성으로 이어지는 의식 안에서 지역에서, 풀뿌리 공동체 구성에서 여성의 역할을 강조하며 공동체의 회복을 강조하는 것은 젠더화된 공간의 고착화를 가져온다. 즉, 기존의 공/사 분리체계가 해체되지 않는 한 '지역, 풀뿌리, 생활' 정치에 대한 강조는 여전히 여성은 생활, 남성은 제도로 양분하면서, 오히려 성별분업을 재생산할 위험이 있다.[33]

그러면 이러한 재생산의 위험으로 벗어나는 방법을 어떻게 마련할 것인가? 여성친화도시는 물리적인 경관과 통계학적인 수치로 구축되는

---

[32] 그래서 우리에게 지배적인 모성 이데올로기가 가족 내 돌봄 공백과 여성의 이중부담으로 전이될 수 있음을 지적하면서 남성의 실천을 이끌어내기 위한 제도의 정착에 대한 논의가 진행된다. 이를 위해 막연한 '함께 돌봄'을 선언하는 일이 아니라, 시급한 것은 '비가시화된 남성을 가시화의 영역으로 이끌어 내는 일'이다.(안숙영, 앞의 글, 22쪽)

[33] 사회주의 페미니스트들은 지역이 가정의 확장이며 자본주의적 가부장제의 사회관계와 제도를 통해 여성을 착취하는 현장이라고 분석하였다. 지역 공동체를 국가가 전통적 가족규범을 유지하기 위해 통제하는 사회적 현장이라고 보고, 페미니스트 실천에서 지역사회 변화를 위한 정치적 투쟁이 불가피하다고 주장했다.(질리언 로즈, 앞의 책, 140~141쪽)

데 주안점을 둘 것이 아니라, '여성적인 것', 다시 말해 기존의 남성중심 도시의 생활방식과는 다른 생활방식을 담고 있어야 한다. 하여, 여성친 화도시는 근본적으로 기존의 젠더질서에 어떠한 균열을 내고 있는가를 질문을 던지는 작업에서부터 재검토되어야 한다. 그렇다면 어떻게 여성 섹슈얼리티의 공간성을 다르게 인식할 수 있는가. 여성이 도시에 거주 하는 새로운 방식은 무엇인가. 여기에서 다층적, 다중적 섹슈얼리티를 인정하고 그로부터의 삶의 방식을 재해석할 것을 주문한다.[34]

여성적 섹슈얼리티를 고정된 공간 단위로 형상화하지 않기 위한 대안 중 하나는 섹슈얼리티를 시간과 변화의 관점에서 상상하는 것이다. (…중 략…) 반(反)강간의 정치는 공간화된 섹슈얼리티를 따로 떼어내 소유할 권 리에 매달리기보다, 시간이 경과함에 따라 스스로 변화할 수 있는 자아, 그 변화 속에서도 자신의 실질적 현존을 포기할 필요가 없는 그런 자아에 대 한 여성의 권리를 주장해야 할 것이다.[35]

이러한 마커스의 관점에 따를 때, 여성 섹슈얼리티의 공간성을 침략 적이고 폭력적일 수밖에 없는 남근과의 관계 속에서 규정된 고정되고 움직일 수 없는 구멍으로 파악하던 방식과 결별할 수 있다. 다시 말해,

---

34 여성친화도시 초창기 가장 많은 비판을 받은 부분 중 하나가 단일한 대문자 여성(Woman) 에 초점을 맞추었다는 점을 상기해보자. 이현재는 여성주의적 관점에서 르페브르의 중심 에서 배재되지 않을 권리, 차이의 권리에 집중하여 서울시의 '여성이 행복한 도시' 프로젝 트를 분석했다. "여성들은 기존의 '정상적' 여성성 혹은 가부장적 모성 등을 재현하는 도시 권을 요구할 것이 아니라, 여성주의적 관점에서 여성의 정체성과 차이를 다시 이해함으로 써 차이의 권리 주장의 내용을 창발적으로 재구성해야 한다.(이현재, 앞의 글, 22쪽)

35 S. Marcus, op. cit., pp.399~400.

여성의 성적 공간은 다양한 방식으로 인식될 수 있다. 이렇게 몸을 재공간화 함으로 여성이 요구하는 다중적 도시공간에 대한 상상을 할 수 있다. 여기에서 여성의 요구는 단순한 소비욕망이나 재생산적 생물학적 기능과만 관련된 것이 아니다, 레즈비언 공간, 매춘공간, 클럽공간, 에어로빅 공간, 요양원, 취미 공간 등과 같은 헤테로피아를 생각해 볼 수 있다. 비록 결정적인 방식은 아닐지라도 이 모든 공적 생활 영역에서 여성의 행위주체성은 영향력을 발휘한다.[36] 이를 바탕으로 깁슨-그레엄은 도시공간 안에서 이분법적 젠더위계를 그저 역전시킬 것이 아니라 이를 거듭거듭 반복적으로 탈구displacement시키는 작업을 진행해 나갈 것을 주문하면서 하나의 탈구전략으로 '도시 자본주의 담론 안에서 여성공간이라 여겼던 소비 및 재생산의 공간과 영역들을 해체하고 재정의'[37] 것을 피력한다. 이런 맥락에서 현재 여성친화도시로 수행되는 '공간 생산'에 질문을 던진다.

4. "나는 여성들이다" 자기선언과 마주침의 정치

도시공간에서 여성공간 만들기는 어떻게 구성되어야 하는 것일까? '말뚝박기'의 근대적 공간을 넘어, 비결정성의 '넘어섬의 공간space of excess'에 대한 사유는 '기입'이 아닌 '개입'으로서의 여성공간을 상상할 수 있다. 이는 "공간을 할당받기 위한 싸움이 아니라, 공적 공간의

---

36 J. K. 깁슨-그레엄, 앞의 책, 175쪽.
37 위의 책, 176쪽.

의미와 역할을 재구성하는 싸움"이다. 여성친화도시 만들기는 근본적으로 이러한 문제의식에서 검토되어야 한다.

도시는 구조물의 집합이라기보다 서로 관련되고 끊임없이 상호작용하는 기능의 복합체이며, 권력이 집중되는 곳이라기보다 문화의 거점화가 이루어지는 곳이다. 그러므로 우리는 도시적인 삶 한가운데서 다양한 문화적 타자들을 마주하게 된다. 수많은 다양성이 갈등하고 경합을 벌이는 가운데 새로운 문화를 만들고 또 해체하는 과정에 참여하고 있다는 것이다.[38] 도시에서 일어나는 정동의 부딪침과 소란스러움에 주목하며 도시에 대한 권리와 도시정치를 재구성하고자 하는 메리필드에 의하면 '도시적인 것the city'이란 '그곳에 있지만, 더 이상 그 자체의 이름으로 현전하지 않는, 그 자신의 실재로는 더 이상 가시화되지 않는 실재이자 개념'이다. 그는 역설적으로 도시적인 자체의 한계를 어떤 식으로든 깨부수는 도시적 정치, 그 자체를 넘어서는 도시주의를 강조하면서 도시 공간 내의 '점령'을 '도시적 내재성의 실천'으로 재맥락화한다.[39] 즉, 도시적인 것은 마주침의 결과로 생긴 드라마의 장소이자 마주침의 드라마 그 자체를 마주치는 장소라고[40] 보았다.

하여, 그는 도시의 권리를 넘어 '마주침의 정치encounter of police'를 제안한다. 여기서 마주침이라는 개념은 '사람들이 인간존재로 어떻게 한 데 어울리느냐 하는 이야기, 집단이 왜 형성되고, 연대가 어떻게 이루어지고 유지되며, 여러 영역을 교차하는 정치가 어떻게 형성되는가

---

38 이현재, 『여성혐오, 그 후』, 들녘, 2016, 58쪽.
39 앤디 메리필드, 김병화 역, 『마주침의 정치』, 이후, 2015, 173쪽.
40 위의 책, 157쪽.

하는 것에 관한 이야기이다. 이때 마주침이란 '개방적인 형태에, 역동적으로 구조화된 일관성에 수동적인 상태로 미리 존재해 그냥 거기 놓여 있다기보다, 스스로를 만들어 내는 배열에 결합하는, 다수성을 띤 참여자들의 표현'과도 같다. 이 과정에서 그는 중심성과 시민권을 재정의하는데, '중심성이란 중심에 위치해 있다는 비활성적인 물리적 현전에서 나오는 것이 아니라, 운동들이 그 중심적 위치를 만들어내는 것'이라고 한다. 이는 반복과 차이의 공간적 연극을 통해 부단히 재중심화의 과정을 반복을 수행해야 한다고 역설했다.[41] 이러한 마주침의 공간에서 로즈가 제안하는 '다른' '역설의 공간'을 마주친다.

질리언 로즈는 로레티스의 페미니즘 주체를 인용하면서 페미니즘 주체의 등장과 관련된 '공간적 상상'에 대해 말한다. 여기에서 그녀는 두 가지 전략을 제안한다. 하나는 '여러 차이들이 만나는 지점'으로서의 여성주체를 상정하는 것과 또 하나는 스스로 자기 재현함으로써 남성중심성의 포괄성을 넘어설 것을 주장한다. 이러한 도전은 지배적 권력에 대항하여 규범적이며 유토피아적인 대안을 제시하는 것이 아니라, 현재의 담론 너머에 새로운 가능성이 존재할 수 있다는 것을 제시하는 것이다.[42] 지배적 시선을 넘어서는 것을 강조하지만, 페미니즘의 주체가 남성중심적 담론에 저항함과 동시에 그 담론을 통하여 구성되었기 때문에 두 장소를 동시에 점유할 수밖에 없음은 피력했다.[43] 이러

---

41 위의 책, 105~125쪽.
42 질리언 로즈, 앞의 책, 314~315쪽.
43 이러한 논의에 대해서는 위의 책, 313~358쪽 참조. 이러한 논리는 중심과 주변을 동시에 점유하는 역설, 로컬리티담론의 조건과도 닮아 있다. 즉 로컬리티가 중심담론에 저항하면서 그 담론을 통해 구성될 수밖에 없다는 점에서 로컬리티연구와 페미니즘연구의 접점을 찾을 수 있다.

한 역설 안에서 그녀는 '분산'[44]을 강조한다.

즉 이제는 단순히 젠더 영역으로만 사회적 공간을 상상할 수 없다는 것이다. 그녀는 페미니즘 주체의 복합성을 드러내기 위해 다중적 로컬리티plurilocality[45]를 주장한다. 즉, 남성/여성의 구분이 모든 것을 포괄하는 가부장적 주장에 도전하기 위해서는 젠더 이외의 다른 사회적 관계들 속에 위치지워져야 한다는 것인데, 페미니즘 주체는 성차로만 구성되지 않고 언어와 문화적 재현을 가로질러 구성된다. 즉 성적 관계뿐만 아니라 인종과 계급적 경험을 통해 또다시 젠더화되는 주체이다. 다양한 정체성을 통한 주체의 구성은 '위치의 정치학politics of location'으로 자주 표현되는데, 위치의 지정학이란 모든 주체가 권력, 저항, 주체성이 담론적으로, 물질적으로 무수히 교차하는 지점에 위치함을 의미한다. 복잡한 권력관계망 내의 세부적 위치는 어떤 개별적인 페미니즘의 주체가 지닌 차이의 지점을 묘사한다.

이러한 맥락에서 도시에, 공간을 기입하는 방식이 아닌, 점령의 방식으로 경계를 흩트리는 최근의 '여성행진'은 주목할 만하다. 2017년 새해 벽두부터 세계적인 이목을 끄는 거리행진이 있었다. "Women's March on Washington" 여성행진'은 미국 워싱턴에서 최초로 기획됐다. 여성과 소수자에 대한 혐오와 차별을 노골적으로 쏟아내는 도널드 트럼프 미국 대통령의 취임식 바로 다음날, 워싱턴에서 '워싱턴 여성행진Women's March on Washington'을 하겠다는 기획이었다. 이는 삽시간에

---

44 이 지점은 주류문화 바깥과 안에 모두 위치한 장소를 묘사하면서 백인 남성중심주의 영역성을 분쇄시킬 저항전략으로써 제안한 벨 훅스의 '경계 넘기(transgression)'와 연결된다. (벨 훅스, 윤은진 역, 『경계 넘기를 가르치기』, 모티브북, 2008 참조)
45 질리언 로즈, 앞의 책, 341쪽.

전 세계로 퍼져 40여 개 국가와 80여 개 도시가 동참을 선언했고 '세계여성공동행진'으로 확대됐다. 하루 동안 워싱턴 50만, 전세계 500만이라는 기록을 세웠다. 시작은 반트럼프이나, 이 행진이 반트럼프주의로만 환원되는 것을 철저하게 경계했다.[46] "여성들은 교차적 정체성intersectional identities을 가지고 있고 따라서 다중적인 사회 정의와 인권의 이슈들에 의해 영향을 받는다"[47]고 전제하면서, 이 행진은 "모든 지위에 있는 이민자들, 무슬림

〈그림 3〉 서울 세계여성공동행진 포스터

과 다양한 종교적 신념을 가진 사람들, 성적 소수자, 원주민, 흑인과 유색인종, 장애인들, 성폭행을 당한 사람들 등 선거에서 상처를 입고 선거에 의해 두려움에 처한 모든 공동체들이, 국가적이고 국제적인 우려에 어떻게 맞설지에 대한 것"이라고 주장한다.

동시에 '세계여성공동행진 서울Women's March on Seoul'도 21일 한국의 시울 강남역 부근에서 진행됐다. 이날 서울 여성행진에 참가한 시민들은 작년 5월 여성혐오 살인 사건이 일어났던 강남역 10번 출구 앞에

---

46 그럼에도 불구하고 국내 언론 대부분은 일관되게 '반 트럼프' 성격의 시위로 큐레이팅했다.(KBS 뉴스, 2017.1.21) 이러한 재현의 방식은 주요한 젠더이슈를 더 덮어 버리고, 트럼프/반트럼프로 수렴되는 결과를 초래한다.
47 https://www.womensmarch.com/mission(검색일 : 2017.1.22).

서 모였다. 2천 명의 시민이 행진에 참가했으며, 참가자들은 "여권이 인권이고 인권이 여권이다!", "페미니즘이 한국을 바꾼다!", "누구에게도 차별 없는 세상을!" 등의 구호를 외치며 강남역 부근을 행진했다.[48] 이번 행진은 강남역 살인사건, 여성혐오논쟁, 낙태처벌, 가임지도 등 2016년 봇물처럼 쏟아진 페미니즘 이슈들이 연결되어 있다. 거리로 쏟아져 나온 여성들. 평소 비가시화되었던 여성들이 저마다의 발언 피켓을 들고 거리를 활보하는 새해 벽두의 소란에 지구는 당황스럽다. 그러나 예기치 못한 '비체the abject'의 출현은 기존의 질서와 라인을 흩트려 놓을 수 있는 잠재성을 가진 사건이 될 수 있다. 이는 여성행진이라는 사건 그 자체가 아니라, 이 사건이 담지하고 있는 공간성의 문제이다. 그러므로 여기에서는 비단 2017년 1월 여성행진만을 의미하지 않는다. 이를테면, 도시공간이 수많은 '퀴어한' 존재와 행위들로 가득 차 있음을 알렸던 서울, 대구의 퀴어 축제에서부터 잡년행진(2001), 달빛시위(2004) 등 '점령'으로 의미화할 수 있는 것들을 포함할 수 있다. 일련의 행진들을 관통하는 '역설적 공간의 정치'를 주목할 일이다.

5. 여성친화도시, 상상력을 허하라

본 글은 도시 공간에서 여성의 자리를 어떻게 만들 것인가에 대한 문제의식에서 출발하여, 도시 공공영역 안에서 여성의 공간으로 영역화

---

48 「강남역에서 울려 퍼진 "여성의 권리가 인권이다"」(http://www.hani.co.kr/arti/society /society_general/779707.html, 검색일 : 2017.1.22).

되는 여성친화도시의 공간성을 비판적으로 성찰하였다. 이는 여성친화 프레임 못지않게 더욱 확장되는 여성혐오논란 안에서, 여성공간을 어떻게 재정의할 것인가의 문제와 연결되어 있다.

우선, 젠더문법에 의해 구축된 이분법적 도시공간의 재현 양상을 고찰했다. 공/사, 남/여의 이분법 위에서 구축된 근대 도시공간은 탈근대로 이행되면서 여성 주체를 도시 공간으로 적극 호출하였으나, 여성의 위치는 여전히 가부장제 자본주의 보충, 강화의 기제에 복무하도록 재현되었다. 한편, 여성친화도시는 우리 사회 안에서 고착된 젠더이분법을 넘어 여성공간을 재현하겠다는 도시적 실천의 의제로 볼 수 있다. 그러나 이 의제 안에서 가장 주안점을 두고 있는 '안전한 공간만들기'의 가시적인 공간 생산의 결과들이 여전히 공격/방어, 안전/위험, 남/여의 젠더 이분법 위에서 재생산, 확장되고 있음을 확인하고, 이를 넘어설 수 있는 인식적 전환을 제안했다.

그렇다면 여성친화도시가 어떠한 공간적 상상력을 포괄해야 하는 것일까. 여성친화를 여전히 구획된 공간질서 안에서 할당의 몫으로만 영역화할 것이 아니라, 다양한 여성들의 목소리를 수렴할 함으로써 가능한 일이다. 아이러닉한 풍경을 하나 보면, 마포구는 2012년 여성친화도시에 선정되었다. 마포레인보우유권자연대는 2013년 초 거리에 플랜카드를 거는 액션을 기획하였으나 마포구청이 허가를 하지 않았다. "LGBT, 우리가 지금 여기 살고 있다", "이곳을 지나는 열 명 중 한 명은 성소수자입니다" 등 지역주민으로서의 퀴어 존재를 가시화하는 내용이었다. 당시 마포구청에서는 '어른들이 불편해 하신다', '청소년에게 안 좋다' 등의 이유로 불허했다. 구청의 거부는 이미 젠더를 고정화하고 있

는 시선이 배태되어 있음을 보여준다.[49]

　이러한 일련의 움직임에서 패러디-수행-네트워크의 경합이 진행되고 있는 '퀴어 공간성'을 참조할 있다. 이러한 의미에서 최근 도심 한가운데서 마주치는 여성들의 목소리를 공간의 사회적 생산에 대한 여성의 개입과 협상의 진행으로 의미화하고, '여성친화도시'의 프레임으로 재맥락화하는 일이 중요하다. 본 글에서는 이를 로즈의 경계를 넘어서는 '역설적 공간정치'와 메르필드의 '마주침의 정치'로 연결시켜 의미화했다. 다시 말해, 도시로 쏟아져 나온 비체들의 목소리를 여성친화도시의 영역으로 포함하고 이를 재맥락화할 것을 제안했다. 그러므로 도시와 여성의 만남은 기존의 구획된 공간질서 안에서 공간을 할당받는 것이 아니라, 공간질서의 배열을 흩뜨리면서 공간의 의미와 역할을 재구성하는 작업으로 이어져야 한다.

---

49 이에 대한 자세한 논의는 전희경, 「마을공동체의 '공동체'성을 질문하다―서울 마포·은평 지역 비혼/퀴어 페미니스트들의 경험을 중심으로」, 『페미니즘연구』 14-1, 2014, 91~96쪽 참조.

참고문헌

김영화, 「여성친화도시를 위한 성찰과 전망─공간의 정치에서 복지의 공간으로」, 『사회과학담론과정책』 3-1, 2010.

김예림, 「문화번역 장소로서의 칙릿」, 『언론과사회』 17-4, 2009.

남영우, 「도시재구조화와 젠더」, 『대한지리학보』 55, 대한지리학회, 1997.

류진희, 「촛불소녀에서 메갈리안까지, 2000년대 여성혐오와 인종화를 둘러싸고」, 『사이』, 2015.

박이은실, 「패권적 남성성의 역사」, 『문화과학』 76, 2013.

안숙영, 「젠더와 공간의 만남을 위한 시론─젠더 평등의 관점에서」, 『여성학연구』 21-2, 2011.

엄기호, 「신자유주의 이후, 새로운 남성성의 가능성/불가능성」, 권김현영, 『남성성과 젠더』, 자음과모음, 2011.

이건학・신정엽・홍유진, 「젠더화된 도시 공간 탐색─도시 건물의 용도별 공간분포도를 중심으로」, 『한국지도학회지』, 2013.

이현재, 「도시와 권리─여성주의적 도시권을 위한 시론」, 『공간과사회』 34, 2010.

전희경, 「마을공동체의 '공동체'성을 질문하다─서울 마포・은평 지역 비혼/퀴어 페미니스트들의 경험을 중심으로」, 『페미니즘연구』 14-1, 2014.

조명희・공미혜, 「여성친화도시 사례분석」, 『여성연구논집』 25, 2014.

주경미, 「여성친화도시 '부산' 만들기」, 『부산여성가족브리프』 15, 2013.

채명희, 「광주광역시 여성친화도시 정책에 관한 연구」, 조선대 박사논문, 2015.

박태원・천현숙, 「여성친화도시의 개념과 도시계획 구성요소」, 『국토』, 2012.

최성지, 「여성친화도시정책의 현황과 향후 과제」, 『국토』, 2012.

경향신문 사회부 사건팀, 『강남역 10번 출구 1004개의 포스트잇─어떤 애도와 싸움의 기록』, 나무연필, 2016.

윤유정, 「여성친화도시」, 『국토』, 2012.

이현재, 『여성혐오, 그 후』, 들녘, 2016.

임옥희 외, 『여성 혐오가 어쨌다구?』, 현실문화, 2015.

한국여성정책연구원, 『여성친화 지정도시 이행점검 연구 및 컨설팅』, 여성가족부. 2011.

_____, 『여성친화도시 점검지표 개발 및 이행현황 분석』, 여성가족부. 2012.

_____, 『여성친화도시 이행현황 분석 및 중장기 발전 방안』, 여성가족부. 2013.

_____, 『여성친화도시 이행현황 점검 및 사업모델 개발』, 여성가족부. 2014.

Badiou, A., 조형준 역, 『존재와 사건』, 새물결, 2013.

Gibson, K.-Graham, J., 이현재 역, 『그따위 자본주의는 벌써 끝났다』, 알트, 2013.

Hooks, B., 윤은진 역, 『경계 넘기를 가르치기』, 모티브북, 2008.

Massey, D., 정현주 역, 『공간, 장소, 젠더』, 서울대 출판부, 2015.

McDowell, L., 여성과 공간연구회 역, 『젠더, 정체성, 장소-페미니스트 지리학의 이해』, 한울, 2010.

Merrifield, A., 김병화 역, 『마주침의 정치』, 이후, 2015.

Rose, G., 정현주 역, 『페미니즘과 지리학』, 한길사, 2011.

Faludi, S., *Backlash — the undeclared war against American women*, New York : Crown, 1991.

Marcus, S., "Fighting bodies, fighting words-A theory and politics of rape prevention", J. Butler · J. W. Scott eds., *Feminists Theorize the Political*, New York : Routledge, 1992.

『여성신문』, 2016.8.30.

http://www.ilbe.com/6774778534(검색일 : 2017.1.4)

http://www.imaeil.com/sub_news/sub_news_view.php?news_id=24443&yy=2016(검색일 : 2017.1.4)

http://www.hani.co.kr/arti/society/society_general/779707.html(검색일 : 2017.1.22)

https://www.womensmarch.com/mission(검색일 : 2017.1.22)

http://birth.korea.go.kr/

http://www.oecd.org/employment/ministerial/employment-in-figures.htm(검색일 : 2017.3.17)

젠더주체와 재현

지배와 공간, 그리고 젠더
오키나와의 군사기지와 아메리칸 빌리지

조정민

1. 태평양 지역의 휴양지

우리에게 익숙한 태평양 지역의 휴양지는 대부분 미군이 사용하던 오락 휴양시설의 전신이라고 해도 과언이 아니다. 예컨대 태국의 휴양지로 잘 알려진 파타야는 원래 작은 어촌에 불과했지만 베트남전쟁을 계기로 미군들의 휴양 시설로 변모하게 된다. 베트남 폭격기가 출격하던 우타파오 공군기지와 인접한 파타야는 미군을 위한 오락 시설을 조성하기에 매우 적합한 지리에 있었던 것이다. 베트남 남부에 위치한 해변 붕따우도 마찬가지다. 프랑스가 점령했을 당시 총독과 고관들의 휴양지로 개발된 이곳에는 베트남전쟁 때에는 미군과 한국군의 사령부가 자리하고 있었고 그들을 위한 휴양시설도 마련되어 있었다. 베트남전쟁 이후 이곳 역시 세계적인 휴양지로 이름을 알리며 관광객을 모으고 있다.

새삼 지적할 필요도 없이, 미군의 주도로 이루어진 이들 휴양지의 개발은 군사주의와 식민주의의 밀접한 관련을 대변해 마지않는다. 미군이 직면한 전쟁의 공포와 성적 욕구는 전쟁 당사국은 물론이고 주변국 여성들의 몸에 전가되어 철저한 이분법적 젠더 구조를 고착화시키고 마는 것이다.[1] 전시하의 군사주의가 필연적으로 배태하는 식민주의와 젠더 기획은 전쟁 후에는 성매매 관광 인프라로 연속되어 오늘날까지 이르고 있다. 신시아 인로Cynthia Enloe가 지적했듯이 섹스 관광객의 도착지로 발전한 나라 가운데는 미군을 위한 위락 시설을 만들었던 나라들이 대거 포함되어 있으며, 현재 이들 국가에서 벌어지는 성매매 관광은 외화를 벌어들이려는 지역 정부와 섹슈얼한 여행에 투자하려는 외국 기업 등에 의해 지탱되면서 젠더적 종속 관계는 더욱 구조화되고 있는 실정이다.[2]

미군 휴양지 개발을 둘러싼 젠더 구조의 연속성은 관광 산업에만 국한되는 것은 아니다. 이에 대해서는 앞으로 자세하게 살펴보겠지만, 오키나와에서 미군기지가 철수되거나 반환된 이후에 일어나는 장소 전용 현상은 공간의 젠더화가 더욱 구체화되는 양상을 보여준다. 예를 들어 1981년 미군이 사용하던 비행장과 사격장이 반환된 이후 그 일대를 위락시설로 만든 오키나와沖繩 차탄초北谷町의 아메리칸 빌리지American

---

1 이와 같은 사정은 한국도 예외가 아니었다. 한국전쟁이 끝난 직후 미군 당국은 한국의 관광시설의 미비와 보안 등의 이유로 미군을 위한 위락시설(Rest and Recreation, R&R) 설치를 보류했고 그 때문에 미군 병사들은 주로 일본이나 홍콩으로 휴가 여행을 떠났다. 미군은 1960년에 비로소 R&R을 승인하고 온양, 해운대, 불국사 등의 관광호텔 3개소를 미군의 휴양시설로 지정했다. (박정미, 「발전과 섹스─한국 정부의 성매매관광정책, 1955~1988」, 『한국사회학』 48, 2014, 243쪽)
2 신시아 인로, 권인숙 역, 『바나나, 해변 그리고 군사기지─여성주의로 국제정치 들여다보기』, 청년사, 68쪽.

Village는 미국 샌디에이고에 있는 씨 포트 빌리지를 모델로 삼은 도심형 리조트로서 미군기지의 활용 측면에서 대단히 성공적인 사례로 자주 일컬어진다. 그러나 미군기지라는 군사적 경험이 미국의 라이프 스타일을 전시한 의사擬似 미국, 즉 아메리칸 빌리지로 변용되는 가운데, 그곳에서 재현되는 가족 모델이나 쇼핑이라는 행위는 전통적인 젠더 역할을 더욱 부각시키고 있으며, 그곳을 거니는 여성 산책자 역시 만들어진 소비 공간 내부에서 거듭 배회하는 제한된 산책자에 그칠 가능성이 크다. 그러한 의미에서 볼 때 아메리칸 빌리지는 피식민자 스스로 식민자의 문화를 모방하고 차용하는 식민주의적 공간이면서 동시에 은유적으로도 공간을 여성화시킨 사례라고 볼 수 있을 것이다.

이 글에서는 오키나와 차탄초의 아메리칸 빌리지를 중심으로 공간의 젠더화에 대한 구체적인 논의를 시도해 보고자 한다. 이는 비단 오키나와에만 국한되는 특수한 사정이 아니라 필리핀의 클라크Clark[3]와 같이 반환된 미군기지를 세계적인 휴양지로 변모시킨 사례에도 적용할 수 있는 것으로, 지구적으로 이루어지고 있는 군사 시설의 장소 전용 현상을 분석하는 데 유효한 시사점을 제공할 수 있을 것이다.

---

3 클라크는 도시 명칭부터 미군 통신대 소속 병사 헤럴드 클라크(Harold Clark)에서 따왔듯이 미군과 밀접한 관계를 가진다. 미국 공군은 이곳을 아시아 지역을 군사적으로 견제하기 위한 전초기지로 사용하다가 1991년에야 철수했다. 이후 필리핀 정부는 이곳을 고급스러운 휴양지로 개발하여 관광객을 유치하고 있다. 또한 피나투보 화산 폭발 이후 미군이 반환한 수빅(Subic) 역시 현재는 경제 특구이자 관광 도시로 자리매김하고 있다.

2. 두 개의 미국 – 심리적 분리공존[4]

질리언 로즈Gillian Rose, 린다 맥도웰Linda McDowell, 도린 매시Doreen Massey 등 페미니스트 지리학자들은 공간 자체가 여성을 억압하는 주요한 기제였음을 지속적으로 문제 제기해 왔다. 공적 공간이나 노동, 생산과 관련된 장소는 모두 남성의 전유물로 전경화되고 그와 대비를 이루듯이 여성의 공간은 사적 공간과 가정, 소비 공간에 국한되어 여성의 신체와 사고를 포획해 왔기 때문이다. 미군기지가 물러간 자리에 새롭게 만들어진 오키나와의 아메리칸 빌리지는 어쩌면 이 구태의연한 젠더 질서를 그대로 구현한 공간인지도 모른다. 앞으로 자세하게 언급하겠지만 가족의 단란과 휴식 공간으로 마련된 리조트 시설, 여성 고객을 주된 방문객으로 설정한 쇼핑 공간은 자본주의가 만든 상품 세계임과 동시에 철저한 가부장적 젠더 프레임을 재현하고 강제하는 세계이기도 했다.

더욱이 중요한 것은 아메리카 빌리지가 만들어진 과정을 보면 오랫동안 미군의 점령하에 있던 오키나와가 부지불식간에 혹은 의도적으로 미국의 제국주의와 군사주의가 배태시킨 젠더 기획을 전유하고 있었다는 사실이다. 근대의 제국주의는 식민지의 땅을 지배하기 위해 그곳을 군사적 문화적으로 여성화시키는 전략을 취해 왔다고 해도 과언이 아닌데, 오키나와의 아메리칸 빌리지의 경우에는 스스로 미국을 내면화시킨 위에 제국의 식민지 개발과 같은 논리로 미군기지 반환지를 개발

---

4 이 글의 2장과 3장은 필자의 논문 「두 개의 미국 – 오키나와 아메리칸 빌리지를 둘러싼 표상 정치」, 『일본연구』 39, 2015에서 발췌하여 수정 및 가필한 것임을 밝혀둔다.

하고 있었다. 이는 오키나와에서 공간의 젠더화가 연속적으로 일어나고 있는 것을 반증하는 대목이기도 하다. 이하에서는 먼저 미군기지 반환 이후부터 아메리칸 빌리기가 만들어지기까지의 과정을 살펴보며 그 가운데 드러난 공간의 젠더화 현상을 상세히 짚어보고자 한다. 그리고 아메리칸 빌리지와 그곳에 인접한 미군기지와의 상관관계를 고찰한 후 다시 아메리칸 빌리지 내부로 들어가 그곳이 어떠한 방식으로 가부장적 젠더 질서를 강화하고 있는지 분석해 보겠다.

미군은 1945년 4월 1일 현재 아메리칸 빌리지가 있는 장소에 상륙한 후 주둔했다. 미국은 일본 본국을 점령한 것보다 20년이나 더 길게 절대권력자로서 오키나와를 점령했는데 오키나와와 일본 본토에서 발생한 대규모 사회운동은 1972년 오키나와의 일본 주권 반환을 이루어냈다. 주권 반환 후 미군기지는 미일안보조약 아래 주둔을 계속하게 된다. 60년이 넘는 기간 동안 오키나와는 세계에서 미군기지가 가장 집중적으로 위치한 지역 중 하나가 되었으며 미군의 해외주둔에 반대하는 조직화된 운동을 가장 잘 진행한 지역 중 하나이기도 하다. 2008년을 기준으로 약 50,000명에 달하는 미국인이 오키나와에 있는 미군기지에 거주한 경험이 있을 정도로,[5] 미군기지와 미국인은 오키나와에게 절대적인 영향을 미쳐왔다.

현재 미국과 오키나와의 비대칭적인 관계가 다분히 완화되었다고 하더라도[6] 오키나와에서 미국 혹은 미군기지가 가지는 압도적인 위치

---

5 크리스 에임스, 이현숙 역, 「진퇴양난에 빠진 커플―미군과 관계를 맺는 오키나와여성들의 주변화와 에이전시」, 문승숙·마리아 혼 편, 『오버 데어』, 그린비, 2017, 283쪽.
6 위의 글, 284쪽.

는 여전하다. 예를 들어 미군 남성과 오키나와 여성 사이의 경제적 격차는 물론이고 인종적 젠더적 차별과 억압은 좁혀지지 않는 양자의 관계를 여실히 대변한다. 그럼에도 불구하고 미국은 오키나와로 하여금 미국의 소비문화와 생활양식을 욕망하게 만들기도 했다. 이러한 양면성을 두고 오키나와의 사회학자 야카비 오사무屋嘉比收는 오키나와에는 두 개의 미국이 분리공존分離共存한다고 지적한 바 있다.[7]

차탄초에 위치한 아메리칸 빌리지는 야카비 오사무가 지적한 미국의 '분리공존'을 대변하는 전형적인 사례라고 볼 수 있다. 미국의 군사시설을 대신해 그곳을 화려하게 메운 미국식 쇼핑몰과 호텔, 그리고 각종 상업 시설은 오키나와 스스로가 의사擬似 미국을 욕망하고 있음을 말하는 강력한 증거에 다름 아니기 때문이다. 그러나 아메리칸 빌리지 주변에는 지금도 위압적인 미군기지 시설이 강고하게 버티고 있다. 모순되지만 의심할 여지가 없는 이 두 얼굴의 미국은 차탄초에서 분명하게 가시화되어 있으며 이들은 평화롭게 공존하고 있다.

지배와 식민, 혹은 점령과 식민이 낳은 공간 표상의 전형을 보여주는 아메리칸 빌리지는 제국문화와 식민문화 사이에서 발생한 혼종성, 양면성, 불확실성, 제3의 공간 등의 논의를 촉발시킨 호미 바바와 같은

7　屋嘉比收,「越境する沖縄―アメリカニズムと文化変容」,『岩波講座 近代日本の文化史冷戦体制と資本の文化―1995年以降 1』, 岩波書店, 2002, 243~283쪽. 야카비 오사무는 두 개로 분리공존하는 미국을 지적함과 동시에 분리공존의 모순과 균열 사이에 존재하는 이들에 대해서도 언급한 바 있다. 예를 들어 기지 인근에서 미군을 대상으로 생업을 이어가는 이들이나 미군기지로부터 문화적 영향을 많이 받은 예술가, 뮤지션들을 분리공존하는 두 미국의 비틀어짐 사이에 위치한 존재로 보았다. 한편 일본의 사회학자 요시미 슌야(吉見俊哉)는 20세기의 아메리카니즘을 '군사적, 정치경제적 헤게모니'와 '대중 소비문화로서의 미국적 생활양식'으로 구분하며 하나의 몸인 미국에 두 얼굴이 있다고 지적한 바 있다.(吉見俊哉,「日本のなかの「アメリカ」について考える」,『環』8号, 2002, 131~143쪽)

포스트식민주의 이론가들의 주장을 떠올리게 한다. 제국의 모방과 수용, 충돌과 접합, 동의와 부정 등은 아메리칸 빌리지라는 장소에 고스란히 등사되어 있고 그것은 마치 역동적인 문화적 대화의 일면을 보여주는 듯하다. 그러나 과연 아메리칸 빌리지에 바바가 말하는 혼종성이나 양의성, 모방의 심급은 적용될 수 있을까. 다시 말해 오키나와에 의한 '미국 따라 하기'란 그 정형과 일치하지 않으며 동일화되지도 않는, 심지어 동일시를 욕망하는 순간에도 미끄러짐과 초과, 차이를 생산하며 전복적인 위협의 효과와 저항의 가능성을 드러내고 있는 것일까. 이에 대해 조금 더 구체적으로 살피기 위해 미군기지 반환 시점으로 거슬러 올라가 보자.

아시아태평양전쟁이 막바지로 치닫던 1945년 4월, 미군은 차탄초에 상륙하여 캠프 즈케란キャンプ瑞慶覧·Camp Foster, 캠프 구와에キャンプ桑江·Camp Lester, 가데나嘉手納 비행장, 육군 저유시설 등과 같은 군사 시설을 배치했다. 이후 이들 군사 시설은 약 35년 간 차탄초의 면적 약 절반을 점유하고 있었다. 그런 가운데 1981년 캠프 즈케란의 일부인 햄비 비행장Hamby U.S. Army Air Field과 메이모스카라 사격장이 반환되기에 이른다. 이를 계기로 1988년에 비행장 부지 북쪽 해안을 새로 매립하면서 이 지구에는 차탄 공원, 아메리칸 빌리지와 같은 공공시설 및 위락 시설이 들어서게 된다.[8]

공원 및 위락 시설의 조성은 차탄초 주민들의 의견을 적극적으로 수

---

[8] 매립한 이후 이 지역은 약 49ha의 면적을 가지게 되었는데 주택용지, 공원용지 등으로 약 38ha의 면적이 책정되었고 지역경제 활성화를 위한 리조트 용지로 약 13ha의 면적이 책정되었다.

렴하고 반영한 결과였다. 반환 다음 해인 1982년 차탄초가 실시한 주민 의견 수렴 조사에 따르면, 주민들은 반환지를 공원과 같은 녹색 광장(22.4%)이나 공립 병원(16.5%), 쇼핑센터(13.0%), 사회복지시설(11.7%), 교육문화시설(10.5%), 주택단지(9.6%) 등으로 이용하기를 희망했다. 또한 매립지에 관해서는 공공시설(37.9%)이나 레저시설(24.4%), 상업시설(21.3%) 등으로 사용하고자 했다.[9] 결과적으로 기지 반환지는 주로 토지구획 정리 사업이나 민간에 의한 개발 사업 부지로 활용되었고, 도시 지구는 주택지 확보나 부족한 공공시설의 정비 등을 위한 공간으로 이용되었다.

군용지 반환 과정에는 여러 가지 제약과 변수가 작용하였다. 군용지 자체가 사유지인 경우가 많았기 때문에 지권자의 합의를 이끌어 내거나 의견을 조율하는 데에 많은 시간과 절차가 소요되었던 것이다.[10] 여기에서 주목을 끄는 대목은 주민이나 지자체가 지역 산업 및 상업의 활성화에 방점을 두고 반환지 활용을 검토하였다는 사실이다. 이는 미군기지에 의해 오랫동안 지역의 산업 진흥이 가로막혀 있던 차탄초의 사정을 반영한 것으로, 예컨대 현재 아메리칸 빌리지가 들어선 공간은 원래 주택난 해소를 위해 택지 개발이 이루어질 예정이었으나 매립지와 연계하여 보다 유용한 활용 방안을 모색하던 가운데 아메리칸 빌리지가 조성되게 되었다.[11] 다시 말하면 아메리칸 빌리지의 주된 목적은 차탄쵸의 산업 진흥과 주민들의 고용 기회 확대, 재원 확보 등에 있었던 것이다.[12]

---

9   沖縄県北谷町, 『北谷町町民意識調査』, 沖縄県北谷町, 1982, 35・59쪽.

10   沖縄県北谷町, 『基地と北谷町』, 沖縄県北谷町, 2008, 145~146쪽.

11   沖縄県北谷町役場企画課, 『返還駐留軍用地利用(北前・桑江地区)における経済効果の検証』, 沖縄県北谷町, 2003, 16쪽.

이처럼 지역 경제 성장의 발판으로 기획된 아메리칸 빌리지는 전지구적으로 이루어지고 있는 '세계화의 공간'의 한 예로 이해될 수 있다. 신자유주의적 헤게모니 계획을 수립하고 이를 위한 공간 구획과 단위를 재구성하는데 가장 적합한 대상은 도시 공간이며, 세계 곳곳의 도시들은 소위 '창조적 파괴'를 통해 시장 지향적인 경제성장 공간으로 변모해왔다. 그것은 단적으로 말해 지역의 공공 영역을 사유화하거나 도시 주거 시장을 재구성하는 과정에서 주거 공간에 대한 지원을 없애고 도심 내부의 새로운 부동산 투자 기회를 개발하는 형태로 이루어져 왔다.[13] 그런 의미에서 본다면 교환 가치를 내장하고 번듯한 건물로 치장한 아메리칸 빌리지는 외형적으로 드러나는 청결함, 질서, 새로움, 성장, 대형건물, 쾌적성, 치장된 주거 단지 등의 이미지를 함축한 기업가적 사고를 그대로 재현한 공간 실천 행위에 다름 아니라고 지적할 수 있다.[14]

또한 여기에서 유의하고 싶은 것은 미군기지의 반환이 가지는 상징적인 의미이다. 독일의 철학자 오토 프리드리히 볼노Otto Friedrich Bollnow는 영토와 인간 본성에 대해 이야기하면서 다음과 같은 농부의 예를 든 바 있다. 농부의 땅에 누군가 허락 없이 들어올 때 그가 분노하는 이유는 이를테면 곡식이 짓밟혀 피해를 볼까 걱정돼서가 아니라 바로 '그의' 공간을 침입한 것 자체에 대한 거부감 때문이다. 남이 그의 공간에 들어오면 그는 자기 자신이 피해를 입고 모욕을 받았다고 느낀다. 국가가 영토 침

---

12 沖縄県北谷町役場企画課,『北谷町 町勢要覧2009 ニライの都市 北谷』, 沖縄県北谷町, 2009, 21~22쪽 참조.
13 김수아,「홍대 공간의 문화적 의미 변화」,『미디어,젠더&문화』30-4, 2015, 8쪽.
14 조철주,「탈근대적 계획환경 정합적 계획을 위한 근대계획의 재구성」,『도시행정학보』22-3, 2009, 359쪽.

해 상황에 맞닥뜨릴 때 불안을 느끼는 이유도 마찬가지다. 그 자체로는 사소한 국경 침입이지만 이로 인해 국가의 명예가 공격당했다고 느끼는 것이다.[15] 이처럼 영토 침해란 단지 공간의 점유만을 의미하는 것이 아니라 그곳에 거주하는 이들에 대한 강제적이고 폭압적인 신체적, 심리적 장악과 연동된다. 다소 시기는 거슬러 올라가지만 1950년대 후반 미국에 의한 오키나와의 토지 강탈로 인해 오키나와 섬 전체가 민중 운동으로 고양된 것이나, 현재에도 기지 반환 문제가 뜨거운 쟁점이 되어 매번 화제가 되는 것은 앞에서 말한 토지의 상징적 맥락 때문이다. "개인의 정체성에 중요한 원천을 제공하고 공동체에 대해서도 정체감의 원천"[16]이 되는 고향, 혹은 땅에 대한 희구와 지향은 오키나와의 오랜 염원이자 일상의 실천 강령이나 같은 의미를 가지는 것이었다.

땅이, 혹은 장소가 정말로 인간이 세계에 존재하는 근본적인 속성이라면, 또 개인이나 집단에게 있어 안정과 정체성의 원천이라면, 의미 있는 장소를 경험하고 창조하고 유지하는 방법을 잃지 않도록 하는 것은 매우 중요하다.[17] 오키나와는 미국의 강제적인 토지 점거에 끊임없이 항거한 결과로 자신의 존재 기반인 토지를 되찾았지만, 그곳에 미군 기지와는 또 다른 압도적인 규모의 미국을 스스로 유치시키고 말았다. 이와 같은 현상은 앞에서 언급한 오키나와에 분리공존하는 미국을 대변하기도 하지만, 그와는 다른 층위의 미국이 오키나와에 자리하고 있음을 암시한다. 즉, 어떠한 미국도 개재하지 않는 미국 부재의 오키나

15 오토 프리드리히 볼노, 이기숙 역, 『인간과 공간』, 에코리브르, 2011, 378쪽.
16 마르틴 하이데거, 이기상 역, 『존재와 시간』, 까치, 2007, 148쪽.
17 에드워드 렐프, 김덕현·김현주·심승희 역, 『장소와 장소상실』, 논형, 2005, 34쪽.

와를 아메리칸 빌리지가 역설적으로 증명하고 있다는 사실이다. 이렇게 말할 수 있는 이유는 아메리칸 빌리지가 가지는 혼종성이나 양의성, 모방성이 제국의 문화와 식민의 문화 사이에서 어떠한 긴장 관계도 형성시키지 않기 때문이다. 그것이 가지는 현실적인 의미는 금융 자본이나 편의 시설, 복지 제도가 주도하는 지역 재생에 다름 아니며, 공간의 경험과는 아무런 상관이 없는 단순한 인지 공간에 머물 뿐이다.[18] 지역 경제나 주거 생활, 여가 활동, 환경 미화, 공간 정비 등과 같은 말로 아메리칸 빌리지를 설명할 수 있고 그것으로 충분하다면 여기에 혼종성의 저항이 틈입할 가능성은 거의 없다고 보아도 무방하다. 미국보다 더욱 철저하게 미국다움을 표방한 아메리칸 빌리지에는 결국 어떠한 아메리카도 부재함을 드러내고 있으며, 그렇기 때문에 그것은 차라리 미국에 의해 식민화된 오키나와의 다른 얼굴임을 승명해 보이고 있었다.

3. 미군기지의 가림막

에드워드 사이드Edward Said의 지적처럼 제국주의와 식민문화의 관계란 영토와 소유의 관계, 지리와 권력의 관계, 표상과 장소의 정치적 관계 등을 쟁점으로 제시한다.[19] 이를 염두에 둘 때 미국의 오랜 지배하에 있었던 오키나와(차탄초)의 장소 경험과 변화, 그에 따른 표상적 결과물인 아메리칸 빌리지에는 여러 층위의 정치와 해석이 착종하고 있

---

18 위의 책, 66쪽.
19 에드워드 사이드, 박홍규 역, 『문화와 제국주의』, 문예출판사, 2005, 56쪽.

음에 주의하지 않을 수 없다. 주지하다시피 근대의 모든 제국주의는 식민지에 정착하고 그 땅을 지배하기 위해 사력을 다했으며, 식민지 땅을 관측하고 연구한 제국의 모든 행위는 장소의 표상과 의미를 과거와는 전혀 다른 방식으로 변화시키는 결과를 가져왔다. 식민자와 피식민자 모두는 지리를 둘러싼 관념과 형식, 이미지와 표상에 대한 투쟁으로부터 자유로울 수 없었고 제국주의의 문화적 지배 속에서 식민지의 장소들은 근본적인 변화를 경험해야 했다.[20] 때문에 식민자가 물러간 이후에 피식민자는 우선적으로 지리, 장소에 대한 강제적인 왜곡부터 교정하거나 그에 대한 흔적을 없애는데 주력하기도 했다. 그러나 아메리칸 빌리지의 경우는 이와는 상반된 경로를 보여 왔다. 앞에서도 언급했듯 이 미군기지 반환지를 개발하여 지역 경제를 활성화시키려 한다 하더라도 굳이 '아메리카', '아메리칸'을 호출할 필요까지는 없었다. 지역 내부에 새로운 위락 시설과 공공시설이 필요하다면 그것은 얼마든지 다른 이름과 방식으로도 가능할 터였다. 차탄초는 무엇 때문에 그토록 철저하게 미국을 욕망하고 모방할 필요가 있었을까. 그들은 아메리칸 빌리지를 통해 무엇을 실현하고자 했던 것일까. 이를 확인하기 위해서는 우선 아메리칸 빌리지의 기획 의도부터 살펴볼 필요가 있을 것이다.

아메리칸 빌리지의 테마는 오키나와 현 사람들이 편안하고 즐겁게 쉴 수 있는 장소, 국제 감각이 풍부한 교류 장소의 창출에 있습니다.
오키나와 현 사람들이 편안하고 즐겁게 쉴 수 있는 장소란 기본적으로 미국을

---

20 허병식, 「휴양지의 풍경—근대도시 원산의 장소정체성」, 『한국문학연구』 44, 2013, 247쪽.

체험할 수 있는 도시형 위락 시설을 말합니다.

또한 국제 감각이 풍부한 교류 장소 창출이란 지금까지의 오키나와의 역사적 경위, 중부 지구의 특성, 차탄초의 지리적 우위성 등을 고려하여 국제 감각을 살리는 장소를 말합니다.

이 때문에 미국을 키워드로 선정하였는데, 이는 오키나와 현 내의 젊은 이들 및 관광객들에게도 큰 흥미를 불러일으키리라 여겨집니다.

지금까지 일본 국내에서는 특정 국가를 테마로 한 여러 리조트가 조성되었습니다만, 미국을 테마로 삼은 시설은 없었습니다. **미국은 각 분야에서 높은 경쟁력을 보유하고 있고 스포츠를 비롯하여 패션에 있어서도 젊은이들에게 특별히 인기가 높습니다.** 레저 면에서도 최적의 테마를 가지고 있습니다. 전국적으로 비교해 보아도 독창적이라 할 수 있을 것입니다.

아메리칸 빌리지를 비롯한 미하마 리조트 지구는 오키나와가 일본, 중국, 동남아시아, 그리고 미국을 연결하는 거점이 될 가능성이 높다는 것에서 힌트를 얻어 조성된 곳입니다.

'미국을 더욱 알아가자', '미국을 더욱 즐기자', 그리고 '쉽고 저렴하게 누구나 즐길 수 있도록 타운 리조트를 만들자', 라는 것이 개발 콘셉트인 것입니다. 이곳은 미국의 경제, 문화, 패션 등 각종 정보의 집적지이자 발신지를 목표로 삼고 있습니다.[21] (강조는 인용자, 이하 동일)

오키나와는 류큐왕국 시대, 사쓰마 침공, 미국 통치 시대 등의 역사 속에서 독자적인 문화를 형성해 왔습니다. 특히 **오키나와 중부 지방은 미군기지라**

---

[21] 仲地勲, 「美浜アメリカンビレッジ」, 『建設情報誌しまたてぃ』 NO.16, 2001, 13쪽. 참고로 저자는 당시 北谷町役場 기획과 과장이었다.

『町勢要覧』(2009)에 소개된 아메리칸 빌리지

는 존재로 인해 오키나와 문화와 미국 문화가 혼재하고 융합하는 독특한 문화와 지역성을 만들었습니다. 미국 문화와 융합된 독자적인 문화를 살려 특색 있는 리조트를 개발하고자 검토하였습니다.[22]

위의 인용문에서 보듯이 오키나와와 미국을 대척적인 틀로 보는 관점은 이미 유효하지 않다. 차탄초나 오키나와에서 미국 문화를 체험한다는 것은 결코 낯선 경험이 아니며 오히려 '편안하고 즐겁게 쉴 수 있는' 안락하고 익숙한 위락 행위이다. 오키나와 대립각을 세우지도, 동화를 강제하지도 않는 미국 문화는 오키나와에 더 이상 위협적인 존재가 아닌 것이다. 양자는 '혼재하고 융합하는 독특한 문화와 지역성'

---

22 北谷町役場総務部企画課, 『美浜タウンリゾート・アメリカンビレッジ完成報告書』, 沖縄県北谷町, 2004, 11쪽.

아메리칸 빌리지과 대비되는 미군기지(Camp Lester) 풍경

을 낳았고 그 독창적인 문화를 효율적으로 배치한 공간이 바로 아메리칸 빌리지다. 나아가 오키나와는 '각 분야에서 높은 경쟁력을 보유'한 미국이라는 지배적인 제국 문화 속에 스스로 편입됨으로써 자신들의 '독자'적인 문화를 재발신할 가능성을 확보하려 하기도 했다.

더구나 아메리칸 빌리지가 다른 누구도 아닌 오키나와 현 사람들을 위한 위락 시설로 개발되었다는 점에는 주의할 필요가 있다. 이는 아메리칸 빌리지가 타자 미국에 대한 오키나와의 욕망을 대변하는 중요한 단서이기 때문이다. 미군기지 반환지에 아메리칸 빌리지가 조성된 배경 가운데 하나로 오키나와 현 사람들을 위한 위락 시설의 부족을 꼽을 수 있다. 기존의 리조트 시설은 오키나와 현 외에서 온 관광객을 대상으로 하는 경우가 많고 비용도 부담스러운 면이 있었다. 오키나와 본섬 중부에 위치한 차탄초의 아메리칸 빌리지의 경우는 오키나와 시나 기노완시와 인접해 있으며 나하 시와도 비교적 가깝고, 무엇보다 국도 58호가 통과하는 지점에 자리하고 있어 오키나와 현 사람들을 위한 위락 시설로서 최적의 조건을 갖춘 곳이라 할 수 있었다.[23] 오키나와 현 사람들을 주요 방문객으로 상정한 아메리칸 빌리지는 오키나와 스스로가 철저하

23 위의 책, 10~11쪽.

게 '미국'을 연출하고 있다는 측면에서 '미국'이 이미 오키나와의 일부로 토착화되었음을 방증하고 있다. 다시 말해 미국에 의한 점령 경험은 단지 토지나 경관, 제도의 지배에 그치지 않고 피점령 지역의 문화적, 사상적, 심상적 영역에까지 침투하여 끊임없이 접합 반응을 유도하고 있는 것이다. 거듭 강조하지만 아메리칸 빌리지에서 재현된 미국은 오키나와의 동질성을 저해하거나 오키나와 내부의 질서를 훼손하는 잠재적인 위험 요소가 더 이상 아니다. 오히려 그것은 오키나와다움을 표현하는 구성 요소로 포섭되어 또 다른 오키나와다움을 연출하고 있다.

그러나 아메리칸 빌리지 건너편의 미군기지에서 끊임없이 굉음이 울리며 전투기가 지나가는 모습을 목도할 때마다, 과연 아메리칸 빌리지를 '편안하고 즐겁게 쉴 수 있는 장소, 국제 감각이 풍부한 교류의 장소'라고 할 수 있을지 의구심을 갖게 된다. '기지 자체가 오염이다'라는 표현에서 보듯이 군 관련 사고와 전투기 소음, 범죄, 그리고 무엇보다 외국 군대가 오키나와의 비좁은 섬 대부분을 통제하고 있다는 현실은 오키나와로 하여금 어떠한 형태로든 미군기지를 용납할 수 없게 만들었다.[24] 그럼에도 아메리칸 빌리지는 '미국을 더욱 알아가자', '미국을 더욱 즐기자'라는 모토를 내세우며 오키나와와 미국 사이의 불협화음을 또 다른 미국인 아메리칸 빌리지로 해소하려 하고 있다. 이 같은 표상 정치는 오키나와의 미국에 대한 욕망은 물론이고 미국에 대한 순응이 가져오는 불편함이나 위험을 더욱 부각시킬 뿐이다. 미국 서해안 샌디에이고에 있는 씨 포트 빌리지를 모방하여 진짜보다 진짜 같은 미국

---

24 크리스 에임스, 앞의 글, 299쪽.

으로 연출한 아메리칸 빌리지란 어쩌면 미국 서해안에서 확인할 수 없는, 아니 존재조차하지 않는 상상의 공간인지도 모른다.[25]

기노자 아야노는 군사력과 관광 산업의 상호 의존성에 대해 규명한 테레시아 티와이와Teresia Teaiwa의 조어 '밀리투어리즘militourism'를 빌려, 미군이라는 군사력을 짊어진 오키나와가 이로 인해 관광 산업의 성장을 보호, 보장받고 있다며 그 예로 아메리칸 빌리지를 거론한 바 있다.[26] 오키나와의 관광 시스템이 미군이라는 남성적 폭력을 은폐하는 데 원용되고 있다는 이 지적을 참고해 보면, 아메리칸 빌리지가 이상화된 경관을 통해 군사 폭력을 중립적이고 불투명하게 만들어버리는 데 적극적으로 봉사하고 있다는 점은 역시 부정할 수 없다. 새삼 지적할 필요도 없지만 관광산업과 군사주의의 공모와 거기에서 비롯되는 공간적 기획은 매우 직접적이며 폭력적이다. 아메리칸 빌리지의 경우에서 보듯이 미국의 군사주의는 전쟁과 점령을 통해 오키나와를 공간적 신체적 정신적으로 오랫동안 점유해 왔고, 이 과정에서 오키나와는 미국을 내면화하면서 스스로 식민화된 존재임을 증명해 보이기도 했다. 나아가 아메리칸 빌리지는 미국의 군사주의가 절묘하게 변용된 결과이자

---

25 그러한 의미에서 본다면 실재를 모사한 이미지 아메리칸 빌리지는 모방물이 아니라 원본을 갖지 않는 자립적 이미지이며 실재보다 더 실재 같은 초실재(hyperreality)의 전형이라고 볼 수 있을 것이다. "시뮬라시옹은 더 이상 영토 그리고 이미지나 기호가 지시하는 대상 또는 어떤 실체의 시뮬라시옹이 아니다. 오늘날의 시뮬라시옹은 원본도 사실성도 없는 실재, 즉 파생실재를 모델들을 가지고 산출하는 작업이다. 영토는 더 이상 지도를 선행하거나, 지도가 소멸된 이후까지 존속하지 않는다. 이제는 지도가 영토에 선행하고 — 시뮬라크르들의 自轉 — 심지어 영토를 만들어낸다."(장 보드리야르, 하태환 역, 『시뮬라시옹』, 민음사, 2001, 12~13쪽)

26 Ayano Giniza, "The American Village in OKinawa—Redefining Security in a "Militourist" Landscape", *The Journal of Social Science(社會科學ジャーナル)* 60 COE Special Edition, 2007, pp.140~141.

미국의 남성성을 오키나와가 재전유하여 만든 새로운 젠더적 공간에 다름 아니었다. 단적으로 말해 관광개발이라는 명분하에 아메리칸 빌리지에 건물을 세우고 도로를 닦고 가로수를 심고 영문 간판으로 점철시키는 행위는 미국에 의한 식민지 개발을 오키나와 스스로가 체현한 것이라 볼 수 있기 때문이다. 이렇듯 관광산업과 군사주의의 공모는 오키나와 내부에 대한 공간 점유와 지배를 지속시키고 있으며 공간의 젠더화에도 끊임없이 개입하고 있는 것이다.[27]

4. 미군 아내의 행복과 군대

아메리칸 빌리지 안으로 다시 들어 가 보자. 아메리칸 빌리지는 처음에는 오키나와 현 내에 거주하는 사람들을 위한 위락, 휴양 시설로 만들어졌지만, 점차 관광객의 외연이 확장되어 일본 국내는 물론이고 해외에서 온 관광객도 증가하게 되었다. 오키나와에 만들어진 미국 마을이라는 것이 이색적인 관광 아이템이 되기도 하지만 각종 상업, 숙박 시설이 밀집되어 있어 여러 가지 편의를 도모할 수 있기에 관광지로 선

---

27 군사 경험과 관광의 관계, 나아가 젠더와의 연관성에 대해 천착한 구체적인 연구는 다각도로 이루어져 왔다. 최근의 주목할 만한 연구로는 하와이 마노아 대학교 미국학 교수로 재직 중인 곤잘레스(Vernadette Vicuna Gonzalez) 교수의 『천국을 안전하게 지키기(*Securing Paradise—Tourism and Militarism in Hawai'i and the Philippines*)』(Duke Univ Pr, 2013)를 들 수 있다. 저자는 열대 기후의 이국적 풍경을 관광산업으로 포장하면서 관광지를 공산주의 위협으로부터 지키기 위한다는 명목으로 안보 담론을 유포하고 군대를 강화시켜 나갔던 필리핀 마르코스 대통력의 비인권적 정책을 면밀하게 다루고 있다. (김도혜, 「하와이와 필리핀의 군사주의와 관광산업의 역학관계—식민지 시대와 포스트 식민지 시대 역사를 통한 비판적 성찰」, 『동남아시아연구』 24-2, 2014 참조)

호되는 측면도 있다. 그런데 여기에서 아메리칸 빌리지의 또 다른 이용자로 오키나와에 주둔하는 미군 가족을 들지 않을 수 없다. 실제로 아메리칸 빌리지를 방문해 보면 유모차를 끌면서 아메리칸 빌리지 내를 산책하는 외국인 여성을 쉽게 발견할 수 있고 미군으로 추정되는 군인 가족 단위의 방문객도 적지 않음을 확인할 수 있다. 이러한 풍경에서 추찰할 수 있는 것은 미군의 주둔 형태가 변화함에 따라 미군 가정 내의 전통적인 젠더 질서도 강화되고 있다는 점이다.

우선 오키나와의 광대한 미군기지와 군사 시설을 지탱하는 것은 단지 군대 시스템만이 아니라는 점에 주의할 필요가 있다. 군사주의의 물리적 무장의 확장은 남성 권력의 획득과정으로, 그것은 군대 조직의 운용을 위한 물리적 뒷받침을 끊임없이 요구한다. 달리 표현하면 군인, 무기, 의식주는 군대 자체에서 해결되는 것이 아니라 바로 사회적 자원에서 유래되고 있다. 문제는 이러한 공공의 사회적 자원은 바로 여성을 배제한 남성 권력의 도구로 환원된다는 점에 있다. 군사화된 남성 권력은 자신을 유지 보존시키기 위해서 전통적인 젠더 문법에 의존해 그것을 영속시키려 하며, 그렇기 때문에 그것은 여성다움의 기준을 매번 강화하려 기획하고 있다.[28] 예컨대 외국에서 생활하는 군인들이 마치 본국의 집에서 생활하는 것처럼 안정적인 기반 속에 지내는 것은 군대 질서를 유지하는데 필수 불가결한 요소다. 군인인 남편과 함께 외국에서 기지 생활을 해야 하는 아내의 경우, 그녀들은 아이들의 양육과 돌봄이라는 서비스 영역에 철저하게 가두어져 봉사할 수밖에 없다. 주부라는

---

28 오미영, 「군사주의와 젠더화된 위계질서」, 『여성연구논집』 13, 2002, 95쪽.

영역 외의 다른 사회적 활동이 거의 불가능한 이들 여성은 그 존재만으로도 가부장적 젠더 질서를 스스로 증명하는 신체가 된다. 이를 거꾸로 말해 보자면 군인의 아내가 가부장적 젠더 질서에 순응하지 않을 때 군인에게 동요가 일고 그것은 군대 조직의 지반을 흔드는 계기로 연동될 수 있는 것이다. 즉, 아내의 위기는 군인의 위기로, 군인의 위기는 군대의 위기로 이어지는 것이다.[29]

그런 의미에서 외국에서 기지 생활을 하는 군인이 행복하려면 필수적으로 군인의 부인이 행복해야 한다고 말한 신시아 인로의 지적에는 주의할 필요가 있다. 즉, 군인의 부인은 더 이상 군사 적전의 가장자리에서 배급품 대신 남편의 음식을 요리하거나 세탁을 하면서 캠프를 따라다니는 여성으로 취급할 수 없게 되었다. 징병제의 도움 없이 남성 병사를 모집하여 비싸게 훈련시켜야 하는 영국, 캐나다, 미국 등의 군대는 부인이 군대 생활을 불만스럽게 여기면 군대에 지원하는 청년이 기하급수적으로 줄어들 것이다. 그런 측면에서 생각해볼 때, 미군기지로 수송되어 온 진공청소기, 세탁기, 전자 오르간 등은 외국에서 근무

---

[29] 신시아 인로는 『군사주의는 어떻게 패션이 되었을까』에서 군대 아내들의 삶을 추적하는 가운데 남성화된 많은 나라, 예컨대 미국, 캐나다, 이스라엘, 일본, 러시아, 이란, 영국의 정부 공무원들이 많은 시간과 에너지를 들여 군인과 결혼한 여성을 사회화시키며 통제하려 했다는 점을 지적한 바 있다. 많은 군인 아내 역시 정부와 남편의 기대에 부응하려 애쓰면서 진정한 만족과 보상을 얻어왔다. 이 여성들은 정부가 요구하는 사항(즉 자주 이사하기, 자신의 경력에 대한 열망을 희생하기, 군 기지 공동체를 다 함께 유지하기 위해 무임금 노동 자원하기, 군인 남편이 아주 멀리 파견됐을 때 혼자서 모성을 발휘해야 하는 외로움 견디기, 긴장된 전투 지역에서 일을 끝낸 후 남편에게 찾아오는 한바탕의 분노와 우울증에 대처하면서, 공식적으로는 즐겁게 지내기, 남편이 집을 떠나 있으면서 사귀었을 법한 성적 관계에 관해 너무 많은 질문을 하지 않기, 남편이 전장에 배치되어 살해되었다면 애도하며 조용히 있기 등)을 행하며 스스로를 애국자로 규정짓기도 했다. 이처럼 국가와 군대는 전통적인 젠더 질서에 의거하여 여성의 신체와 감정을 여러 겹으로 주박하고 있었다.(신시아 인로, 김엘리·오미영 역, 『군사주의는 어떻게 패션이 되었을까—지구화, 군사주의, 젠더』, 바다출판사, 2007, 112~113쪽)

하고 있는 남성 병사뿐만 아니라 그 부인들을 만족시키려는 미국 군대의 노력의 증거다.[30]

군인들의 아내는 대부분 이런 특권에 비교적 만족한다. 그들은 기지에서의 삶이 안전하고 편안하다고 느낀다. 세계를 보는 시각도 군대적인 방식을 채택한다. 군대는 해외 기지를 공동체로 바꾸는 부인들의 엄청난 무임 노동에 의존하고 있다. 외국 땅에서 기지를 책임지고 있는 지휘관들에게는 고향에서 만들어진 젠더 통념이 제자리에 있을 수 있다면 공동체가 최고로 잘 운용되고 있는 것이다. 이런 통념은 임금 노동과 자신의 능력 개발에 대한 부인들의 기대를 낮추고 남편의 성과에서 자신의 가치를 찾도록 독려하고 부인의 우울증과 남편의 승진 기회에 악영향을 미칠 가정 폭력에 관한 이야기를 감추게 한다. 기지의 지휘관들은 부인들이 남편이 작전을 위해 떠났을 때는 가사를 책임지고 남편이 돌아오면 그런 책임감으로부터 생기는 어떤 권위도 기쁘게 포기하는 여성성이 있어야 한다고 믿는다. 그들은 딸이 아빠를 존경하고 아들도 군대 경력을 선택해 아버지를 따라 군인이 되도록 키우는 군인 부인들의 남성성과 여성성에 대한 고정관념에 의존하고 있다. 군인 부인의 활발한 협조가 없다면 군대는 이런 정치적 목표를 성취하지 못할 것이다.[31]

군대 아내의 행복이라는 관점에서 다시 아메리칸 빌리지를 조명해 보면, 미국의 어떠한 곳보다 미국다움을 표방하는 아메리칸 빌리지는 군인 아내에게 본국의 경관을 그대로 재현한 공간으로 본국과 같은 익

---

30 신시아 인로, 권인숙 역, 『바나나, 해변 그리고 군사기지 ─ 여성주의로 국제정치 들여다보기』, 청년사, 116쪽.
31 위의 책, 117쪽.

숙함과 안락함을 보장해 주는 장소이다. 그곳은 그녀들의 희망 사항, 즉 먹고, 마시고, 입고, 즐기는 소비생활을 지지해주는 공간이자 고향의 향수를 달래주는 공간이며 한적한 오후와 휴일에 가족의 단란을 도모할 수 있는 공간이다. 물론 군인 남편을 따라 이주한 이들 여성의 삶을 단선화시키는 것은 위험하다.[32] 안정적인 군대 시스템의 운영과 유지를 위해 군인 아내의 신체가 편입되고 그 가운데 아메리칸 빌리지도 일종의 편의, 위락 시설로 제공되었다는 주장은 오로지 구조적 조건에 기댄 지적에 불가할 수 있다. 가능하다면 이들 군인 아내의 관점을 염두에 둔 다양한 접근과 입증이 필요하고, 그로부터 비로소 이들의 구체적이고 입체적인 삶은 드러날 수 있다. 이러한 한계를 인식하면서도 역시 지적하지 않을 수 는 없는 것은 아메리칸 빌리지가 연쇄적으로 일으키고 있는 젠더적 공간 기획이다. 앞에서 보았듯이 식민화된 주체 오키나와에 의해 만들어진 아메리카 빌리지는 도구적 합리성에 근거하여 시장적 가치의 극대화시키기 위한 장치나 다름없지만, 그것은 동시에 제국의 식민지 개발을 모방한 공간 기획이기도 했으며, 결과적으로 오키나와에 대한 미국의 군사적 장악력을 은폐하는 데 기여하기도 했다. 나아가 이 공간은 미국 군인의 아내, 혹은 그의 가족들에게 문자 그대로 그들이 사는 마을 'America Village'을 제공함으로써 미군 가정의

---

32 실제로 군인과 결혼한 어떤 여성들은 군인 아내에 대한 공공연한 기대에서 벗어난 행동을 하기도 한다. 예를 들면 남편이 재입대하지 않게 한다든지, 군인 남편이나 남자 친구가 아내나 여자 친구를 구타하는 사실을 말한다든지, 여러 해 동안 군 복무를 하면서 군 기지의 공동생활에 여성이 이바지했음에도 남편과 이혼 소송을 하면 아내의 군대 보험진료와 주택수당을 박탈하는 정책을 비판한다든지, 혹은 여서들이 민간인으로서 정부의 실제 외교정책의 일부라는 점을 공개적으로 말하는 일 등이다. 이러한 이례적인 행동 중 하나라도 행하면 관계자들은 예민해진다.(신시아 인로, 김엘리·오미영 역,『군사주의는 어떻게 패션이 되었을까—지구화, 군사주의, 젠더』, 바다출판사, 2007, 113쪽)

평화와 미군기지의 평화를 동시에 담보하고 있다. 아메리칸 빌리지에 내장된 이 같은 젠더적 공간 기획의 파장은 다음과 같이 여성 산책자를 만나면서 또 다른 심급을 마련하고 있다.

5. 만들어진 산책 길, 가두어진 여성

공간과 장소에 도입된 젠더적 관점은 오래전부터 페미니스트 지리 학자들에 의해 많은 비판을 받아왔다. 남성은 '공적, 바깥, 직장, 일, 생 산, 독립, 권력'이라는 범주로 포착하고 그와는 대비적으로 '사적, 안, 가정, 여가ㆍ즐거움, 소비, 의존, 권력의 부재'라는 범주로 여성을 장악 하는 방식은 공간에도 그대로 등사되기 십상이기 때문이었다.[33] 앞에 서 살펴보았듯이 군인 아내들이 자신의 경력에 대한 열망을 통제하고 무임금으로 오로지 가정 내에서 모성만을 발휘하도록 강제된 것은 전 통적인 젠더 질서와 이분법적 공간 분할이 서로의 이념을 강력하게 구 속한 결과이기도 했다. 다시 말해 공간과 장소의 상징적 의미나 공간과 장소가 유포하는 명백히 젠더화된 메시지에서부터 폭력적인 방식으로 공공연히 배제하는 것에 이르기까지 공간과 장소는 그 자체가 이미 젠 더화되어 있을 뿐만 아니라 젠더가 구성되고 이해되는 방식을 반영하

---

33 린다 맥도웰, 여성과 공간 연구회 역, 『젠더, 정체성, 장소—페미니스트 지리학의 이해』, 한울, 2010, 40쪽. 린다 맥도웰(Linda McDowell)이나 캐서린 깁슨(Katherine Gibson) 과 줄리 그레엄(Julie Graham), 도린 매시(Doreen Massey) 등의 페미니스트 지리학자 들은 공적/사적 공간의 분리와 젠더의 관련성을 이론적으로 검토하고 또 어떻게 재이론화 될 필요가 있는지 성찰과 모색을 거듭해 왔다.

고 그에 영향을 미치기도 하는 것이다. 정체성과 공간 모두에 있어 여성이 경험하는 이동의 제약은 일부 문화적 맥락에서는 여성을 종속하는 결정적인 수단이 되어 왔다. 한편으로는 공간상에서의 이동의 제약, 즉 의도적으로 특정한 장소에 억류하기·가두기와 다른 한편으로는 정체성 형성에 대한 제약은 아주 긴밀하게 연관되어 있다.[34]

당연한 지적이지만 이동의 제약과 억류는 비단 타국에서 돌봄의 영역에 가두어져 있는 군인 아내에게만 해당되는 것은 아니다. 노동의 장소로부터 분리되어 사적인 휴식과 재충전의 공간으로 만들어진 아메리칸 빌리지란 처음부터 가부장제 패러다임의 답습을 예고한 것이었다. 생계의 영역이 아닌 소비의 영역으로, 일의 공간이 아닌 안락과 휴식의 공간으로 구획된 이곳에서 남성과 여성은 모두 전통적인 성별 규범에 따른 가족 제도를 몸소 재현해야 했다. 사실, 여성의 장소란 늘 공적 영역과 대립되는 사적 영역에 제한되어 있었고, 심지어 1991년 엘리자베스 윌슨Elizabeth Wilson이 『도시의 스핑크스*The Sphinx in the City*』라는 저서에서 백화점이라는 공간 안에서 유유자적하게 혼자 돌아다닐 수 있는 여성 산책자의 가능성을 발견하며 도시공간이 지배적인 섹슈얼리티를 위반할 가능성을 점쳤을 때에도 거기에는 곧장 이견이 제기될 수밖에 없었다.[35] 왜냐하면 백화점과 같은 쇼핑 공간은 압축된 근대성의 거리로서 여성 산책자를 불러일으킬 수 있지만, 다른 한편으로는 소비주의라는 문화적 형태의 폭넓은 서사, 즉 환상, 과도함, 스펙터클 등의 표제어로 요약될 수 있기 때문이다. 다시 말해 이들 공간은 여성이 비합리

---

34 도린 매시, 정현주 역, 『공간, 장소, 젠더』, 서울대 출판문화원, 2015, 318~319쪽.
35 엘리자베스 윌슨의 여성 산책자 논의에 대해서는 린다 맥도웰의 앞의 책, 269~272쪽 참조.

적 설득에 특히 취약하다는 전제로부터 출발한 것으로, 여성이 소비문화의 주요 고객이라는 가정은 최근 가장 낡은 것으로 치부되고 있지만 여전히 여성의 위치는 전통적인 생산과 소비 사이의 구별에 기초한다. 대형 백화점의 경영방식이나 판매방식은 철저하게 자본주의적 경영전략에 의하여 남성적 합리성에 의하여 구성되는데 반해 소비자는 여성으로 상정되면서 생산(남)과 소비(여)의 이분법은 광범위하게 통용되고 있는 것이다. 더구나 여성들의 쉬운 접근을 고려한 소비의 공간은 그것이 얼마나 여성 고객에게 크게 의존하고 있는지 대변하고 있으며, 또한 대부분 여성 직원들이 소비자를 응대를 하고 있다는 측면에서도 이들 공간과 소비주의의 여성적 강조는 서로 공생관계에 있다 할 것이다.[36]

이처럼 아메리칸 빌리지와 같은 위락 시설이나 소비 공간에서 이루어지는 여가 활동은 대부분 전통적인 젠더 역할을 더욱 강조하고 있으며 소비의 단위도 대부분 가정에 기초하고 있다. 그러한 의미에서 볼 때 만들어진 위락 시설과 소비 공간을 거니는 여성 산책자는 철저하게 젠더적 역할에 의거해 기획된 공간 내부를 거듭 배회하는 제한된 산책자에 그칠 가능성이 크다. 물론 이는 아메리칸 빌리지에 국한되어 나타나는 현상을 아니지만, 이 공간이 이중 삼중의 공간적 젠더 기획이 중첩되면서 탄생한 것이라는 부분은 강조하지 않을 수 없다. 미국의 군사 기지가 점유한 토지는 은유적으로 오키나와 여성의 신체 수탈과 연동되고, 이후 같은 곳에 구축된 아메리칸 빌리지는 식민화된 오키나와의 자기 개발 공간으로 실천되면서 재차 젠더화되며, 국적을 불문하고 그

---

36 데이비드 채니, 김정로 역, 『라이프 스타일』, 일신사, 2004, 44~45쪽; 이수안, 「서울 도심의 공간 표상에 대한 젠더문화론적 독해」, 『대한지리학회지』 44-3, 2009, 294쪽.

곳을 찾는 소비자들 역시 그 공간에 포획되어 전통적인 가부장제 질서 혹은 젠더 질서 강화에 봉사하게 된다. 이처럼 아메리칸 빌리지는 군사주의와 관광산업이 조우하며 일으킨 연쇄적인 공간의 젠더화에 적나라하게 노출되어 있었던 것이다.

군사주의 혹은 제국주의 논리에 내재한 젠더 기획을 전유한 결과로 탄생한 아메리칸 빌리지는 지금도 오키나와 도처에서 진행되고 있는 미군기지 반대 운동과 묘하게 비틀리며 인접한다. 미군기지에 대한 강도 높은 비판과 타자에 대한 철저한 청산이 주장되는 가운데, 어렵사리 미군기지를 반환받은 이후에는 그 행보가 아메리칸 빌리지의 경우와 흡사하게 진행되기 때문이다. 예컨대 오키나와 남부에 위치한 나하 시那覇市의 신도심新都心은 원래 미군의 주거지인 마키미나토 주택지구牧港住宅地區가 자리했던 곳으로, 1975년 7월부터 부분 반환되기 시작하여 1987년 5월에 전면 반환되었고, 이후에는 도시 안의 새로운 도시를 만드는 이른바 '신도심' 조성이 구체화되어 2005년에 사업이 준공되었다. 약 214ha 규모의 광대한 나하 신도심 내에는 대형 쇼핑몰이나 면세점과 같은 상업 시설을 비롯하여 신축 맨션과 비즈니스호텔, 현립 박물관과 미술관, 학교, 관공청, 방송국, 신문사, 공원 등이 밀집해 있다. 경제적인 측면에서 나하 신도심이나 아메리칸 빌리지는 미군기지에 의존하지 않아도, 아니 의존하지 않는 편이 지역 경제를 원활하게 순환시키고 성장시킨다는 좋은 사례가 되고 있지만,[37] 그럼에도 불구하고 이

---

37 예컨대 류큐신보 기자 시마 요코[島洋子]는 「뒤틀린 구조-기지와 오키나와 경제[ひずみの構造-基地と沖縄経済]」라는 연재를 통해 미군기지가 오히려 오키나와의 경제 발전을 저해해 온 측면을 밝힌 바 있다. 한편 시마 요코가 쓴 「'기지가 들어서면 지역경제가 산다'는 환상-오키나와, 미군기지 반환을 희망하는 목소리」(여성주의 저널 일다, http://

곳에는 정치적, 군사적, 문화적, 자본적으로 이분화된 젠더 프레임이 여전히 유지되고 있는 것이 사실이다.[38] 이것을 역으로 말하면 젠더라는 항을 개재했을 때 이들 공간에 내재한 각종 이데올로기의 난무는 더욱 분명하고 드러나며 경제, 군사, 문화 등 각 항이 놓인 상황에 따라 그것은 교묘하게 옮겨가며 새롭게 공간의 젠더화를 추동하고 있었다.

6. "문제없어~ 오키나와는."

태생적으로 친연성을 가질 수밖에 없는 관광산업과 군사주의는 이 또한 태생적인 속성 때문에 불안정한 관계를 가질 수밖에 없다. 그 대표적인 예로 2001년 9월 11일 미국 뉴욕에서 일어난 항공기 동시 다발 자살테러와 오키나와 관광산업과의 연관을 들 수 있다. 소위 9·11이라 불리는 테러는 미군기지가 집중된 오키나와에도 큰 파장을 일으켰다. 우선 일본의 국내는 물론이고 해외에서도 오키나와를 찾는 관광객이 급감하고 말았다. '일본 안의 하와이'라 부르며 비일상적인 시공간을 기대하던 사람들은 오키나와에 착종하는 복잡한 국제 정세와 첨예한 군사적 이데올로기의 교착을 새삼 상기하고는 더 이상 오키나와를 찾지 않게 되었다. 미국의 든든한 협력자이자 동반자인 일본, 그리고 일

m.ildaro.com/6767)는 한국에서도 소개된 바 있다. 또한 나하 신도심 개발은 한국의 미군기지 반환과 개발의 모델이 되기도 했는데, 이에 관한 기사는 로는 「수도권/미군 공여지 이렇게 개발하자 ② 일본 2大 사례」(『동아일보』, http://news.donga.com/3/all/20080 124/8537163/1)가 있다.

[38] 나하 신도심의 개발에 동원된 정치적 기획에 대해서는 조정민, 「죽음과 재생의 도시 드라마-오키나와 나하 신도심 개발을 중심으로」, 『한림일본학』 28, 2016, 177~204쪽 참조.

본 남단 끝자락 오키나와에 밀집된 거대하고도 첨단적인 미군의 군사 시설은 그것이 상정하고 있는 '적'이 너무나도 뚜렷한 만큼 테러리즘과의 거리도 가까울 수밖에 없었다. 때문에 오키나와는 더 이상 남국의 낙원이 될 수 없었고 오히려 테러 위험 지역으로 전락하고 말았다.

9·11테러가 일어난 바로 직전 해인 2000년, 오키나와에서는 G8 정상회담이 개최되었다. 미국과 일본, 영국, 프랑스, 독일, 이탈리아, 캐나다 등의 국가 정상이 참석하는 이 회담에서는 한반도문제와 중동 평화문제, 유엔 개혁, 지역의 분쟁예방 등이 집중 논의되어 특별성명과 공동선언이라는 형식을 통해 그 결과가 발표되기도 했다. 오키나와가 오랜 기간 동안 전쟁과 점령을 끌어안고 살아온 만큼 이곳에서 제창된 평화 선언의 무게는 더욱 크게 느껴졌고, 오키나와에 '평화의 섬'이라는 수식어가 따라다니게 된 것도 이 같은 정치적 이벤트와 무관하지 않다. 그러나 이 평화 선언이 얼마나 공허한 외침에 불과한지는 바로 이 듬해인 2001년의 9·11에 의해 분명하게 드러나고 말았고 오키나와는 잠재적인 테러 위험 지역이 되어 경계의 대상이 되고 말았다.

흥미로운 것은 이 같은 테러 위험 담론에 대한 오키나와의 대응이다. 9·11테러가 발생한 지 약 한 달 정도 지났을 무렵인 10월 19일, 오키나와의 이나미네 게이이치稲嶺恵一 지사는 기자간담회에서 9·11을 언급하며 이로 인한 관광객 수의 현저한 감소가 오키나와 현 경제에 악영향을 미칠 것을 염려했다. 이에 오키나와 현 지사가 내놓은 대책은 '문제없어~ 오키나와는だいじょうぶさぁ~沖縄'이란 표어를 내세워 관이 주도적으로 관광객 유치 캠페인을 벌이는 것이었다.[39] 이와 같은 캠페인은 2002년에 더욱 본격화된다. 오키나와시 관광협회와 관광진흥협의회,

호텔·여관사업협동조합 등은 일본 각지의 지인들과 친척들에게 "9월 11일에 발생한 미국의 동시 다발 테러로 인해 '오키나와는 안전한가?' 하고 생각하시는 분이 있겠지만, 오키나와는 평소와 똑같습니다. 현민 県民들의 생활도 평소와 같고 회사도 보통처럼 영업하고 있습니다. 안심하고 변함없는 오키나와에 놀러 오십시오"라는 메시지를 엽서에 써서 대대적으로 보내기에 이른 것이다.[40] 세계의 안보 상황이 요동침에 따라 오키나와 스스로도 불안을 감지하지 않을 수 없었지만, 외부자(관광객)의 행동과 결단에 전적으로 좌우되는 관광 산업에 크게 의존하고 있는 오키나와로서는 생존 때문이라도 대내외적으로 '괜찮다'며 목소리를 높이지 않을 수 없었다.

강제된 미군기지와 그에 부수하는 군사적 위협들을 스스로 '안전'하다고 '안심'시켜야 하는 오키나와의 이 역설적인 사정은 군사주의와 관광산업의 불편한 동거를 잘 대변해 줄 뿐만 아니라 9·11테러 발생 이후 오키나와를 방문하는 관광객의 안전을 위해 한층 더 긴장하고 첨예해질 군사적 비상 상황을 예감하게 만든다. 이처럼 군사주의와 관광산업 사이에 일어난 파열과 균열은 오롯이 오키나와의 몫이 되고 있으며 그로 인해 곱절로 강화된 군사력은 다시금 젠더화된 오키나와를 양산하고 있다. 미국의 오랜 지배로 인한 관습적, 제도적, 젠더적 구조들이 오키나와에 깊숙이 뿌리박혀 그것이 지속적으로 불평등한 권력관계를 낳고 있다면 지금 다시 오키나와를 다른 방식으로 경험하거나 구성할 수는 없는지 그 방법들을 탐문해야 할 것이다.

---

39 「'大丈夫さあー', 県が緊急観光キャンペーン」, 『琉球新報』, 2001.10.19.
40 「「だいじょうぶさー沖縄」をはがきでPR, 沖縄市観光協会など」, 『琉球新報』, 2002.1.15.

참고문헌

논문

김도혜, 「하와이와 필리핀의 군사주의와 관광산업의 역학관계-식민지 시대와 포스트 식민지 시대 역사를 통한 비판적 성찰」, 『동남아시아연구』 24-2, 2014, 253~262쪽.

김수아, 「홍대 공간의 문화적 의미 변화」, 『미디어, 젠더&문화』 30-4, 2015, 8쪽.

박정미, 「발전과 섹스-한국 정부의 성매매관광정책, 1955~1988」, 『한국사회학』 48, 2014, 243쪽.

오미영, 「군사주의와 젠더화된 위계질서」, 『여성연구논집』 13, 2002, 95쪽.

이수안, 「서울 도심의 공간 표상에 대한 젠더문화론적 독해」, 『대한지리학회지』 44-3, 2009, 294쪽.

장 보드리야르, 하태환 역, 『시뮬라시옹』 민음사, 2001, 12~13쪽.

조정민, 「두개의 미국-오키나와 아메리칸 빌리지를 둘러싼 표상정치」, 『日本硏究』 39, 2015, 327 ~340쪽.

_____, 「죽음과 재생의 도시 드라마-오키나와 나하 신도심 개발을 중심으로」, 『한림일본학』 28, 2016, 177~204쪽.

조철주, 「탈근대적 계획환경 정합적 계획을 위한 근대계획의 재구성」, 『도시행정학보』 22(3), 2009, 359쪽.

크리스 에임스, 「진퇴양난에 빠진 커플-미군과 관계를 맺는 오키나와여성들의 주변화와 에이전 시」, 문승숙・마리아 혼 편, 이현숙 역, 『오버 데어』, 그린비, 2017, 283~284・299쪽.

허병식, 「휴양지의 풍경-근대도시 원산의 장소정체성」, 『한국문학연구』 44, 2013, 247쪽.

仲地勲, 「美浜アメリカンビレッジ」, 『建設情報誌しまたてぃ』 NO. 16, 2001, 13쪽.

屋嘉比収, 「越境する沖縄-アメリカニズムと文化変容」, 『岩波講座 近代日本の文化史冷戦体制と 資本の文化-1995年以降 1』, 岩波書店, 2002, 243~283쪽.

吉見俊哉, 「日本のなかの「アメリカ」について考える」, 『環』 8号, 2002, 131~143쪽.

Ayano Giniza, "The American Village in OKinawa-Redefining Security in a "Militourist" Landscape", *The Journal of Social Science*(社會科學ジャーナル) 60 COE Special Edition, 2007, pp.140~141.

단행본

데이비드 채니, 김정로 역, 『라이프 스타일』, 일신사, 2004, 44~45쪽.

도린 매시, 정현주 역, 『공간, 장소, 젠더』, 서울대 출판문화원, 2015, 318~319쪽.

린다 맥도웰, 여성과 공간 연구회 역, 『젠더, 정체성, 장소―페미니스트 지리학의 이해』, 한울, 2010, 40 · 269~272쪽.

마르틴 하이데거, 이기상 역, 『존재와 시간』, 까치, 2007, 148쪽.

신시아 인로, 권인숙 역, 『바나나, 해변 그리고 군사기지―여성주의로 국제정치 들여다보기』, 청년 사, 68 · 116~7쪽.

신시아 인로, 김엘리 · 오미영 역, 『군사주의는 어떻게 패션이 되었을까―지구화, 군사주의, 젠더』, 바다출판사, 2007, 112~113쪽.

에드워드 렐프, 김덕현 · 김현주 · 심승희 역, 『장소와 장소상실』, 논형, 2005, 34 · 66쪽.

에드워드 사이드, 박홍규 역, 『문화와 제국주의』, 문예출판사, 2005, 56쪽.

오토 프리드리히 볼노, 이기숙 역, 『인간과 공간』, 에코리브르, 2011, 378쪽.

沖縄県北谷町, 『北谷町町民意識調査』, 沖縄県北谷町, 1982, 35 · 59쪽.

沖縄県北谷町, 『基地と北谷町』, 沖縄県北谷町, 2008, 145~146쪽.

沖縄県北谷町役場企画課, 『返還駐留軍用地利用(北前 · 桑江地区)における経済効果の検証』, 沖縄県北谷町, 2003, 16쪽.

沖縄県北谷町役場企画課, 『北谷町 町勢要覧2009 ニライの都市 北谷』, 沖縄県北谷町, 2009, 21~22쪽.

北谷町役場総務部企画課, 『美浜タウンリゾート · アメリカンビレッジ完成報告書』, 沖縄県北谷町, 2004, 11쪽.

인터넷 자료

시마 요코[島洋子], 「'기지가 들어서면 지역경제가 산다'는 환상―오키나와, 미군기지 반환을 희망하는 목소리」, 여성주의 저널 일다, http://m.ildaro.com/6767(2016.5.3).

「수도권/미군 공여지 이렇게 개발하자 ② 일본 2大 사례」, 『동아일보』, http://news.donga.com/3/all/20080124/8537163/1(2016.5.3).

서벌턴 여성의 정치적 주체성의 형성에 대해서*

탈식민 시대 인도에서 젠더화된 국민국가 건설과 서벌턴의 로컬리티

이유혁

1. 마하스웨타 데비와 서벌턴 여성의 정치적 주체성

이 글은 여성 활동가, 언론인, 작가로서 활동한 인도의 마하스웨타 데비Mahasweta Devi의 단편 소설 「풍성한 둘로티Douloti the Bountiful」에 재현된 인도의 한 서벌턴 여성의 비극적인 삶을 통해 서벌턴 여성의 몸을 통한 저항의 표시의 문화정치적 의의에 대해서 검토한다. 탈식민주의 논의, 특히 서벌턴 연구의 맥락에서 데비의 한 서벌턴 여성의 억압되고 착취 받는 삶에 대한 문학적 재현은 서벌턴 여성이 어떻게 저항의 목소리를 드러내고 — 이는 서벌턴의 정치적 주체성의 형성이라는 주제와 직접적으로 연관되어 있으며 — 이것이 비평가 혹은 독자의 입장에서

* 이 글은 동일한 제목하에 『인문과학연구』 52, 2017.3.31, 193~219쪽에 출판되었으며, 여기에서는 약간의 수정·보완이 이루어졌다.

어떻게 적절하게 해석될 수 있는가의 문제와 연결된다. 또한 데비가 보여주는 한 서벌턴 여성의 몸을 통한 저항의 표시라는 주제는 개인적인 차원의 문제를 넘어 탈식민 시대에 억압되고 왜곡되고 지워지는 서벌턴의 역사의 다시 쓰기와 이러한 시도의 저항적이고 대안적인 가능성이라는 주제와도 연결된다.[1] 더 나아가 이 글에서는 이러한 서벌턴 역사의 특징을 로컬 역사에 관한 논의와 연결하여 살펴보고자 한다. 이는 서벌턴 여성들의 문화정치적 위치와 그들이 표시하는 저항적 목소리를 통해 재현되고 해석되는 역사 다시 쓰기라는 탈식민적 기획의 문화정치적 의의를 이해하는 데 중요한 논점을 제공해 줄 것이다. 이를 통해 이 글은 패러다임적인 측면에서 제국적인 것the imperial(혹은 글로벌적인 것the global)과 국가적인 것the national의 압도적인 영향 아래 놓인 로컬적인 것the local의 문화정치적 지형학이라는 맥락에서 로컬 역사로서 서벌턴의 역사 다시 쓰기의 가능성에 대해 검토할 수 있을 것이다.[2]

이 글에서 데비의 문학적인 글쓰기를 탈식민 시대에 인도의 사회적인 이슈들과 밀접하게 연결하여 논하고자 하는 이유는 그녀의 글에 재현된 내용들이 그녀가 오랫동안 사회 활동을 통해 경험한 것들에 기반을 하고 있기 때문이며, 이런 맥락에서 그녀의 글쓰기는 문학적 글쓰기

---

1 데비 자신도 스피박과의 인터뷰에서 「풍성한 둘로티」에서 재현된 인도의 원주민에 대한 이야기가 개인적인 차원을 넘어 사회적인 차원에서 집단적인 함의가 있음을 언급한다. Mahasweta Devi, "The Author in Conversation", *Imaginary Maps*, Translated and in-troduced by Gayatri Chakravorty Spivak, New York : Routledge, 1995, pp.xii · xix ~xx.

2 이러한 지구화 시대의 로컬적인 것의 문화정치적인 위치는 로컬리티의 형성에 영향을 미치는 참가자들의 힘의 작용의 역동적인 구조를 드러낸다. 이때 이러한 참가자들은 주도적인 위치의 권력을 가진 자들뿐만 아니라 그 반대편에서 당하는 입장에 있는 자들을 포함하는 다양한 스펙트럼의 일련의 참가자들을 가리킨다.

의 형식을 취하지만 오히려 르포르타주이거나 기록영화와 같은 특징을 더욱 강하게 드러내기 때문이다.[3] 이 글은 데비라는 국내에는 잘 알려지지 않은 인도의 행동하는 지성인의 작품 세계에 대한 이해의 폭을 넓히는데 기여할 수 있을 뿐만 아니라, 인도의 탈식민의 시대 국민국가 형성의 과정에 대한 그녀의 비판에 대한 분석을 통해 스피박의 서벌턴에 관한 논지에 대한 재고를 할 수 있을 것이며, 더 나아가 이는 또한 서벌턴 여성의 정치적 주체성의 형성에 대한 현재적 의의를 고민하는데 하나의 좋은 사례 연구가 될 수 있을 것으로 기대한다.[4] 스피박도 『상상의 지도들』의 역자 서문과 발문에서 인도의 원주민들의 상황을 전지구적인 차원의 원주민들의 상황과 연결시켜 고려할 필요성이 있음을 제안한다. 필자도 한국에서 종군위안부들의 문제와 북미에서 원주민들의 상황을 탈식민주의 논의에서 서벌턴에 관한 논의와 관련하여 연구를 해왔으며 이 글의 연구가 필자의 이러한 연구들과 상당히 연관되어 있음을 발견한다. 이와 같은 비교 연구는 필자가 앞으로 시간을 두고 고려해야 할 장기적인 주제가 될 것이다. 이 글의 본문에서는 먼저 젠더화된 국민국가 건설의 과정이라는 시대적 배경과 인도 국내의

---

3 이런 측면에서 필자는 그녀의 글쓰기를 행동주의적 현장성과 글쓰기의 미학의 긴장이 깊게 투영된 글쓰기로 평하고 싶다. 물론 사회적인 이슈들과 문학적인 재현 사이의 긴장 사이에서 글쓰기를 수행하는 다른 작가들/행동주의자들이 없지는 않다. 하지만 데비의 삶과 그것이 투영된 글쓰기는 독자들/비평가들로 하여금 이러한 긴장에 더욱 민감하게 주목하기를 요구하는 듯하다. 스피박과의 인터뷰에서도 데비는 이러한 주제에 대해서 언급한다. Mahasweta Devi, op. cit., pp.ix~xxii. 스피박도 또한 이러한 데비의 글쓰기와 행동주의의 사이의 상호관계에 대해서 지적한다. Gayatri Spivak, "Translator's Preface", *Imaginary Maps*, Translated and introduced by Gayatri Chakravorty Spivak, New York : Routledge, 1995, p.xxvi.

4 국내 학자들에 의한 데비에 대한 연구는 현재까지 세 편의 논문들—유제분 2편, 박미지 1편—이 출판되었다. 유제분은 자신의 논문 「마하스웨타 데비와 안젤라 카터의 '아시아' 읽기」에서 이 글에서 다루어지는 「풍성한 둘로티」에 대한 분석을 한다.

로컬적인 상황에 대해 살펴봄으로써 탈식민의 인도에서 원주민들의 사회정치적 위치에 대해 설명한다. 그리고 나서 서벌턴으로서 원주민의 로컬리티라는 제목하에 ① 서벌턴의 정치적 주체성의 형성에 관한 스피박의 논의에 대해 먼저 제시하고, ② 데비의 「풍성한 둘로티」에 대한 분석을 통해 서벌턴의 몸을 통한 차이와 저항의 텍스트 형성과 이에 대한 데비의 텍스트적 재현의 특징을 살펴본다. 이를 통해 데비가 보여주고자 하는 서벌턴의 로컬리티의 정치지형학의 특징이 드러날 것이다.

2. 젠더화된 국민국가의 건설과 로컬적 상황
─탈식민의 인도에서 원주민들의 사회정치적 위치에 대해서

와심 앤와르Waseem Anwar가 적절하게 지적하듯이, 『상상의 지도들 Imaginary Map』─「풍성한 둘로티」는 이 책에 수록된 세 편의 단편 소설 중의 하나이다─에서 데비의 텍스트적 재현은 "로컬과 글로벌 차원에서 작용하는 다층적인 억압적 세력들에 대항하여 저항하는 신체들과 정신들 그리고 그들의 투쟁들의 지도를" 그리고 있다.[5] 이런 맥락에서 이 절에서 필자는 데비의 「풍성한 둘로티」의 시대적 배경과 관련하여 탈식민 시대에 인도에서 젠더화된─특정 계층의 여성을 배제하고 억압하고 착취하는─국민국가 건설과정의 특징과 인도 국내의 로컬적 상황─구체적으로 원주민들의 사회정치적 상황─에 대해서 데비의

---

5   Waseem Anwar, "Transcribing Resistance─Cartographies of Struggling Bodies and Minds in Mahasweta Devi's *Imaginary Maps*", *South Asian Review* 22, 2001, p.84.

텍스트에 제시된 것을 중심으로 하여 개괄적으로 살펴볼 것이다. 이를 통해 탈식민의 시대 인도라는 국민국가의 건설과정에서 원주민들이 처하게 되는 정치적 지형학의 대략적 구조가 드러날 것이다. 이는 다음 절에서 좀 더 미시적인 차원에서 원주민 여성(들)이 처하게 되는 상황에 대한 자세한 분석을 위한 거시적인 차원에서 원주민들의 사회정치적인 위치를 이해하는 데 도움을 줄 것이다.[6]

이 글에서 인도에서 탈식민 시대 혹은 상황에 의해서 필자가 의미하는 것은 비록 정치적으로는 제국에서 독립을 하였지만 식민의 잔재가 여전히 상당한 영향을 미치며 동시에 국민국가의 형성을 통해 다른 방식의 새로운 형태의 식민 체제가 지속되고 있는 시대적 상황을 가리킨다. 이 글에서 다룰 데비의 「풍성한 둘로티」의 시대적 배경은 인도의 공식적인 독립일(1947년 8월 15일) 다음 해에서부터 27년간의 기간이다. 이는 주인공인 둘로티의 생애 기간이기도 하다.[7] 인도의 독립과 함께 둘로티의 삶이 시작된다는 것은 상징적인 의미가 있으며, 이에 대해서는 이 글이 진행되면서 드러날 것이다. 이러한 탈식민 시기의 특징에 대해서 프라센짓 두아라Prasenjit Duara가 다음과 같이 설명한다. "(아시아와 아프리카에서 식민 통치를 경험한 국가들의) 강대국들로부터의 독립은 제

---

6 인도에서 원주민들은 전체 인구의 6분의 1을 차지하며 원주민 — 스피박은 이를 tribals이라는 영어 단어로 번역하지만 인도에서는 이러한 원주민들을 가리키는 다양한 토착적 용어들이 존재한다 — 이라는 이름하에 언어, 종교, 문화적으로 다양한 부족들이 존재한다. 데비는 스피박과의 인터뷰에서 탈식민의 시대에 인도에서 이러한 원주민들의 삶이 어떠했는가에 대해서 간략한 설명을 하고, 또한 「풍성한 둘로티」가 수록되어 있는 『상상의 지도들』의 다른 두 편의 작품들을 포함한 여러 글들에서 자신이 원주민들의 억압된 삶과 저항에 대해 재현하는 것의 의미에 대해서도 간략히 언급한다. Mahasweta Devi, op. cit., pp.ix~xxii.

7 Mahasweta Devi, "Douloti the Bountiful", *Imaginary Maps*, Translated and introduced by Gayatri Chakravorty Spivak, New York : Routledge, 1995, pp.92~93.

국주의를 착수했던 바로 그러한 국가들을 면밀하게 본을 딴 국민국가들의 설립을 의미하였다."[8] 아리프 딜럭Arif Dirlik도 동일한 관점에서 탈식민의 시대 상황을 비판하고 있으며 그의 설명은 이 글에서 데비의 작품에 대한 논의와 관련하여 유용하다.

유럽-미국 중심적 권력에 의해 만들어 진 헤게모니적 관계들과는 별개로, 내가 보기에는 현대에서 식민주의의 가장 중요한 도구는 현대화의 동인으로서 그 자체가 식민적인 권력이었던 (…중략…) 국민국가였던 것 같다. 국민국가의 식민주의는 국민국가가 자신의 소유로 주장하는 주민들에게 현대화를 가져다주는 문명화의 임무를 공언해왔던 제3세계의 상황들에서 더욱 두드러지게 명백하다. 우리가 국가를 계급, 젠더, 인종적 혹은 도시-시골과 지역적인 용어들로 비리보든 지간에, 자신들을 사회의 가장 현대화된 요소들로 간주하는 사람들의 요구들을 대표하는 국가의 건설은 현대화의 이름하에 세계의 식민화의 가장 철저한 도구의 역할을 해왔다. 이는 일상적인 삶의 공간들과 개인들의 내적인 공간들뿐만 아니라 물리적인 공간의 식민화에 이르기까지 광범위하고 집중적인 방식으로 이루어져왔다.[9]

데비의 「풍성한 둘로티」는 탈식민의 시대에 인도에서 이러한 국민국가의 건설의 '식민화'의 과정이 얼마나 광범위하고 집중적인지를 보여

---

8   Prasenjit Duara, "Introduction—the Decolonization of Asia and Africa in the Twentieth Century", *Decolonization—Perspectives from Now and Then*, Prasenjit Duara ed., London : Routledge, 2004, p.2.

9   Arif Dirlik, *Global Modernity—Modernity in the Age of Global Capitalism*, Boulder : Paradigm, 2007, p.116.

주면서 특히 이 과정이 남성 중심적이고 여성 억압적으로 젠더화된 과정임을 드러낸다. 데비는 특히 원주민 여성들의 몸의 억압과 착취에 주목한다. 이에 대해 난디타 고쉬Nandita Ghosh가 다음과 같이 잘 묘사한다. "(그 이야기는 특히) 한 국가가 만들어지고 강화되는 그 과정의 일부로서 여성들이 고문을 당하고, 성폭행을 당하고, 치욕을 당하고, 죽임을 당하는" 것을 보여준다.[10] 특히 위의 딜릭의 인용문에 제시된 국민국가가 사람들의 삶의 내적·외적 공간의 식민화의 도구 역할을 하는 것과 관련하여 앤와르Anwar가 다음과 같이 데비의 「풍성한 둘로티」의 재현의 특징을 잘 정리한다. "그 이야기가 진행되어 감에 따라서 우리는 탈식민화와 체계적인 신식민적 통제의 과정에서 땅으로서 둘로티와 등장인물로서 둘로티가 하나의 생산품의 지위로 축소되는 것을 이해하게 된다. 땅이건 신체이건 간에, 둘로티는 수출업자들(인신매매 업자들을 일컫는다)과 착취자들을 위한 개입의 공간으로 묘사된다. 땅으로서 그녀는 그 경계를 넘어 서기 위한 침입자들에게 취약하고, 신체로서 그녀는 자기 약탈을 통해 다른 이들에게 이득을 제공하기 위해서 자유 의지의 윤리적인 가치들의 경계들을 넘어서도록 강요받는다."[11] 이러한 둘로티의 텍스트적 재현의 특징은 이 글의 다음 절에서 좀 더 구체적으로 다루어질 것이다.

데비는 자신의 텍스트에서 먼저 두 명의 원주민 남성들의 억압되고 착취된 삶에 대해서 묘사한다. 이들은 모두 주인공인 둘로티와 혈연관계로서 한 명은 그녀의 아버지이고 다른 한 명은 그녀의 삼촌이다. 그

---

10 Nandita Ghosh, "The Nation and Its Discourse—India and the Crisis of Modernity in the 1980s", *Dissertation*, Fordham University, 2000, p.127.
11 Waseem Anwar, op. cit., pp.89~90.

녀의 아버지의 이름이 원래 가노리 나제시아Ganori Nagesia인데 오히려 그는 크룩 나제시아Crook Nagesia로 널리 알려지게 되는데, 이때 크룩—구부러지다는 의미의 영어 단어—은 폭압적인 노예 노동의 조건하에서 실제로 그의 허리가 구부러지게 된 신체적 조건을 묘사하는 일종의 닉네임이면서 이는 또한 그의 삶의 억압과 착취적 상황을 단적으로 드러내는 단어이기도 하다. 그가 노예 노동의 운명의 굴레에 빠지게 된 것은 여러 가지 집안의 필요로 인해 무나바르 싱 찬델라Munabar Singh Chandela라는 상류층 부자에게서 돈을 빌림으로 인해서 시작된다. 이러한 노예 노동은 자식에게까지 이어지는 데 그의 딸인 둘로티도 결국 또 다른 형태의 노예 노동—매춘부—로 팔려가게 된다. 부모의 빚을 대속하기 위해서 그녀가 팔려가게 된다. 비록 둘로티의 삼촌인 보노 나제시아Bono Nagesia의 이야기는 철저한 억압과 착취의 사슬을 벗어난 성공적인 사례로 제시되지만 데비는 이것을 하나의 동화 같은 이야기fairy tale라고 묘사한다. 이는 그만큼 원주민들이 경험하는 삶의 조건이 도저히 빠져나오기 힘들 정도로 철저하게 억압적인 착취의 사슬 아래 놓여 있음을 단적으로 나타낸다. 이와 관련하여 데비는 먼저 인도에서 역사적으로 오래된 계급제도의 문제를 신랄하게 비판하지만 그녀의 비판은 탈식민 시대에 국민국가에 의해 주도된 인도 내부의 식민주의에 맞춰진다. 이런 맥락에서 식민적인 권력으로서 국민국가에 대한 그녀의 비판은 앞에서 인용된 딜릭의 비판과 상통한다.

계급제도가 인도에서 원주민들과 같은 최하위 계층의 삶에 얼마나 폭압적인 영향을 미치며 그들의 삶을 옭아매어 거기로부터 헤어 나올 수 없게 만드는 운명적인 사슬과 같음에 대해 데비는 다음과 같이 묘사한다.

카미야(kamiya)가 되는 것은 운명의 선고이다. 우리의 운명의 신은 머리를 민 브라만의 옷을 입고 새로 태어난 아이의 이마에 운명에 대해 쓰기 위해서 온다. 아무도 그가 쓰는 것을 피할 수 없다. 상류 계층의 소년의 이마에 그는 재산, 땅, 가축, 무역, 교육, 직업, 계약을 쓴다. 추방당한 자들의 이마에 그는 계약 노예(bondslavery)를 쓴다. 태양과 달은 그 운명의 규칙에 의해 하늘에서 움직인다. 세오라 마을의 가난한 소년들은 무나바르 집안의 카미야가 된다. 운명의 규칙이다. 누가 이러한 규칙을 바꿀 수 있을 것인가?[12]

이와 함께 데비가 더욱 신랄하게 비판하는 것은 탈식민 시대에 국민 국가에 의해 주도된 식민주의적 정책으로서 담보에 의한 노동 시스템 the Bonded Labor System에 대한 것이다. 인도 정부는 이러한 착취적 노예 노동 시스템의 폐지 법안을 1976년에 도입하지만, 현실의 상황은 완전히 정반대로 진행되어 갔다. 이에 대해 데비가 다음과 같이 묘사한다. "카시미르에서 인도양까지 동부에서 서부까지 모든 주에 담보 노동 지구들로 표시된 지역들이 있는데 이는 그들 각 지역에 4만 명이 넘는 담보 노동자들이 있기 때문이다."[13] 그런데 이러한 담보에 의한 노동 시스템의 구축은 식민의 시대로까지 거슬러 올라간다. 가브리엘 콜루 Gabrielle Collu는 담보 노동이라는 착취적 시스템이 영국에 의한 식민의

---

12 Mahasweta Devi, "Douloti the Bountiful", p.22. 카미야는 계약 노예(bondslavery)라는 의미로서 데비에 의하면 인도와 같은 다문화·다언어·다종교 사회에서 이러한 계약 노예를 의미하는 다양한 표현들이 존재한다. Ibid., p.61. 이를 통해 데비는 이러한 억압적인 삶의 조건이 탈식민의 인도에서 상당히 보편화된 것임을 드러낸다.
13 Mahasweta Devi, "The Author in Conversation", p.xii.

시대에 처음으로 도입되었고 이것이 식민의 시대를 지나 오늘날에 이르기 까지 인도 사회에 미치는 영향력에 대해서 다음과 같이 설명한다. "간단히 말해, 식민지 영국의 존재가 땅의 공동체적 소유를 종식시켰고, 그것을 매매할 수 있는 물품으로 변형시켰으며, 원주민들의 소유권 박탈을 가속화시켰다. 독립에도 불구하고, 차별과 착취를 막기 위해 고안된 일련의 법들의 비효율성과 비강제성으로 인해 이러한 약탈이 오늘날까지 계속된다."[14]

더 나아가 데비는 다음 인용문에 나타난 사두지라는 델리에서 온 상위 계층의 남성과 라지비라는 하위 계층의 세탁부washerwoman 사이의 대화를 통해 탈식민 시대에 인도라는 국민국가 형성의 근본적인 한계 —즉 인도라는 국민국가가 근본적으로 열림과 역동성보다는 배제와 억압의 논리에 기초하여 세워졌다는 것 —을 드러내며 그러한 국민국가의 건설과정에서 철저하게 배제되고 착취당한 원주민들에게 과연 인도라는 국가는 무엇인가에 대해 깊이 회의한다. 사두지는 "당신은 불가촉천민이다. 당신, 나, 무나바르 찬델라는 동일한 어머니의 자식들이다"라고 말한다.[15] 이에 라지비는 답한다. "만약 동일한 어머니의 자식들이라면, 우리는 모두 형제자매들이 군요, 그렇죠? (…중략…) 그러나 무나바르는 그것을 알지 못한다. 내 방에 있는 무나바르의 아이들, 또한 무카미 두사딘의 장소에 있는 무나바르의 아이들, 그리고 이 모든 소년들은 담보 노동자들이다. 어떻게 이렇게 될 수 있는지 말해 주시

---

14 Gabrielle Collu, "Adivasis and the Myth of Independence—Mahasweta Devi's "Douloti the Bountiful"", *Ariel* 30-1, 1999, p.47.
15 Mahasweta Devi, "Douloti the Bountiful", p.41.

오."[16] 사두지가 한 말을 그녀는 도저히 이해할 수 없다. 왜냐하면 현실은 전혀 그렇지 않기 때문이다. 그들의 대화는 다음과 같이 계속된다.

> ―자매여, 어머니 인도는 그런 종류의 어머니가 아닙니다.
>
> ―그것은 무엇인가요?
>
> ―우리 나라, 인도.
>
> ―이것이 우리 나라인가요?
>
> ―물론.
>
> ―오 사두지, 내가 사는 곳은 세오라 마을입니다. 당신은 나라를 무엇이라고 부르십니까? 나는 타실(tahsil, 독립 이전에 세금을 거두는 단위)을 알고, 정거장을 아는데, 나라는 모릅니다. 인도는 나라가 아닙니다.
>
> ―이보시오, 당신들은 모두 독립된 인도의 자유인들입니다, 이해하시겠소?
>
> ―아니요, 사두지.[17]

위의 대화를 통해 데비의 인도의 국민국가 건설의 문제점에 대한 비판을 읽을 수 있다. 그런데 필자가 여기서 특히 주목하는 것은 두 등장인물 사이의 대화에 접점이 없다는 것이며 이는 인도의 국민국가 건설의 과정에서 라지비와 같은 원주민들의 목소리가 완전히 배제되고 억압되는 것을 단적으로 보여준다. 데비도 자신의 텍스트에서 간디와 네루로 대표되는 남성 중심적인 주류 민족주의가 지향하는 국민국가에서

---

16 Ibid., p.41.
17 Ibid., p.41.

원주민들 — 특히 여성들 — 이 그저 배제와 억압과 착취의 대상에 불과할 뿐임을 신랄하게 비판한다.

그런데 데비의 「풍성한 둘로티」의 의의는 이러한 탈식민 인도의 국민국가 건설의 과정의 사회정치적 지형학에 대한 부정적인 측면을 드러내는 것뿐만 아니라, 그 과정에서 철저하게 배제되고 억압되고 착취된 원주민들 — 특히 서벌턴 여성들 — 의 주변적이고 억압된 목소리를 하나의 의미 있는 정치적 목소리로 주목할 필요성이 있음을 제시하는 데 있다는 것이다. 이러한 관점은 아룬다티 로이Arundhati Roy의 다음 주장과 연결하여 그 의미가 더욱 분명해 진다.

하나의 진정한 인도 혹은 참된 인도라는 것은 없다. 인도가 무엇이고 혹은 무엇이어야만 하는 것에 대한 단 하나의 권위적인 입장을 확인할 권리를 가진 신적인 위원회는 없다. 인도의 유일한 대표자라고 주장할 수 있는 하나의 종교 혹은 언어 혹은 카스트 혹은 지역 혹은 사람 혹은 이야기 혹은 책은 없다. 인도에 대한 여러 비전들, 인도를 바라보는 다양한 방식들 — 정직한, 정직하지 않은, 멋진, 불합리한, 현대적인, 전통적인, 남성적인, 여성적인 — 이 있고 있을 수 있을 뿐이다. 이들에 대해 논쟁, 비판, 칭찬, 경멸이 있을 수 있지만 이들이 금지되거나 압도될 수는 없다. 추적되어 억눌려질 수도 없다.[18]

---

18 Arundhati Roy, "The End of Imagination", *The Cost of Living*, Toronto : Vintage Canada, 1999, p.123. 로이는 작가이고 언론인이고 활동가로서, 특히 인도의 하층민들을 위한 그녀의 정치적 활동과 글들은 큰 반향을 일으켜 왔다. 이러한 로이는 여러 면에서 데비와 닮은 측면이 많다. 데비가 탈식민의 시대에 근대화와 국민 국가 건설의 과정, 다시 말해 20세기 중반과 후반에 인도에서 하층민의 억압과 착취의 문제에 대해 관심을 갖고 그들을 위한 활동을 한 지식인이라고 한다면, 로이는 20세기 후반과 21세기 초에 걸친 동시대 인도

다음 절의 논의를 통해 데비가 보여주고자 하는 인도에 대한 다른 비전의 특징이 구체적으로 드러날 것이다.

3. 서벌턴으로서 원주민의 로컬리티
─ 서벌턴 여성의 차이와 저항의 텍스트는 어떻게 쓰이는가?

데비의 「풍성한 둘로티」는 거야트리 스피박Gayatri Spivak이 번역하고 편집한 『상상의 지도들Imaginary Maps』에 수록된 세 편의 단편 소설 중의 하나이다. 『상상의 지도들』에는 세 편의 작품들과 함께 스피박의 데비와의 인터뷰, 번역자의 서문과 주석, 그리고 발문이 함께 수록되어 있다. 이 세 편의 단편 소설을 아우르는 주제는 스피박의 비평적 글쓰기에서 가장 중요하고 논쟁적인 주제인 서벌턴의 정치적 주체성의 형성과 이에 대한 해석의 문제이다.[19] 이러한 책의 내용과 구성적인 측면을 고려할 때 『상상의 지도들』은 비평가로서 스피박의 의도가 다분히 반영되어 있는 저서이다. 그러므로 이 글에서 데비 읽기는 바로 스피박 읽기와 병행되어서 이루어 질 것이다.[20] 구체적으로 스피박의 서벌턴

의 하층민의 억압과 착취의 문제에 관심을 갖고 활동을 하는 대표적인 인도의 여성 지식인이다.

19 세 편의 단편 소설 중에 「풍성한 둘로티」와 「사냥(The Hunt)」은 위에서 언급한 주제와 밀접하게 연결되지만 「프테로덱틸, 푸란 사헤이, 그리고 퍼싸(Pterodactyl, Puran Sahay, and Pirtha)」는 앞의 두 작품들과는 다른 주제를 다루는 듯이 보일 수도 있다. 하지만 필자가 보기에는 앞의 두 작품은 서벌턴의 정치적 주체성의 형성의 방식에 대한 것이고 마지막 작품은 비평가 혹은 독자가 어떻게 서벌턴 타자에게 접근하여 독특하게 제시된 서벌턴 타자의 정치적인 목소리를 정확하게 이해하고 해석할 수 있는가의 주제를 다룬다. 이 두 주제들은 스피박의 서벌턴 논의에서 중요한 두 축을 형성하며 이에 대한 논의가 이 글에서도 어느 정도 이루어질 것이다.

에 대한 이론적인 논의에 대한 필자의 비판적 읽기가 데비의 텍스트 읽기를 위한 이론적 틀을 형성할 것이다.

1) 서벌턴의 정치적 주체성의 형성에 관한 스피박의 논의에 대해서

먼저 서벌턴의 정치적 주체성의 형성에 관한 스피박의 논의를 간단히 정리한다. 스피박은 그 유명한 「서벌턴은 말할 수 있는가?Can the Subaltern Speak?」에서 다음과 같이 질문한다. "심지어 우리가 사람들의 정치적 동기를 조사할 때조차도 도대체 우리가 어떻게 그들의 의식에까지 이를 수 있는가? 어떤 목소리-의식으로 서벌턴은 말할 수 있는가?"[21] 여기에서 스피박의 논점은 사기중심적인 관점에서 서벌턴직 타자들이 말하고자 하는 것을 판단하거나 설명하려는 인식적 폭력epistemic violence을 피하고 그들의 정치적 주체성을 드러내는 기표를 적절하게 파악하기 위해서는 서벌턴적 타자들의 목소리-의식을 신중하게 고려해야 할 필요성이 있음을 제안한다. 스피박은 이때 "젠더의 이데올로기적 구성이 남성 중심적"임으로 인해 "여성으로서 서벌턴이 훨씬 더 불리한 상태에 놓여 있다"고 논한다.[22] 즉 서벌턴으로서 여성들이 처해있

---

20 영어로 번역된 『상상의 지도들』을 데비와 스피박의 일종의 협업으로 이루어진 것으로 보고 이에 대한 체계적이고 자세한 분석을 제시하는 제니퍼 웬젤(Jennifer Wenzel)의 논문은 주목할 만하다.
21 Gayatri C. Spivak, "Can the Subaltern Speak?", *Marxism and the Interpretation of Culture*, Eds. and with an Introduction by Cary Nelson · Lawrence Grossberg, Urbana and Chicago : University of Illinois Press, 1988, p.285.
22 Ibid., p.287.

는 불평등하고 억압적인 사회의 이데올로기적 구조로 인해 그들은 자신들의 목소리-의식을 적극적으로 드러낼 수 없는 조건에 놓이게 된다는 것이다.

이러한 자신의 논지를 뒷받침하기 위해 스피박은 두 가지 예를 제시한다. 첫째는 사티sati라고 하는 인도에서 아내가 죽은 남편의 시체와 함께 산채로 화장되는 풍습에 관한 것으로서 스피박은 식민지 인도에서 이러한 행위에 대한 두 가지 상반된 해석에 주목한다. 첫 번째 입장은 영국 식민주의자들에게 "이러한 행위의 폐지가 '갈색 남자들에게서 갈색 여자들을 구조하는 백인 남자들'의 한 예로서 대체적으로 이해되었다는 것이다."[23] 두 번째 입장은 "잃어버린 기원들에 대한 향수의 패러디라는 인도의 토착적 주장이다. (주된 논지는) '그 여성들이 실제로 죽기를 원하였다'"는 것이다.[24] 그런데 이러한 두 개의 상반된 입장들의 한계는 "아무도 그 여성들의 목소리-의식의 고백을 결코 (직접) 마주치지 않는다는 것이다."[25] 다시 말해, 스피박에 의하면, 이러한 상황에서는 서벌턴으로서 여성이 말할 수 있는 공간이 전혀 없다는 것이다.[26] 위의 예를 통해서 스피박은 인식적 폭력이 어떻게 서벌턴으로서 여성의 정치적 목소리가 발화되고 들려질 수 있는 가능성을 차단할 수 있는지에 대해서 드러낸다.

이러한 첫 번째 예가 서벌턴으로서 여성의 정치적 목소리-의식에 대한 바른 이해를 위해 우리가 어떻게 접근해야 하는 가에 대한 논의라고

---

23 Ibid., p.297.
24 Ibid., p.297.
25 Ibid., p.297.
26 Ibid., p.307.

한다면, 스피박이 제시하는 두 번째 예는 서벌턴으로서 여성이 사회적으로 압도적으로 불리한 상황 가운데서도 어떻게 자신의 정치적 목소리-의식을 드러내고 표시해내는가 하는 방식에 초점을 맞춘다. 물론 이때도 어떻게 접근하고 이해하고 해석하는가 하는 것도 여전히 중요한 문제로 남아 있다. 스피박은 부바네스와리 바두리Bhuvaneswari Bhaduri 라는 여성이 자신의 죽음이 부정한 관계의 결과로 인한 것으로 해석될 수 있음을 알고서 임박한 죽음 앞에서 그녀가 한 행동—자신의 월경이 시작되기를 기다리는 행위—에 주목을 한다.[27] 여기서 스피박이 주목하는 것은 부바네스와리가 그녀에게 주어진 절박하고 절대적으로 불리한 상황가운데서 자신의 몸에 저항과 차이의 텍스트를 표시하고자 하는 그 방식이다. 스피박은 다음과 같이 설명한다. "부바네스와리는 자신의 몸을 여성/글쓰기의 한 텍스드로 전환함으로써 '말하기를' 시도하였다."[28] 여기서 스피박의 논점은 서벌턴 여성의 정치적 주체성과 관련하여 그들이 말을 할 수 없다는 데 있는 것이 아니라, 그들에게 주어진 사회·정치적 조건으로 인해 그들이 말하는 방식이 특이할 수밖에 없다는 데 있으며, 이로 인해 그들의 몸을 통해 쓰인 저항과 차이의 텍스트에 대해 우리로 하여금 다른 방식의 접근과 이해를 요구한다는 것이다.

스피박은 자신의 논점을 다음과 같이 잘 정리한다.

---

27 이에 대한 복잡하고 구체적인 상황에 대해서는 Ibid., pp.307~308을 참고하라.
28 Gayatri C. Spivak, *A Critique of Postcolonial Reason—Toward a History of the Vanishing Present*, Cambridge, MA : Harvard University Press, 1999, p.308.

발화를 한다는 실제적인 사실은 내가 관심을 가졌던 것이 아니다. 내가 관심을 가졌던 것은 누군가가 발화를 하였을 때 그녀가 일종의 성격분석적 전기에 의해 구성되었다는 것이었다. 그래서 그 발화 자체—이는 논점의 다른 측면이기도 하다—가 우리가 어떤 것을 역사적으로 해석하는 그런 방식으로 해석될 수 있을 것이라는 것이다. (…중략…) 서벌턴이 유기적인 지성[29]으로 들어가기 위해 필요한 그 노력이 우리의 모든 것을 성취하려는 욕망—즉 우리가 계속해서 우리 자신임을 유지하면서, 동시에 말하는 서벌턴과 접촉하고자 하는 것—에 의해 무시된다. (…중략…) 그래서 "서벌턴이 말할 수 없다"는 서벌턴이 말하고자 죽도록 노력을 할 때조차도 그녀는 들려질 수 없을 것이며, 말하는 것과 듣는 것은 담화 행위를 완성한다. 그것은 바로 이것을 의미하였다, 번민이 그 지점을 특징지었다.[30]

그래서 스피박은 "내가 부바네스와르의 경우를 읽어낼 수 있으며, (…중략…) 그녀가 이런 식으로 말을 하였다"라고 단정적으로 말하는 것이 바로 "'서벌턴의 말하기'로 너무 재빨리 동일시되지 않아야만 한

---

29 '유기적인 지성인(an organic intellectual)'이라는 용어는 서벌턴이라는 용어와 함께 스피박이 안토니오 그람시(Antonio Gramsci)에게서 차용한 것이며, 인도에서 억압된 원주민 여성들의 정치적 주체성의 형성과 관련한 그녀의 논의 속에서 사용한다. 이 용어에 대해서 스피박은 다음과 같이 설명한다. "서벌턴이 (자신의 목소리가) '들려지도록' 하기 위해서 '말을 하고' 책임 있는 저항의 구조(즉 저항에 대해 반응을 주고받는 구조)에 들어갈 때, 그 혹은 그녀는 유기적인 지식인이 되는 도상에 놓여 있다." Gayatri C. Spivak, "Translator's Preface", p.xxvi. 이는 서벌턴의 정치적 목소리 혹은 주체성의 형성의 과정의 역동적인 투쟁의 구조의 특징을 나타낸다. 한편에서 배제와 억압과 착취, 또한 다른 한편에서 저항을 향한 몸부림이라는 상당히 불균등하면서도 상호적인 탈식민적 저항의 역동적인 구조에 대한 분석은 다음 절에서 스피박의 서벌턴에 대한 논의를 기반으로 한 데비의 텍스트의 분석을 통해 본격적으로 이루어질 것이다.

30 Gayatri C. Spivak, *The Spivak Reader—Selected Works of Gayatri Chakravorty Spivak*, Donna Landry · Gerald Maclean eds., London and New York : Routledge, 1996, pp.291~292.

다고" 논한다.[31] 왜냐하면 "다른 이에 의한 멀리로부터의 해석은 (…중략…) 잘해야 하나의 방해이기" 때문이다.[32] 그러나 이는 서벌턴 여성의 몸을 통해 표기된 독특한 차이와 저항의 기표 혹은 글쓰기에 대한 읽기의 무용론을 말하는 것이 아니라 다른 방식의 접근과 해석이 필요함을 역설하는 것이다. 이런 맥락에서 스피박의 「서벌턴은 말할 수 있는가?」의 마지막 부분을 다시 주목할 필요가 있다. "서벌턴은 말할 수 없다. (…중략…) 재현은 쇠퇴하지 않는다. 지식인으로서 여성 지식인은 그녀가 과장된 몸짓으로 부인하지 말아야 하는 하나의 제한된 과업이 있다."[33] 여기서 스피박은 서벌턴 여성과 (여성) 지식인 사이의 상호적인 관계와 협업의 절대적인 필요성과 중요성을 강조한다. 이는 행동주의적인 실천에서도 적용되지만 텍스트적 접근과 해석에서도 적용된다.

2) 서벌턴의 몸을 통한 차이와 저항의 텍스트 형성과 이것의 재현에 대해서

데비의 둘로티의 삶에 대한 재현은 인도에서 원주민 여성들이 담보 노예 노동 체제하에서 얼마나 잔혹하게 고통당하고 착취당하는지를 보여 줄뿐만 아니라, 로이가 논한 '다른' 인도에 대한 비전과 관련하여 데비 자신의 생각을 드러낸다. 데비는 둘로티의 억압되고 착취된 몸이 인

---

[31] Gayatri C. Spivak, *A Critique of Postcolonial Reason*, p.309.
[32] Ibid., p.309.
[33] Gayatri C. Spivak, "Can the Subaltern Speak?", p.308.

도는 어떠해야 하는가에 대한 단 하나의 권위적인 비전—이는 종종 억압적이고 젠더화된 남성 중심적인 이데올로기적 특징을 나타낸다—을 문제시하고 해체하는 데 기여할 수 있는 탈식민의 저항하는 몸의 역할을 할 수 있는지를 보여준다. 이러한 서벌턴 여성의 정치적 주체성의 형성에 대한 논의와 함께 이 절에서는 인도에서 서벌턴으로서 원주민 여성의 로컬리티의 문제가 다루어 질 것이다. 여기서 원주민 여성의 로컬리티의 문제에 대한 연구는 배제와 억압과 착취라는 인도의 탈식민적 국민국가의 건설 과정의 사회정치적 구조 하에서 데비가 재현하는 서벌턴 여성의 몸을 통한 저항의 목소리 표시의 문화정치적 의의에 주목을 하고, 이를 통해 데비가 제시하는 저항적이고 대안적인 로컬 역사로서의 서벌턴의 역사 다시 쓰기에 대한 분석을 통해 이루어 질 것이다. 이때 서벌턴의 저항의 목소리가 어떻게 표기되고 재현되는가에 주목할 뿐만 아니라, 이 과정에서 그들이 처하게 되는 공간 정치학에도 주목한다. 즉 글로벌한 것—또는 제국적인 것—과 국가적인 것 사이에 놓인 그들의 로컬적 위치에 주목하며, 이렇게 위치 지워지는 이들의 공간 정치의 저항성과 대안성의 분석을 통해 서벌턴의 로컬리티의 정치지형학의 특징을 이해할 수 있을 것이다.

데비가 묘사하는 둘로티의 삶은 또 하나의 동화 같은 이야기fairy tale로 시작되지만, 그녀의 삶은 "피투성이의 고통스러운 삶"으로 끝난다.[34] 인도에서 최하층의 원주민 여성이 브라만 계층의 남성과 결혼을 한다는 것은 정말 동화 같은 이야기이다. 브라만 계층인 파라마난다

---

34 Mahasweta Devi, "Douloti the Bountiful", p.50.

Paramananda가 어느 날 둘로티의 집에 찾아 와서 아버지인 크룩 나제시아가 안고 있는 재정적인 문제의 해결을 돕기 위해서 그의 딸인 둘로티와 결혼할 것을 제안한다. 그러나 그의 숨겨진 의도는 위장된 결혼을 통해 둘로티를 카미야 매춘부로 팔고자 함이다. 담보 노예 노동 체제 하에서 가족의 재정적인 문제를 해결하기 위해서 종종 딸이나 부인이 누군가의 노예로 팔려가곤 한다. 이러한 착취의 굴레에서 벗어날 가능성은 아주 희박하다. 담보 노예 노동 체제는 이런 식으로 작동한다. 그런데 이렇게 가혹한 착취적 현실에 대한 둘로티의 인식은 아주 느리게 이루어진다. 결국 그녀는 남성들에 의해 구축된 그러한 착취의 시스템 하에서 카미야 매춘부로서 잔인한 억압, 성폭행, 고문을 경험할 수밖에 없게 된다. 데비는 다음과 같이 묘사한다. "크룩 나제시아를 카미야로 만든 사회체제는 남성들에 의해서 만들어진 것이다. 그러므로 둘로티, 솜니, 레오티는 남성들의 육체적 욕망의 굶주림을 채워주어야 한다. 그렇지 않으면 파라마난다가 돈을 벌지 못한다. 둘로티가 왜 두려워해야 하는가? 그녀는 비로소 이것이 자연스러운 것이라는 것을 알게 되었다. 이제 그녀는 두려움도 없고, 슬픔도 없고, 욕망도 없다. 그녀가 약을 먹고 죽었을 수도 있었을텐데."[35] 이와 같이 데비는 둘로티와 같은 여성들의 몸의 금전적 가치가 바닥날 때에야 비로소 버려지고 생존하기 위해서 거지가 되도록 강요되는 야만적인 착취의 시스템에 대한 둘로티의 현실 인식에 대해서 묘사한다.

　여성들이 사용 후 그것의 유용성이 다해질 때 쉽게 버려질 수 있는

---

[35]　Ibid., p.61.

상품으로만 취급되는 상황 속에서,[36] 데비는 또한 그들의 목소리도 들려질 만한 가치가 없는 것으로 취급되며 오히려 철저히 억압될 뿐인 현실로 우리의 주목을 이끈다. 데비는 둘로티의 삼촌인 보노 나제시아, 학교 교장인 모한 스리바스타바, 봄풀러 신부와 같이 뜻있는 남성들이 둘로티와 같은 처지에 있는 서벌턴 여성들의 이야기를 듣고 기록하여 널리 알림으로서 그들의 착취적 상황을 개선하고자 하는 시도를 보여준다. 하지만 데비는 또한 탈식민의 시대 국민국가의 체제하에서 이들이 들려주는 서벌턴 여성의 현실에 대한 이야기가 체계적으로 무시되고 억눌려 질뿐임을 보여준다. 이러한 데비의 텍스트적 묘사는 인도의 원주민 여성들의 서벌턴적 상황—그들의 육체적인 착취의 상황과 그 가운데서도 자신들이 겪는 것에 대해 적극적으로 말을 하고 드러내는 것마저 철저히 억압된 그들의 삶의 사회정치적 조건—을 드러내 보여준다.

그런데 데비의 둘로티의 서벌턴적 상황에 대한 묘사가 여기에서 끝난다면 그녀의 이야기는 너무 절망적일 뿐이다. 극적인 반전은 둘로티의 이야기가 끝으로 향하는 지점에서 이루어진다. 데비가 보여주는 둘로티의 죽음에 대한 마지막 장면은 탈식민의 시대 인도에서 남성중심적 민족주의에 기반을 둔 국민국가 건설의 시도를 해체하고 인도에 관한 다른 비전의 지형학을 보여주려는 「풍성한 둘로티」에서 데비의 지속적인 시도를 압축적이고 극적으로 드러낸다. 둘로티의 죽음은 급작스럽게 다가오고 아주 비극적이지만 데비의 그녀의 죽음에 대한 시각

---

36 Mahasweta Devi, "The Author in Conversation", p.xx.

적으로 강렬한 재현은 전복적인 어떤 느낌을 주기까지 한다. 이러한 데비의 둘로티의 죽음에 대한 재현의 중층적인 의미에 대한 자세한 분석은 이 글의 논지를 위해 필요하고 중요하다.

　다른 카미야 매춘부들처럼 둘로티도 자신의 몸이 완전히 말라버리고 성병이 깊어 진 후에 비로소 성적 노예의 속박에서 풀려나게 된다. 적절한 치료를 위해 병원으로 가는 도중에 그녀는 자신의 약해지고 고통당한 육체로 인해 자신의 병이 치료될 수 없다는 현실을 뒤늦게 깨닫는다. 임박한 죽음을 감지하고 둘로티는 자신의 부모를 뵙기 위해 집으로 돌아가기를 원한다. 그러나 죽음에 이른 육신의 상태로 인해 스스로 집에 돌아가는 것은 불가능하며, 결국 그녀는 아주 잘 정돈된 어느 학교의 앞마당에 쓰러져 죽게 된다. 인도의 독립 기념일인 다음 날 아침에 여러 사람들과 어린이들과 함께 교장 선생님인 모한 스리바스타바가 카미야 매춘부인 둘로티의 시체가 학교 앞마당에 그려진 커다란 인도 지도를 덮고 있는 것을 발견한다. 국기를 세우고 독립을 기념하기 위한 그들의 계획은 좌절된다. 마지막 장면의 둘로티의 시신에 대한 데비의 묘사는 다음과 같다.

　　히말라야에서 대양들에 이르기까지 인도 반도 전체를 꽉 채운, 성병으로 곪아 터지고, 생기를 잃은 폐에서 모든 피를 토한, 카미야 매춘부 둘로티 나제시아의 고통당한 시체가 사지를 큰 대자로 벌린 채 여기 누워 있다. 오늘, 8월 15일에, 둘로티가 독립의 깃발의 모범을 가르치려는 모한과 같은 사람들의 인도에 어떤 공간도 남겨 두지 않았다. 모한이 이제 무엇을 할 것인가? 둘로티가 인도의 어디에나 있다.[37]

모한이 이제 무엇을 할 것인가? 라는 질문에 대한 답으로 주어진 것
—둘로티가 인도의 어디에나 있다—은 그 질문에 대한 직접적인 답
이라기보다는 탈식민의 시대 인도의 현실에 대한 하나의 선언과도 같
다. 탈식민의 시대 인도에서 주류 남성 중심적인 민족주의를 대변하는
인물로 볼 수 있는 모한과 최하위 계층 중에서도 최하위라고 할 수 있
는 원주민 여성이고 카미야 매춘부인 둘로티는 극적으로 대조된다. 이
러한 마지막 장면은 우리로 하여금 다음과 같은 질문을 던지게 한다.
둘로티와 같은 이들에게 독립은 과연 무엇을 의미하고 국가는 무엇인
가? 가브리엘 콜루Gabrielle Collu가 이에 대한 하나의 답을 제시한다.

이 구절(위의 인용문)은 착취당한 원주민 여성들을 인도와 동일시한다.
그녀가 인도의 어디에나 있다; 그녀는 인도이다. 이는 가난한 이들, 착취당
하는 노동자들이 인도인의 대부분을 구성하며, 독립은 대부분의 인도 사람
들에게는 거짓에 불과하며, 혹은 최소한 그것이 그들에게 무의미함을 의미
한다. (…중략…) 데비는 착취를 고발하고 모든 이들을 위한 자유로운 인도
라는 신화를 무너뜨리기 위해서 인도의 지도 위에 죽은 채로 누워있는 담보
성노예 노동자의 이미지를 사용한다. 그녀는 한 집단이 다른 집단을 학대하
도록 이끄는 젠더, 사회적, 물질적 불평등이 존재하는 한 진정한 독립은 불
가능함을 시사한다. 카미야 매춘부인 둘로티 (…중략…) 구릉지에 원주민
부족들과 들판에 담보 노예 노동자들과 같은 사람들에게, 독립은 지속적이
고 어떤 경우들에는 증가하는 착취, 부유한 토지 소유자들과 가난한 소작농

---

37 Mahasweta Devi, "Douloti the Bountiful", p.93.

들 사이에 증가하는 불균형, 정부, 경찰, 토지 소유자들, 대금업자들, 개발자들의 저항할 수 없는 공모 이외에 다른 어떤 것도 의미하지 않는다.[38]

난디타 고쉬Nandita Ghosh는 둘로티의 죽음의 장면에 대해 설명하면서 콜루가 위의 인용문에서 논한 착취와 공모의 구조가 남성중심적 민족주의 이데올로기에 기반을 둔 것임을 강조한다. "그 텍스트에서 잠시동안 시각적으로 뚜렷하게 드러나는 것은 착취의 구조에서 국가 건설의 노력들, 남성성, 그리고 거대한 자본 사이의 공모라는 것이다."[39]

그런데 와심 앤와르Waseem Anwar에 따르면 이 마지막 장면은 탈식민 시대의 인도의 어두운 현실과 착취와 억압의 구조를 압축적으로 보여줄 뿐만 아니라, 그런 가운데서 차이를 만들고 저항을 모색하려는 움직임이 어떻게 도모될 수 있는가에 대한 시사점을 제시한다는 것이다. 그는 다음과 같이 논한다. "둘로티가 모한과 같은 깃발을 가진 자들이 독립의 깃발을 꽂기 위한 어떤 공간도 남겨두지 않지만, 다른 한편으로 그녀의 이야기는 인도의 전역으로 퍼지며, 가부장제, 민족주의, 후기 자본주의의 권력 구조 사이의 깊은 연관성을 파헤칠 것이다."[40] 앤와르의 논점은 콜루와 고쉬의 논점과 같은 맥락에 놓여 있지만 필자가 그의 논점에 특히 주목하고자 하는 이유는 이 글의 논지 — ① 서벌턴 여성의 정치적 목소리의 표시와 그것에 대한 해석의 문제, ② 서벌턴의 로컬리티, 즉 로컬 역사로서의 서벌턴의 역사 다시 쓰기와 서벌턴의 사회

---

38 Gabrielle Collu, op. cit., pp.55~56.
39 Nandita Ghosh, op. cit., p.140.
40 Waseem Anwar, op. cit., p.91.

정치적 지형학의 문제 — 와 관련하여 의미 있는 시사점을 제시하고 있기 때문이다.

고쉬Ghosh가 지적하듯이, "어린 아이들은 아마 현대 인도의 이야기, 담보 노예제도에 관한 이야기를 위한 공간이 전혀 없는 권리와 특권들에 관한 이야기의 역사와 지리학을 학습할 것이었다. 둘로티가 학교의 지도위에 죽도록 함으로써 데비는 만들어지고 있는 다른 이야기를 가지고 국가의 공식적인 담론 위에 쓴다. (…중략…) 둘로티는 (…중략…) 모든 곳에 있다. 그녀와 같은 여인들이 국가의 이야기의 지도를 만든다. 왜냐하면 바로 그들의 몸에 기반을 하여 국가가 세워지기 때문이다."[41] 다른 이야기를 가지고 국가의 공식적인 담론 위에 쓰고자 하는 데비의 시도는 지워지고 억눌리고 왜곡된 둘로티와 같은 서벌턴 여성의 이야기가 보이고 들여지도록 하려는 시도이다. 여기서 데비가 국가의 공식적인 담론이 지워진 곳에 서벌턴 여성의 이야기를 다시 쓰기보다는 전자위에 후자를 겹치게 한다는 것에 주목할 필요가 있다. 고쉬에 의하면 이는 "소속에 관한 대안적인 역사를 쓰고 대안적인 지도를 만드는" 것이다.[42] 이는 앞에서 인용된 로이의 논점 —"(인도에 대한 다른 비전들)에 대해 논쟁, 비판, 칭찬, 경멸이 있을 수 있지만 이들이 금지되거나 압도될

---

41 Nandita Ghosh, "(Re)Writing History, (Un)Settling Relationships—The Indian National Imaginary and Alternate Maps of Belonging", *South Asian Review* 26-2, 2005, pp.104~105. 유제분도 「마하스웨타 데비와 안젤라 카터의 '아시아' 읽기」에서 데비가 보여주는 마지막 장면을 "서벌턴 여성의 새로운 역사쓰기의 가능성"이라는 측면에서 해석하는데, 특히 그녀는 이에 대한 해석에 있어서 프로이드의 두렵고 낯섦(uncanny)이라는 개념을 여성주의 관점에서 적용함으로써 자신의 논지를 만들어간다. 유제분, 「마하스웨타 데비와 안젤라 카터의 '아시아' 읽기—'전지구적 비교문학'의 가능성을 위하여」, 『영어영문학』 55-4, 2009, 530쪽.
42 Nandita Ghosh, op. cit., p.109.

수는 없다. 추적되어 억눌려질 수도 없다"—과도 상통한다.[43]

이제까지의 논의에서 드러나듯이, 데비는 둘로티의 죽은 몸을 통해 국가가 무엇이고 무엇이어야 하는 가에 대한 지배적인 담론에 대한 서벌턴적 저항의 텍스트를 쓰고 있음을 알 수 있다. 이는 서벌턴 여성의 정치적 주체성 형성의 문제와 이에 대한 독자/비평가의 해석과 관련하여 필자가 앞에서 제시한 스피박의 서벌턴에 관한 논의와 직접적으로 연결된다. 여기에서는 위에서 제시된 논의를 로컬 역사로서 서벌턴의 역사 다시 쓰기라는 관점에서 좀 더 생각해 볼 필요가 있다. 이는 둘로티를 통해 데비가 제시하는 서벌턴의 로컬리티의 정치적 지형학의 특징을 이해하는 데 도움을 준다.

김택현이 서벌턴의 역사와 로컬 역사/로컬리티라는 주제하에 제시하는 인노의 사례에 대한 나음의 설명은 이 글의 논지와 관련하여 유용하다.

로컬은 자본이 지배하는 세계체제의 권력관계를 전지구화하려는 '글로벌'한 상상력/담론들에, 그리고 그것이 수반하는 추상적인 보편 지식/개념들에 종속되어 있는 곳이라는 점에서 서벌턴의 위치에 있는 지정학적 공간이다. 그러한 서벌턴 공간으로서의 로컬은, 엘리트 헤게모니 혹은 지배 담론에 대한 서벌턴의 관계가 그렇듯이, 근대 자본주의 세계체제와 서구의 헤게모니적 지식체계가 강제하는 전지구적 기획/담론 앞에서도 자신만의 단독성과 환원불가능한 식민적 차이들을 생산해 왔던, 그리고 그 차이들을

---

43 Arundhati Roy, op. cit., p.123.

사유할 수 있게 하는 일종의 '이론적, 인식론적 장소(locus)'인 것이다. 인도의 서벌턴(의) 역사는 그런 의미에서 하나의 '로컬 역사'라고 할 수 있고, '로컬리티'는 서벌턴(의) 역사에서의 '서발터니티' 개념에 조응하고 연계될 수 있는, 그 개념의 지정학적, 공간적 표현인 것이다.[44]

여기서 김택현이 로컬로서 설정하는 공간은 국민국가로서 인도라는 "역사-문화적 공간"이며, 이것이 위의 인용문에서 설명되듯이 탈식민의 시대에 "'글로벌global'과 변증법적 관계를 구성하는 '로컬local'로 불려"질 수 있음에 주목한다.[45] 데비가 자신의 텍스트에서 보여주는 것은 김택현이 국민국가라는 로컬의 범주 아래에 놓여 있는 다양한 로컬들 중의 중요한 하나의 양상—즉 원주민 여성들의 서벌턴적 로컬리티 혹은 로컬 역사—에 초점을 맞춘다. 특히 원주민 여성인 둘로티의 삶과 죽음을 통해 중층적인 인도라는 국가적인 차원에서 로컬적 층위라는 하위 범주에 놓여 있는 서벌턴의 역사의 숨겨지고 억압된 측면을 드러내 보인다. 위의 인용문이 인도라는 국민국가라는 공간의 로컬리티와 그곳의 범주 아래에 위치 지워진 또 다른 층위의 로컬 역사로서 서벌턴의 역사라는 구조적인 지형학의 특징에 대한 거시적인 틀을 잘 설명하고 있다. 하지만 인도라는 층위의 로컬의 글로벌과의 관계와 함께 국민국가로서 인도가 그 하위의 범주에 있는 다른 층위의 로컬—예를 들어, 서벌턴의 로컬리티—에 대해서 중심적이고 지배적이고 억압적인 역할을 하는 것에 대해서는 구체적으로 드러내지는 않는다. 데비의 텍

---

44 김택현, 「'서벌턴(의) 역사'와 로컬 역사/로컬리티」, 『로컬리티 인문학』 2, 2009, 166쪽.
45 위의 글, 166쪽.

스트는 이러한 중층적인 관계에 주목하고 이러한 억압되고 지워지고 왜곡된 서벌턴의 로컬리티의 사회정치적 지형학—즉 그들이 억압되는 구조와 그러한 조건하에서 저항을 모색하려는 그들의 크고 작은 움직임들의 불균형적이면서도 역동적인 관계—을 그리고 있다.

「풍성한 둘로티」에서 둘로티라는 인도의 최하층 원주민 여성·카미야 매춘부의 죽음의 장면을 통해 데비가 보여주고자 하는 차이와 저항의 서벌턴적 텍스트의 특징은 도린 매시가 말한 "공간의 정치화"로 요약될 수 있다.[46] 이는 "공간에 담긴 젠더관계 및 공간을 구성해 나가는 구조적인 축으로서의 젠더관계를 '가시화'하기 위한 작업을 진행"하는 것이다.[47] 데비는 인도에서 가장 하층민 원주민 여성인 둘로티라는 카미야 매춘부의 죽음을 통해 그녀가 인도의 지도를 완전히 점유하도록 함으로써 지도로 상징되는 인도라는 근대국가의 공간이 남성중심적이고 억압적으로 젠더화된 공간임을 드러낼 뿐만 아니라, 불균형적이면서도 역동적인 권력관계의 장임을 그리고 있다. 이러한 공간의 정치화를 통해 데비는 또한 남성중심의 민족주의적 이데올로기에 기반을 둔 인도라는 국민국가 건설에 대한 지배적이고 억압적인 담론을 해체하고 전복하고자 시도한다. 그리고 여기에 인도의 국민국가 건설에 관한 종종 억압되고 숨겨진 다른 이야기라는 서벌턴적 텍스트의 재현을 통해 그녀가 의도하는 공간 정치의 저항성과 대안성의 특징이 놓여 있다.

---

46 안숙영, 「젠더, 공간 그리고 공간의 정치화—시론 차원의 스케치」, 『여성학 논집』 29-1, 2012, 178쪽에서 재인용.
47 위의 글, 178~179쪽.

4. 서벌턴의 차이와 저항의 텍스트로의 접근
―'딜레마적인 공간에 들어가기'

이 글은 데비가 제시하는 둘로티의 삶과 죽음―특히 죽음을 통해
―서벌턴으로서 그녀의 정치적 주체성 형성의 가능성에 대해서 분석
하였다. 본문에서는 이러한 서벌턴 여성으로서 둘로티에 대한 데비의
텍스트적 재현의 긍정적인 가능성에 초점을 맞추어서 논하였다. 하지
만 서벌턴으로서 둘로티에 대한 해석은 그렇게 단순하지만은 않다. 이
에 대해서는 필자가 본문에서 스피박의 서벌턴에 대한 논의를 통해 밝
혔다. 스피박의 논지는 서벌턴 여성의 몸을 통해 표기된 독특한 차이와
저항의 기표 혹은 글쓰기에 대한 '다른' 방식의 접근과 해석이 필요함
과 어떤 하나의 (혹은 한쪽 입장의) 접근과 해석이 반드시 최종적인 '서벌
턴의 말하기'로 너무 성급하게 결론 내려져서는 안 되는 것을 강조한
다. 그렇게 함으로서 스피박이 말한 서벌턴으로서 여성의 정치적 목소
리가 발화되고 들려질 수 있는 가능성이 미리 차단될 수 있는 인식적
폭력이 가해질 수 있기 때문이다. 그럼에도 불구하고 서벌턴 여성에 의
한 차이와 저항의 기표 혹은 텍스트에 대한 접근과 해석에 대한 어려움
은 여전히 존재한다. 그 이유는 그 서벌턴 여성과 직접적인 대면을 통
한 대화가 종종 이루어지기 쉽지 않기 때문이다. 데비가 텍스트에서 재
현하는 서벌턴 여성의 상황은 이미 과거의 일이어서 우리가 재현된 서
벌턴 여성과 직접적인 대면을 하는 것은 불가능하며, 또한 서벌턴의 현
실과 멀리 동떨어져 제 삼자의 입장에 놓여 있는 필자와 같은 상황에
있는 독자들 혹은 비평가들은 데비가 재현하는 서벌턴 여성의 기표 혹

은 텍스트에 전적으로 의존할 수밖에 없는 처지이기 때문이다.

그러나 이는 단지 데비가 재현하는 서벌턴 여성의 저항과 차이의 기표 혹은 텍스트에 대한 무제한적이고 심지어는 무책임할 수도 있는 복수적 읽기가 가능하다는 것을 말하고자 함은 아니다. 오히려 필자가 여기에서 강조하고 싶은 것은 재현된 텍스트 혹은 연구의 대상과 비평가 사이의 책임성 있는 관계에 기반을 둔 '비평적 읽기의 윤리'이다. 이는 스피박이 「서벌턴은 말할 수 있는가?」의 마지막 부분에서 서벌턴 여성과 (여성) 지식인 사이의 상호적인 관계와 협업의 절대적인 필요성과 중요성을 강조하는 것과 밀접하게 연관된다. 이는 페미니스트 행동주의적 실천의 과정에서 종종 강조되는 것이기도 하지만 필자가 보기에는 서벌턴적 텍스트 재현에 대한 접근과 해석에 있어서 의미 있게 적용될 필요가 있다. 서벌턴 여성이 말하는 방식을 인정하고 그 목소리에 귀 기울임으로써 자기중심적 인식과 접근과 해석의 식민성을 인정하고 극복할 수 있는 방향으로 나아갈 수 있을 것이다. 어떤 의미에서 이러한 방식의 접근과 해석의 과정은 상당히 어려울지도 모른다. 왜냐하면 어떤 하나의 해석의 결과의 도출을 중요시하여 성급하게 거기에 이르고자 하기 보다는 거기에 이르는 쉽지 않은 지속적인 과정을 더 중요시하고 그것에 더욱 초점을 맞추어야 하기 때문이다.

다이아나 브라이던Diana Brydon이 탈식민의 정치학을 논하면서 제안한 '딜레마적인 공간에 들어가기'란 표현이 위에서 설명한 서벌턴 여성의 차이와 저항의 기표 혹은 텍스트에 대한 탈식민적 읽기의 특징을 적절하게 표현한다. 그녀는 다음과 같이 설명한다. "탈식민의 정치학은 (…중략…) 값싼 냉소주의와 쉬운 정답들을 멀리하고 대신에 보니 호니그Bonnie Honig가 '딜레마'라는 명사에서 형용사를 만들어서 어려운 참여의 '딜레마적인 공간들'이라고 부른 것으로 들어가는 것이다."[48] 이러한 탈식민의 정치학을 통해 브라이던이 강조하는 것은 탈식민적 현실의 여러 어려운 과제들로 인해 쉽게 관심을 멀리하거나 쉽게 답을 찾으려는 것을 지양해야 한다는 것이다. 그 이유는 탈식민의 문제들은 종종 다양한 이해 당사자들이 상당히 복잡하게 얽혀 있고 단기간에 해결되기 쉽지 않은 특성을 나타내는 경우가 많기 때문이다. 그래서 브라이던이 제안하는 탈식민의 정치학의 특징인 '어려운 참여의 딜레마적인 공간들에 들어간다는 것'은 탈식민의 문제라는 대상에 대한 우리의 자세와 접근이 어떠해야 하는 지에 대한 지적이다. 어려운 딜레마적인 문제로서 탈식민의 문제를 다루기 위해서는 거기에 합당한 접근법이 요구된다는 것이다. 이는 비평가의 비평의 대상에 대한 윤리적인 자세와 같은 것이라고도 할 수 있다. 그리고 이때 윤리의 문제는 옳고 그름에 대한 판단과 이에 기초한 분명한 이분법적인 선택의 문제라기보다는 작가나 비평가가 자신들이 다루는 주제 또는 대상과의 '관계'의 문제에 기반을 둔 것이다. 이러한 윤리의 문제는 스피박에 의하면 어려운 문제를 다룸에 있어서 ─ 또는 어려운 문제의 딜레마적인 상황에 처해서 ─ 쉽게 포기하거나 쉬운 답을 선택하기보다는 제대로 된 혹은 보다 나은 해결책을 향해서 지속적으로 책임감 있게 추구하도록 이끄는 원동력이 될 수 있다.

---

48 Diana Brydon, "Is There a Politics of Postcoloniality?", *Postcolonial Text* 2-1, 2006, available online at http://postcolonial.org/index.php/pct/article/view/508/852 (2016.12.21 접속).

이 글에서 둘로티라는 인도의 원주민 여성·카미야 매춘부의 삶을 통해 데비가 재현하는 텍스트적 공간이 브라이던이 말한 하나의 딜레마적인 공간과도 같다고 할 수 있으며, 이런 맥락에서 이 글에서 데비 읽기는 브라이던이 탈식민의 정치학의 특징으로 언급한 '어려운 참여의 딜레마적인 공간에 들어가는 것'과도 같다. 이러한 공간으로 들어가는 것이 쉽지 않은 딜레마적인 특징을 나타내는 과정인 이유는 거기에서 만나게 되는 주제 ― 서벌턴의 정치적 주체성의 형성의 문제 ― 가 그러한 특징을 내포하고 있기 때문이다. 그래서 우리의 비평적 참여가 책임성 있는 탈식민적 정치학에 기반을 둔 지속적인 과정이 되기를 요구한다. 이런 맥락에서 죽은 둘로티 앞에 서 있는 모한의 모습은 어쩌면 다루기 쉽지 않은 탈식민적 비평적 과제를 가지고 힘겨운 분투를 해야 하는 딜레마적인 상황에 놓여 있는 우리의 자화상의 일면을 보여주는지도 모른다.

참고문헌

김택현, 「'서벌턴(의) 역사'와 로컬 역사/로컬리티」, 『로컬리티 인문학』 2, 2009, 149~184쪽.

박미지, 「가야트리 스피박의 서벌턴 윤리학—마하스웨타 데비의 「익룡, 퓨란 사하이, 그리고 퍼사」를 중심으로」, 『인문논총』 73-4, 2016, 59~107쪽.

안숙영, 「젠더, 공간 그리고 공간의 정치화—시론 차원의 스케치」, 『여성학 논집』 29-1, 2012, 157~183쪽.

유제분, 「마하스웨타 데비와 안젤라 카터의 '아시아' 읽기—'전지구적 비교문학'의 가능성을 위하여」, 『영어영문학』 55-4, 2009, 517~538쪽.

_____, 「식민/포스트 식민 자본주의 사회속의 제3세계 하위계층 여성과 모성노동—마하스웨타 데비의 「젖어미」와 채만식의 「貧」을 중심으로」, 『비교한국학』 17-3, 2009, 349~372쪽.

Anwar, Waseem, "Transcribing Resistance—Cartographies of Struggling Bodies and Minds in Mahasweta Devi's *Imaginary Maps*", *South Asian Review* 22, 2001, pp.83~96.

Brydon, Diana, "Is There a Politics of Postcoloniality?", *Postcolonial Text* 2-1, 2006. http://postcolonial.org/index.php/pct/article/view/508/852(2016.12.21 접속).

Collu, Gabrielle, "Adivasis and the Myth of Independence—Mahasweta Devi's "Douloti the Bountiful"", *Ariel* 30-1, pp.43~57.

Devi, Mahasweta, "Douloti the Bountiful", *Imaginary Maps*, Translated and introduced by Gayatri Chakravorty Spivak, New York : Routledge, 1995, pp.19~93.

_____, "The Author in Conversation", *Imaginary Maps*, Translated and introduced by Gayatri Chakravorty Spivak, New York : Routledge, 1995, pp.ix~xxii.

Dirlik, Arif, *Global Modernity — Modernity in the Age of Global Capitalism*, Boulder : Paradigm, 2007.

Duara, Prasenjit, "Introduction—the Decolonization of Asia and Africa in the Twentieth Century", *Decolonization — Perspectives from Now and Then*, Prasenjit Duara ed., London : Routledge, 2004, PP.1~18.

Ghosh, Nandita, "The Nation and Its Discourse—India and the Crisis of Modernity in the 1980s", Dissertation Fordham University, 2000.

_____, "(Re)Writing History, (Un)Settling Relationships—The Indian National Imaginary and Alternate Maps of Belonging", *South Asian Review* 26-2, 2005, pp.96~115.

Roy, Arundhati, "The End of Imagination", *The Cost of Living*, Toronto : Vintage Canada, 1999, pp.93~126.

Spivak, Gayatri C., "Can the Subaltern Speak?", *Marxism and the Interpretation of Culture*, Eds. and with an Introduction by Cary Nelson · Lawrence Grossberg, Urbana and Chicago : University of Illinois Press, 1988, pp.271~313.

_____, *A Critique of Postcolonial Reason — Toward a History of the Vanishing Present*, Cambridge, MA : Harvard University Press, 1999.

_____, "Foreword—Upon Reading the *Companion to Postcolonial Studies*", *A Companion to Postcolonial Studies*, Henry Schwarz · Sangeeta Ray eds., Malden, MA : Blackwell, 2000, pp.xv-xxii.

_____, *The Spivak Reader — Selected Works of Gayatri Chakravorty Spivak*, Donna Landry · Gerald Maclean eds., London and New York : Routledge, 1996.

_____, "Translator's Preface", *Imaginary Maps*, Translated and introduced by Gayatri Chakravorty Spivak, New York : Routledge, 1995, pp.xxiii~xxix.

Wenzel, Jennifer, "Grim Fairy Tales—Taking a Risk, Reading Imaginary Maps", *Going Global — The Transnational Reception of Third World Women Writers*, Amal Amireh · Lisa Suhair Majaj eds., New York : Garland, 2000, pp.229~251.

남부 캘리포니아 멕시코계 이주민 커뮤니티에서 여성의 행동주의*

장세룡

1. 남부 캘리포니아의 지정학적 위치

캘리포니아 남부는 1848년 미국이 캘리포니아와 텍사스를 탈취한 이래로 중남미계를 중심으로 아프리카인, 아시아인 및 유럽인의 이주가 온갖 형식으로 전개되면서 여러 인종과 문화가 충돌하는 복합공간이다. 멕시코 할리스코Los Alos de Jalisco 주 과달라하라에서 미국 캘리포니아 주 LA에 이르는 이 지역은 로컬 지정학local geopolitics에서 산업화와 군사화가 초래한 '국경 없는 경제와 바리케이트 친 국경'이라는 양면성이 공존한다. 첨단 국경경비 시스템이 출입국을 통제하는 동시에 인종주의, 종족 정체성 갈등, 계급 분열 및 젠더 불평등이 작용하는 한

* 이 글은 「남부 캘리포니아 멕시코계 이주민 커뮤니티에서 여성의 행동주의」, 『역사와 경계』 94, 2015.3, 187~223쪽을 수정·보완한 것이다.

편 또한 비정규직을 통한 유연축적, 노동의 경계 없는 조직화, 저임금 직업의 확산을 핵심 요소로 삼는 신경제의 핵심기지 공간이기도 하다. 거기에다 본래 순환이주로 시작했으나 최근 들어 거의 준제도화 경향까지 띠게 될 정도로 밀입국 이주와 거주가 일반화되면서, 샌디에고/티화나 같은 국경 도시가 전지구적으로 생성된 사회경제적인 '구조적 폭력'을 집약적으로 표출한다. 특히 1994년 북미자유무역협정으로 공유지 해체와 커피원두 가격폭락에 직면한 멕시코 농민들의 밀입국과 거주가 급증하는[1] 캘리포니아는 독자적인 지역적 정체성을 캐나다 퀘벡 주와 비견하는 '퀘벡 은유Quebec metaphor'조차 나올 정도이다.[2]

그동안 이주민 관련 연구는 주로 동화 또는 비동화 여부를 두고 국가 및 지역 차원에서 접근한 결과, 우연과 변수가 크게 작용하는 로컬 차원에서 이주민의 다양한 경험과 효과를 소홀히 다루었다. 이 글은 현재 전지구적으로 이주민의 49.6%가 여성인 '이주의 여성화'가 전개되는 현실에서[3] 유로-아메리칸 주류역사가는 물론, 치카노Chicano 역사가들조차 소홀히 취급해온 남부캘리포니아 멕시코계 이주민의 커뮤니티에

---

1 멕시코계는 인구의 1/10에 이르는 다양한 원주민들을 포함하므로 구성이 단일하지 않다. 멕시코계 이주자는 소수자로서 차별을 겪고 문화적 정체성의 관계망에서는 동화되는 경향을 보여준다. Tomás R. Jiménez, *Replenished Ethnicity—Mexican Americans, immigration, and identity*, University of California, 2010.

2 Leo R. Chavez, "The quebec metaphor, invasion, and reconquest", Ramon A. Gutiérrez · Patricia Zavella eds., *Mexicans in California—Transformations and Challenges*, Urbana : University of Illinois Press, 2009, p.139. 멕시코계 미국인은 캘리포니아에 36%, 텍사스에 25%가 살고 있으며 최근 남부 지역으로 이동이 두드러진다. Mary E. Ode · Elaine Lacy eds., *Latino Immigrants and the Transformation of the U.S. South*, The University of Georgia Press, 2009, p.xvii.

3 Susan C. Pearce · Elizabeth J. Clifford · Reena Yandon, *Immigration and Women—Understanding the American Experience-Finding Agency, Negotiating Resistance, and Bridging Cultures*, New York University Press, 2011, p.5.

주목한다.[4] 특히 멕시코계 미국인Mexican Americans이 되고자 정착하는 이주여성 관련 논의는 전지구적으로 이주와 이주민 연구에서 패러다임의 변화를 자극한 중요한 주제이다. 이늘은 남성보다 낮은 10대 후반에 2/3는 미혼상태에서 멕시코 내부의 주요 도시로 이주를 시작하여 캘리포니아 반도 북부 바하 캘리포니아Baja California 주州 티화나Tijuana 또는 멕시칼리Mexicali에서 노점상, 가사도우미, 조립공장maquiladoras 노동자나 농업노동자로 종사한다. 그러다가 다수가 더 나은 임금과 기회를 찾아 월경을 감행하여 샌 디에고San Diego나 칼렉시코Calexico를 거쳐 LA와 샌 프란시스코 및 중소도시 교외나 시골지역에 자리 잡고 미등록undocumented 노동자로서 정착한다. 이들의 절반 이상은 가사노동이나 환자 돌봄 노동 같은 서비스업에 종사하고 심지어 통상 남성의 영역이었던 농업노동 분야까지도 진출했다.[5] 이주여성들은 일반적으로 '빈곤

---

4   Luz María Gordillo, *Mexican Woman and the other side of Immigration —Engendering transnational ties*, University of Texas Press, 2010, p.4. 치카노(Chicano) 운동은 60~70년대에 생겨난 미국남서부 거주 멕시코계의 정치문화적 독자성을 자각하는 운동이다. 빈곤과 노동착취, 낮은 교육적 성취, 직업 및 거주지의 분리, 거기에다 경찰의 성가신 간섭에 시달리던 라티노(Latino)들은 국가가 표방하는 민주주의와 평등이라는 수사에 의문을 제기하고, 당시 전개되던 민권 운동의 활력에 부응한 다양한 풀뿌리 조직들이 미국사회에서 더 나은 교육, 주거, 고용 및 완전한 시민권을 요구했다. Ramón Gutiérrez, "Chicano struggles for Racial Justice", Ramon A. Gutiérrez · Patricia Zavella eds., *Mexicans in California —Transformations and Challenges*, Urbana : University of Illinois press, 2009, p.105. 치카노는 스페인어 Mexicana를 줄인 말로서 주로 도시에 거주하며 강한 종족의식을 가진 멕시코-아메리칸 이민자 공동체 구성원으로서 특정한 정치의식적 정체성을 공유하는 자들이다. 여성은 Chicana(pl. Chicanos)로 불리지만 모든 멕시칸-아메리칸 이민자들이 공유하는 표현은 아니므로 세심한 접근이 필요하다.

5   Fernando Riosmena, "Pathways to El Norte—origins, destinations, and characteristics of Mexican migrants to the United States", *International Migration Review* Vol. 46 No. 1, 2012, p.28. 미국사회에서 1990년대에 증가한 이주민 1,130만 명 가운데 43%가 멕시코계이고 1980~90년간에 멕시코계 이주민 480만 명 가운데서 거의 절반이 캘리포니아로 이주했다.

의 여성화'를 겪으면서 노동·쇼핑·교육·복지·의료·보험 및 사회화와 협력행동 등 다양한 사회경제적인 행위 절차는 물론이고 인종, 계급, 장소에 관한 젠더이데올로기와 담론을 형성한다.

이와 같은 이주여성 노동자는 어떤 존재인가? 살라자르-파레뇨스는 이주여성을 '세계화의 하녀'로 명명하고 이주의 경험은 친숙한 것과의 분리 일 뿐 아니라 탈구dislocation의 구현이며 익숙한 사회경제적 구조로부터 분리된 존재로 규정한다. 치카나Chicana 페미니스트 엠마 페레즈 역시 이런 탈구가 디아스포라적 주체 연구에서 고유한 변수라고 강조한다. 이들은 전지구적 경제의 맥락에서 여성이주가 국민국가, 가족, 노동력 및 이주공동체와의 관계에서 여성노동의 비인간화와 상품화를 관철시키는 장치라고 비판한다.[6] 한편 마사 누스봄은, 아마르티야 센Amartya Sen의 '역량capabilities'과 '직능functionings' 곧 개인의 물리적 및 지적 행동 수행 능력이 자유를 제공한다는 관념을 수용하여 개인의 자기발전이 자유라는 명제 아래, '발전 곧 자유development as freedom'를 실현하는 실력양성empowerment의 계기로서 이주행위의 적극적 감행을 요청한다.[7] 새퍼 가브리엘 또한 낯선 외국 공간으로 미혼 여성의 이주는 여

---

6   Rhacel Salazar-Parreñas, *Servants of Globalization—Woman, Migration, and Domestic Work*, Stanford U. P., 2001(문현아 역, 『세계화의 하인들—여성, 이주, 가사노동』, 여이연, 2009); Emma Pérez, *The Decolonial Imaginary—Writing Chicanas into History*, Indiana U. P., 1999, p.77.

7   Amartya Kumar Sen, *Commodities and Capabilities*, Oxford U. P., 1999; "Human rights and capabilities", *Journal of Human Development* Vol. 6 No. 2, 2005, pp.151~66. Martha Craven Nussbaum, "Capabilities as fundamental entitlements—Sen and social justice", *Feminist Economics* Vol. 9 No. 2/3, 2003, pp.46~7; *Woman and Human Development—The Capabilities Approach*, Cambridge U. P., 2005, pp.13~4; *Frontiers of Justice—Disability, Nationality, Species Membership*, Harvard U. P.: Belknap Press, 2006, pp.306~10; *Creating Capabilities—The Human Development Approach*, Harvard U. P., Belknap Press, 2011.

행, 교육, 경력 계발의 기회는 물론 더욱 친밀하고 형평을 실현하는 결혼기회를 제공하며, 기혼여성은 가부장적 남성사회로부터 탈주를 성취하여, 부유한 국가들이 제공하는 돌봄과 사랑과 성을 통한 자기개선과 성장으로 새로운 자아형성의 계기를 제공한다고[8] 긍정한다. 이주여성은 전지구화의 구조에 귀속된 행위자에 불과한가, 아니면 새로운 자아를 성취하는 개별 역량의 계발자인가? 이 연구는 사회정치적 구조가 이주여성 개인에게 부과하는 규정력을 인정하면서도, 그 구조 안에서 공동체의 변화를 모색하며 의제를 설정하고 때로는 구조적 변화에 맞서 권리수호 행동에 나서는 인간행위자human agency로서의 역할에 주목한다. 이것은 사회 안에서 인간행동이 수행하는 중요한 역할을 통합하고자 변화를 협상하고, 더 큰 사회구조를 재생산하는 '행위자로의 귀환'을 요구한 알랭 투랜의 관점[9]을 상기시킨다.

전지구적 자본주의 구조조정이 제공한 새로운 기회와 부담을 가장 잘 표상하는 주변부 공간에서 특별히 이주여성 집단을 탐구 대상으로 삼는 이유는 무엇인가? 첫째, 가구수입에 기여하는 생산노동 종사자라는 점. 둘째, 사회복지에서 국가의 책임 감소로 재생산 노동의 부담이 증가한 대상이라는 점. 셋째, 당면한 삶의 조건을 개선시키고자 공동체 수준에서 조직 활동에 참여를 요구받는 주체이기 때문이다.[10] 이런 조

---

8 Felicity Schaffer-Grabiel, "Cyberbrides and global imagineries…", Denise A. Segura · Patricia Zavella eds., *Women and Migration in the U.S.-Mexico Borderlands — A Reader*, Duke University Press, 2007, p.505 · 512.

9 Alain Touraine, "The subject is coming back", *International Journal of Politics Culture, and Society* Vol. 18, 2005, pp.199~209.

10 Marianne Marchand, "Engendering globalization in an era of transnational capital — new cross border alliances and strategies of resistance in a post-NAFTA Mexico", Kreimild Saunders ed., *Feminist Post Development Thought — Rethinking Modernity*,

건은 구조적 변화에 대응과 도전으로 정체성 경쟁을 벌이고 정체성을 창조하는 행위자적 실천에 참여하는 능동적 행동주의를 실천할 계기를 제공한다. 이 연구는 방법론에서 흑인여성들의 정체성은 인종, 계급, 젠더 및 섹슈얼리티가 교차하며 연동intersectionality and interlocking 작용한다는 패트리샤 힐 콜린스의 관점[11]을 원용한다. 그 초점은 일단 미국/멕시코 국경 주변의 이주민 거주지 '콜로니아colonia'와 인디오 위성공동체satellite community에서 이주여성들의 국적, 종족성, 인종, 사회계급, 젠더 구분, 신체적 능력, 로컬리티가 교차하며 연동하는 양상의 분석에 있다. 나아가 이주여성의 경제활동에서 젠더억압, 저항과 행동의 권리 강화 노력이 로컬정치local politics 활동, 행동주의를 실천하는 사회적 관계망을 형성하는 양상에 주목한다.

2. 이주민 커뮤니티의 형성

멕시코 태평양 연안 할리스코 주는 현재 4세대까지 배출한 멕시코 이주민 역사의 출발지점이다. 지난 20년간 멕시코인들은 농업노동자에서 산업노동자로 전환하면서 전통적 정착지 캘리포니아와 텍사스 및 일리노이를 넘어 북부와 동남부(조지아, 캐롤라이나, 아칸소) 등으로 이주를 전개하고 있다.[12] 그러나 여전히 30% 정도는 남부캘리포니아에 정착하고

Post Modernity, and Representation, New York : Zed Books, 2002, pp.113~4.

11 Patricia Hill Collins, *Black Feminist Thought*, Routledge, 2002(박민선 · 주혜선 공역, 『흑인 페미니즘 사상—지식, 의식, 그리고 권리강화의 정치』, 여이연, 2009, 50쪽).

12 Douglas S. Massy · Chirara Capoferro, "The geographic diversification of Ame-

그 가운데 절반 이상이 미등록이주민으로 당국의 추적과 기업경영주의 노동착취를 겪으며 살아간다. 순환이주가 이주의 주요 형태이던 시기에는 이주민의 커뮤니티 형성은 상대적으로 미미했다. 그러나 1964년 민권법Civil Rights Act이 비서, 판매원, 공공서비스 분야는 물론 환자가정, 병원, 카페, 호텔 등에 여성고용을 허용하고, 70~80년대부터 이주여성이 가족 또는 친족과 결합하는 경우가 증가하면서 이주민 커뮤니티가 형성되기 시작했다.[13] 그 결과 현재 캘리포니아 주 남부 주요 대도시 샌프란시스코, 오클랜드, 산호세, 샌 디에고, 산타 애나, 오렌지카운티, 산베르디나노 및 LA 광역 메트로 동부 지역 라티노Latino 커뮤니티에는 캘리포니아 주 라티노의 40%가 거주한다.(앵글로는 20% 미만) 이것은 캘리포니아가 항공, 반도체 등 하이테크와 생명공학 중심의 '신경제' 시대 미국의 견인차로 평가 받고, 특히 LA가 금융과 하이테크 및 엔터테인먼트 분야 고소득자가 많이 사는 세계도시로서 저임금 서비스 고용직에서 이주민 노동의 수용력 특히 가사노동 수요의 급증이 여성이주를 가속화 시킨 것과 연관 있다. 통계상 일용노동자는 이주민(99%) 미등록(84%) 그리고 중남미 출신(99%)이라고 평가되면 이들의 교집합에 멕시코계 이주민이 자리 잡고 있다.[14] 이들은 비록 고용율이 비교적 높지만 임금과

---

rican immigration", Massy ed., *New Faces in New Places ─The Changing Geography of American Immigration*, Russell Sage, 2008, pp.39~40.

13 여성의 교육 수준이 높아지면서 가족과 공동체 내부에서 이주활동에 합의가 이루어지고, 미국의 1986년 이민개혁과 통제법(Immigration Reform and Control Act, IRCA)이 요건을 충족하는 모든 이주자에게 문호를 개방하고 가족재결합을 원하는 여성의 이주를 인정했던 것이 중요하게 작용했다.

14 Susan González Baker, "Mexican-origin women in southwestern labour market", Irenne Brone ed., *Latinos and African Woman at Work ─Race, Gender and Economic Inegality*, Russell Sage Foundation, 1999, p.249; Light, *Deflecting Immigration...*, p.51. 그러나 현재 노동수요 추동(demand-driven) 이민은 점차 축소되고 공급자 추동(supply-driven)

직업구조에서 가장 밑바닥 계층에 속하는 종족 집단이다. 그러나 이들의 낮은 수입을 교육 수준 탓으로만 돌릴 수는 없고 사회적 관계망과 차별이 끼치는 영향, 신경제가 비정규직 직업구성을 주도하는 속성을 소홀히 할 수 없다.[15] 포스트-포드주의 메트로폴리스를 규정하는 패러다임이 관철되는 전략적 지리 공간[16] LA는 불평등지수가 국내 3~4위에 이를 정도로 빈부차가 극심하며 높은 주택임대료와 낮은 임금에 주차 공간 부족으로 도시가 포화상태이다.[17] 거기에 도로 개설, 도시 재건축 등으로 이주민 커뮤니티의 장소성이 변화하여 거주 조건의 급변이 거주민의 LA 탈출을 자극하고 있다.[18]

이런 상황에서 남녀를 불문하고 이주민들이 고향처럼 편안한 느낌을 받는 공간이 있으니 그것은 캘리포니아에서 텍사스까지 국경지대의 2,300~2,500여 미을, 소도읍 및 도시에서 다양한 조건에서 일백만 명이 넘게 거주하는 커뮤니티로서 콜로니아이다.[19] 콜로니아는 주로

이민으로 변화하는 경향을 보이면서 이주의 내용이 변화하고 있다.

15 Manuel Pastor Jr., "Poverty, work, and public policy—latino futures in California's New Economy", Ramon A. Gutiérrez · Patricia Zavella eds., *Mexicans in California — Transformations and Challenges*, University of Illinois Press, 2009, p.23.

16 Saskia Sassen, "Local actors in global politics", *Current Sociology* Vol. 52 No. 4, 2004, pp.649~70; Ivan Light, *Deflecting Immigration—Networks, Markets, and Regulation in Los Angeles*, Russell Sage Foundation, 2006, p.18.

17 Light, *Deflecting Immigration...*, pp.135~49; I. Light · Elsa von Scheven, "Mexican migration networks in the United States, 1980~2000", *International Migration Review* Vol. 42 No. 3, 2008, p.718.

18 Ignacio López-Calvano, *Latino Los Angeles in Film and Fiction—The Cultural Production of Social Anxiety*, The University of Arizona Press, 2011, pp.128~30.

19 콜로니아는 스페인어로 '이웃' 또는 커뮤니티에서 나온 말이고, 공통의 유산을 공유하고 비슷한 사회경제적 입장을 가진 장소를 말한다. 콜로니아는 본래 중남미 여러 국가 주요 도시 변두리에 형성한 열악한 조건의 커뮤니티에서 그 양상이 기원한다. 멕시코의 경우에는 공통적으로 과도한 주택 가격에 내몰린 주민들이 도시 변두리에 정착하면 정부가 전기 수도 관련 최소한의 기본 서비스를 제공함으로써 생겨난 커뮤니티이다. 때로는 국가가 선

1960~80년대에 교외 지역이나 준교외 지역에 규제받지 않은 채로 토지재분할 과정을 거치면서 불법으로 생성된 경계가 매우 복잡하고 모호한 커뮤니티이다. 외견상 제3세계 저개발 국가의 슬럼가를 상기시키는 조잡한 주택에 전기, 포장도로, 수도, 하수도 등 사회기반시설이 턱없이 부족한 더럽고 먼지 풀풀 날리는 오염된 환경에 사회적 복지 지원마저 거의 배제된 열악한 주거지이다. 광범한 빈곤과 실업 또는 저고용으로 고통 받는 노동빈민들은 비위생적 생활조건이 가져온 질병에도 불구하고 의료보험health care 가입이 어렵고 아동교육은 국가 전체 수준에서 비교하면 지체되고 있다.[20]

한편 남부캘리포니아 소재 콜로니아는 대부분 농업 지대에 자리 잡고 있다. 독특하게 일부 콜로니아는 인디언 부족의 토지에 자리 잡아서 다른 법률의 적용을 받는 경우도 있다. 대부분의 콜로니아가 카운티 정부에 속하고 소수만이 소도시와 도시에 속하는 텍사스와 뉴멕시코와 달리 애리조나 특히 캘리포니아에는 다수의 콜로니아가 도시에 병합되어 있다. 콜로니아는 주 차원에서 다양하게 지원하는 텍사스의 경우를

거에서 득표를 목표로 의도적으로 건설하는 경우도 있는 이 주거지대는 조립식 가공업이 번성한 국경도시 공단지역 주변에 성립되어 도시기반 시설이 미비하고 치안과 교통이 열악하며 여성노동자들이 겪는 생존의 고통을 가중시킨다. 미국에서 콜로니아는 주민이 스페인계가 60%를 넘으며 텍사스와 캘리포니아에서는 그 비율이 더 높다. 콜로니아는 지리적 센서스가 없고 미등록 이주민은 센서스 망에 포섭되지 않으며, 연방 기관과 주 기관 사이에 콜로니아를 규정하는 기준이 달라서 주민의 수를 정확히 알기 어렵다. 대부분의 콜로니아(약 2,200개)는 텍사스 주에 있고 주민은 약 40만에 이르고, 주의 남쪽 끝에 있는 이달고(Hidalgo) 카운티에만 860개의 콜로니아가 있다. 뉴멕시코와 애리조나에는 인구가 희박하고 먼 시골에 이 농업이나 광업 종사 주민들로 구성된 약 227개 콜로니아에 약 50만이 거주한다. Angela J. Donelson · Adrian X. Esparza eds., *The Colonias Reader—Economy, Housing, and Public Health in U.S.-Mexico Border Colonias*, Tucson : The University of Arizona Press, 2010, pp.1~11.

[20] Kimberley Collins, "Environmental pollution and quality of life in Imperial Valley's Colonias", Donelson · Esparza eds., *The Colonias Reader...*, pp.225~9.

제외하고는 연방 차원의 지원을 받는다. 그러나 콜로니아라고 불릴 자격은 저절로 주어지지 않는다. 이주민 커뮤니티가 주 정부나 연방정부 당국에 공식적인 신청과 지명designated 과정을 거쳐야 한다. 국경과 근접한 장소성이 중요한 지원 자격 기준인 바, 두 개의 연방기관(주택 및 도시 개발부Department of Housing and Urban Development와 농업 및 농촌발전부 Department of Agriculture and Rural Development)는 커뮤니티들이 미국/멕시코 국경 150마일(240km) 내에 소재하기를 요구하는 반면 연방환경보호국Environmental Protection Agency은 62마일(100km) 이내에 소재를 요구한다. 두 번째로는 콜로니아가 소재 가능한 지방자치단체 인구규모를 일백만 명 이하로 제한하고, 문화 및 주민의 구성을 무시하는 것이 특성이다. 이것을 캘리포니아에 적용하면 국경도시 샌 디에고 인구가 120여 만(2012년 기준, 샌 디에고 카운티는 300만)이며, 대도시에 개별 카운티 면적이 수천평방 마일 면적 이라는 사실을 무시한다. 게다가 토지구획 재분할이 계속된 텍사스와 달리 캘리포니아는 1929년의 재분할 지도 법령Subdivision Map Act 이래로 재분할이 규제되어 현실의 변화를 반영하지 못하고 있다. 그 결과 로컬 정부가 공식 인정한 콜로니아는 샌 디에고 옆에 미국/멕시코 국경과 인접한 주민 17만 5천(2010년 조사)의 임페리얼 카운티Imperial County에 대부분(15/27개) 소재하고, 리버사이드 카운티에 9개 샌 디에고 카운티에 9개가 존재한다. 캘리포니아 주에는 실제로는 훨씬 많은 수의 비공식 콜로니아가 소재한다. 인류학, 치카노 연구 및 사회학에서는 국경에서 기준 거리보다 떨어진 과수재배 농업지역인 중부 중앙계곡(새크라멘토 계곡과 산 후아킨 계곡 포함)에 인구통계demographic 차원의 콜로니아를 인정한다.[21]

캘리포니아 콜로니아는, 비교적 최근 이주민으로 구성된 텍사스의 콜로니아와 달리, 상대적으로 이주 경력이 오랜 라티노가 거주하고 구성도 더 복잡하다. 또한 텍사스의 콜로니아가 녹자적인 장에서 다양한 카운티 사법관할권에 귀속되는 데 비해서, 로컬 지방자치 단체의 사법관할권에 속하고 공간적으로 도시의 주변부에 속하거나 인접한다. 콜로니아의 주요 거주민은 농업노동자들로서 주에서 가장 열악한 사회기반 시설과 가옥에서 살고 소득은 약 43%가 연 1만 불, 3/4는 만5천 불 미만인 노동빈민이다.[22] 거기에 인구과잉 현상은 콜로니아 내부에 사회경제적 계층화와 주거환경 악화를 가속화시키고 있다. 캘리포니아 콜로니아들은 주 정부의 주택 및 커뮤니티 개발부Department of Housing and Community Development의 기준에 따른 공인을 받지 못해 다수가 지원 대상에서 배제된 상태이다. 다행히 연방농업부와 연방환경보호국의 기준에 따른 지원으로 주거환경 향상을 시도한다.

둘째, 위성공동체는 멕시코 북서부에서 계약농업 노동자나 기업체 취업 경험을 가진 멕시코 남서부 농업지대 원주민 인디오들이 본향의 공동체를 모방하여 만든 공동체이다. 인디오 위성공동체는 선행 이주민들이 후방 이주민들에게 일정기간 주거지를 제공한 것을 계기로 발생했고 이 과정에서 여성의 호스트 기능이 중요한 역할을 했다. 그들의 사회적

---

21 Vinit Mukhija, "Agricultural prosperity, rural poverty, and California's Colonias", Donelson · Esparza eds., *The Colonias Reader*..., p.78. 캘리포니아에서 멕시코계 이주민과 농업노동자 거주지를 콜로니아라는 용어는 노동활동가며 작가인 Ernesto Galarza가 1963년 9월 캘리포니아 살리나스 계곡에서 발생한 버스 충돌로 순환이동노동자(bracero) 32명이 죽은 사건을 조사한 보고서 *Tragedy at Chualar*(1977)에서 처음 사용했다.
22 John Mealey, "Farmworkers, housing, and California's Colonias", Donelson · Esparza eds., *The Colonias Reader*..., pp.156~7.

역할은 원주민 집단의 연쇄 이주의 고리를 집단적으로 재생산하는 경제적 및 문화적 영역이다.[23] 대표적인 사례가 태평양 연안 오아하카 중앙계곡에서 고유언어를 사용하며 상대적으로 문화정체성을 유지해온 사포텍Zapotec 부족과 믹스텍Mixtect 부족 농촌공동체이다.[24] 본래 위성공동체는 경작시기에만 존재했지만 정착화 경향이 거주지의 성격을 변화시켰다. 믹스텍족 위성공동체는 멕시코의 소노라, 시나롤라, 바하 캘리포니아 농업지역과 멕시코시티, 과달라하라, 노갈레스, 멕시칼리 등 도시에도 존재한다. 인디오들은 대규모 농업 또는 하이테크 농업지대이며 산업지대인 바하 캘리포니아 주와 캘리포니아 주로 이주하며 기존의 가치와 실천에서 많은 변화를 경험한다. 농업지역을 넘어 샌 디에고, LA 같은 도시에도 연결망을 가진 공동체로서 이들은 LA 북쪽 산타 마리아에는, 믹스텍 공동체 산 아우스틴 아테낭고San Augustin Atenango 주민 2백여명의 위성공동체 아테낭고가 있다. 샌 디에고 카운티 북쪽 소도시 비스타Vista에도 트랄코테펙 출신Tlacotepenses 2세대 이주민의 오랜 위성공동체 산 미겔 트랄코테펙San Miguel Tlacotepec 위성공동체가 활발하게 운영되고 있다.[25] 위성공동체는 공간 조건이나 종족성에 따라 내부에 미묘

23 Laura Velasco Ortiz, *Mixtec Transnational Identity*, The University of Arizona Press, 2005, pp.97~126; "Women, migration, and household survival strategies—Mixtec women in Tijuana", Denis A. Segura · Patricia Zavella eds., *Women and Migration—In the U. S.-Mexico borderlands*, Duke U. P., 2007, p.357.

24 이들은 2001년 곡물가격이 1994년 대비 70% 수준으로 하락하고 빈민의 주식인 토티야 가격이 1999년에 3배로 급등하면서 농촌공동체가 붕괴하자 신자유주의 구조조정 전선의 최우선 희생자로서 20만 명이 주로 국경도시 조립공장에 취업하였다가 바하 캘리포니아와 캘리포니아로 이주를 감행했다. Felipe López · David Runsten, "Mixtecs and Zapotecs in California", Jonathan Fox · Gaspar Rivera-Salgado eds., *Indigenous Mexican Migrants in the United States*, University of California, 2004, p.267.

25 Clare Appleby · Nancy Moreno · Arielle Smith, "Setting down roots—Tlacotepense Settlement in the United States", Wayne A. Cornelius · David Fitzgerald · Jorge

한 문화적 차이가 있고 꼭 특정 인디오로만 구성된 것은 아니다. 그럼에도, 위성공동체의 성립이 가능한 것은 인디오들의 종족적 정체성 형성 과정에서 본향의 장소가 물질화한 풍경으로 기억의 주요 기원으로 작용한데 있다. 위성공동체는 다문화적 종족성multiethnical과 장소성에 다중 경계와 정체성을 가진 다중공간multiscalar이고 트랜스로컬공동체이다.[26] 사포텍 부족의 경우에도 친족이나 공동체 연결망을 통해서 다양한 위성공동체를 구성했지만, 바하 캘리포니아에서 취업경험을 축적하여 장차 LA의 서비스업종 분야 종사에서 적응 가능성을 더 높였다. 이들이 LA에서는 피코 유니언Pico-Union과 특히 코리아 한인 타운과 좀 떨어진 사우스 센터럴South-Central에 정착이 증가했던 이유가 여기 있다.[27]

이들의 문화적 정체성은 본향과 공유하는 자율적인 연대 조직과 축제에 여러 형식의 참여로 표상되고 그것은 본향과 위성공동체가 트랜스로컬 연대를 유지하는 중요한 토대이다. 트랄코테펙 위성공동체는 9월말 본향과 동시에 연례축제Guelaguetza를 개최한다. 2008년 캘리포니아 쪽에서는 1천 명이나 모여 하루 종일 잔치를 벌이며 같은 춤과 의상, 음악과 음식을 차려놓고 본향의 축제를 인터넷으로 접속하여 함께 즐겼다.[28] 이주민들은 일반전화와 휴대전화는 물론이고 비디오테이프,

Hernandez-Diaz · Scott Borger eds., *Migration from the Mexican Mixtecca — A transnational community in Oaxaca and California*, San Diego : University of California Press, 2009, pp.63~86.

26 "로컬은 의미, 문화적 형식과 실천들이 이주의 강화를 통해서 생산, 수송 및 재기술되는 유동 공간으로 재평가 받는다. 로컬은 이주민이 오기만 하는 장소가 아니라 그들이 살고 서로 다른 나라에서 다양한 장소들을 연결시킬 수 있는 공간이다." Alejandro Castañeda, *The Politics of Citizenship of Mexican Immigrants*, New York : LFB Scholarly Pub., 2006, p.12.

27 Jeanine Klaver, *From the Land of the Sun to the City of Angels — The Migration Process of Zapotec Indians from Oaxaca, Mexico to Los Angeles*, University of Amsterdam, 1997.

컴퓨터 등 각종 정보통신 도구를 이용하여 본향에 안부를 전한다. 위성 공동체의 형성에서 정보통신 기구의 역할은 이주의 정착화를 자극한 주요 요소이다. 사실 샌 디에고의 산 미겔 트랄코테펙 위성공동체는 본향 공동체와 다른 점이 많다. 아직 전통 음악 반다banda는 들리지만[29] 멕시코 말은 거의 듣지 못한다. 토티야와 커피원두 냄새를 맡을 수 있지만 담배는 피울 수 없다. 각 가정에는 수호성인 산 미겔 대천사 제단이 설치되어 있다. 비록 현재 자녀들이 미국의 교육체계에 편입되어 교육수준의 상승과 함께 십대는 교복을 입지 않고 캘리포니아 패션을 따르는 등 언어와 생활 스타일이 크게 변화하여 동요하지만 전통적인 문화적 실천들이 완전히 쇠퇴하지는 않았다. 고유문화의 어떤 요소들은 유지하고 고향의 가족들과 결속을 강조하는 혼종성은 이들 위성공동체의 특징적 현상이다.[30] 그리면 이들 공동체는 국민국기 미국과는 단절된 공간인가? 그렇지는 않고, 도리어 미국사회에서 '진정 새로운, 급진적으로 다른 사회구성체'의 가능성을 구현한다는 평가도 받는다.[31]

---

28 Richard Kiy · Naoko Kada, "Building a case for cross-border service provision for transnational Mexican migrants in San-Diego", Kiy · Christopher Woodruff eds., *The Ties that Bind Us—Mexican Migrants in San Diego County*, Lynne Rienner Pub., 2005, pp.190~5; Chelsa Ambort · John E. Cárdenas, "Long-distance lives—International migrant networks and technology in the United States and Mexico", Wayne A. Cornelius · David Fitzgerald · Jorge Hernandez-Diaz · Scott Borger eds., *Migration from the Mexican Mixteca—A transnational community in Oaxaca and California*, San Diego : University of California, 2009, pp.87~122.

29 반다는 브라스 밴드가 기타를 치며 노래를 극적이게 부르는 Ranchera를 비롯하여, Corridos, Cumbias, Baladas 그리고 Boleros로 구성된다. cf. 장세룡, 「멕시코 오아하카주 원주민의 남캘리포니아 이주와 트랜스로컬연대」, 『인문연구』 67, 2013.4, 245~88쪽.

30 Jeffrey H. Cohen, *The Culture of Migration in Southern Mexico*, University of Texas Press, 2004, p.145.

31 Nicholas De Genova, *Working the Boundaries—Race, Space, and "Illegality" in Mexican Chicago*, Duke U. P., 2005, p.190.

그렇다면 위성공동체의 사회적 공간에 본향에서의 구별과 지배관계가 여전히 유지되는 것은 어떻게 설명할 것인가? 남캘리포니아의 공장과 들판에서 다른 형식의 구별과 지배관계가 작동하는 새로운 공간 경험은 통해서, 비록 개인 별로 경험에서 정도의 차이는 있지만, 사회적으로 하위의 종족성과 계급 관계를 자각하면서 본향에서 유지하던 지배관계의 양상에 변화를 가져온다. 그 결과 다양한 결사조직을 통해서 종족적 및 정치적 동종성을 강조하는 새로운 커뮤니티로 변화가 진행되고 있다. 원주민 이주여성들의 경우 위성공동체 조직, 임노동, 정치적 참여가 (사적인) 가내적 영역과 (공적인) 비가내적 영역으로 동화되는 사회적 행동의 공간을 형성한다.[32] 위성공동체는 단순히 본향공동체의 복제판이 아니라, 사적 가내공간의 담당자며 비이동적인 여성 대vs 국제적 공적 공간의 활동자요 이동하는 남성이라는 기존 평가가 흔들리는 혼종공간이다.

3. 이주여성의 사회적 조건과 실력양성

멕시코계 이주여성노동자의 사회적 조건은, 제1세계 여성과 제3세계 여성을 동일시할 수 없듯이, 주류국민 메스티소 여성과 원주민 여성을 동등시할 수 없고, 계급과 인종을 비롯한 다양한 사회적 범주를 고려해야 한다. 원주민 여성노동자는 메스티소 여성보다 더 복잡한 이주

---

32 Ortiz, *Mixtec Transnational Identity*, p.139 · 163.

과정을 거치면서 공동체에 적응을 시도해야한다. 그 과정에서 기존의 가부장제적 질서와는 어느 정도 차이를 가진 가족과 사회관계에서 사회적 책임과 여성과 아동의 권리 인지를 재형성한다. 그러나 이런 요소들이 모두 이주의 산물은 아니다. 오아하카 주 테오티틀란 거주 사포텍 족 여성들은 이미 새로운 정치문화를 형성하여 정치에 참여기회를 확장하고 사회적 책임과 권리에 관한 실천과 성찰의 경험을 축적하고 있었다.[33] 원주민 이주여성은 냉장고와 세탁기 등의 가전제품 탓에 가사노동의 부담이 축소되었지만, 여전히 가사노동을 전담한다. 임금노동에 종사하는 경우가 점차 늘어나지만, 그 경우도 가사노동자와 아동이나 환자 돌봄 같이 노동 분업의 최하층 역할이 할당된다.[34] 원주민 이주와 재배치는 문화적으로 특수한 탈구를 이루며, 노동계급 가족 재생산을 구성하는 사회시리학 뿐 아니라, 젠더와 문화를 연결시킨 기존의 관계망이 풀림unraveling을 표현한다.

이주여성은 전지구화와 더불어 전지구성globality을 구현하는 거시 구조의 파트너이며 로컬리티 차원에서 미시 행위자이다. 동시에 전지구성의 거시 구조의 대립과 모순의 담지자인 행위자로서 복잡한 의사결정과 조직과 불확실성에 직면하여 성찰하는 개인이면서도 집단이다. 그러므로 창조성과 진부함, 자아의 폐쇄성과 개방성, 굴종 관계와 책임감을 공유하는 다차원적 존재로 접근이 필요하다.[35]

---

33 Lynn Stephen, *Zapotec Women — Gender, Class, and Ethnicity in Globalized Oaxaca*, Duke University Press, 2005, pp.282~323.

34 Elizabeth Maier, "Migration for Mexican Indigenous Woman", Mattingly · Hansen eds., *Women and Change in U.S.-Mexican Border*..., p.27.

35 Aída Huratado, "Lifting as we climb — Educated Chicanas social identities and commitment to social action", Gutiérrez · Zavella eds., *Mexicans in California*..., p.116.

한 연구 가치 있는 인종, 계급 및 젠더의 교차(intersections) 개념은, 불평등은 설명될 수 없고 오직 인종만을 통해서, 혹은 오직 젠더의 구조틀 만을 통하여 도전될 수 있을 뿐인 각자 특징적인 이론적 전통의 실천자들이란 인식에서 출현한다. 그들이 함께 결합하는 동시에 억압을 형성한다는 두 가지 사안에 관심을 가지지 않고는 누구도 전혀 대답 할 수 없고 심지어 대답을 추진할 수조차 없다. 첫째 연동(interlocking) 개념은 인종, 계급 및 젠더 같은 거시수준에서 연계된 억압 체계를 말하며, 이는 사회적 지위들을 창조하는 사회구조를 서술하는 견본이다. 두 번째로 교차성(intersectionality) 개념은 미시 수준의 절차—즉 어떻게 각 개인과 집단은 '교차성의 은유'로 서술된 맞물려 작동하는 억압의 구조 안에서 사회적 지위를 점유하는지 서술한다.[36]

이주여성은 국적, 종족성, 인종, 사회계급, 젠더 구분, 신체적 능력, 로컬리티가 교차하고 포개지는 정체성을 가지고 이들이 경험한 구조적 억압과 불의에 순응하거나 저항하는 양상을 드러내고 행위자로서 실천한다. 미국-멕시코 국경지대는 제1세계와 제3세계를 나누고 전지구화와 신자유주의 및 관료주의 심지어 군사적 제도를 압도적으로 표현하는 공간이기에 구조와 행위자의 요소가 작용하여 형성된 '로컬 지식'의 탐색 공간 곧 피에르 부르디외가 말한 장site으로 보기에 적합하다.[37]

---

36 Collins, *Black Feminist Thought*, p.82. 교차성(intersectuality) 개념이 너무 추상적이고 사회적 상호작용의 구체성을 표명하지 못한다는 비판은 다음을 참조. Sarah Fenstermaker · Candace West eds., *Doing Gender, Doing Difference, Inequality, Power, and Institutional Change*, Routledge, 2002, intro.

37 Clifford Geertz, *Local Knowledge—Further essays in interpretative anthropology*, New York : Basic Books, 1993.

월경하는 이주여성의 목적은 전지구적 노동시장에 참여하는 것이다. 이들은 유연노동의 담지자로서 전지구적 자본주의의 하청기지인 수출품 조립공장의 조립라인에 노동하는 신체로서 통합되는 지정학적 위치를 구현한다. 이 위치는 집요한 성적 괴롭힘과 철저한 감시로 여성노동력을 저임금에 철저하게 종속시키는 작업장에서 이윤 극대화 전략의 '착취' 명제를 확인하는 고전적인 사례이다. 사스키아 사센은 전지구적 자본주의에서 이주여성의 역할을 다음과 같은 평가했다.

> 너무나 자주 별 가치 없는 경제적 행위자들로 가치절하되어 온 여성들은 글로벌 도시들과 생존을 위해 순환이동하는 작업을 통해서 신경제의 건설과 기존 경제의 팽창에 중요하다.[38]

그러나 전지구적 자본주의 차원에서 이주여성노동자를 보는 관점은 결코 동일하지 않고 통상 세가지 명제로 분석된다. 첫째는 통합integration 명제 : 산업화가 그들을 형식적formal 노동력으로 흡수시켜서 여성들에게 경제적 혜택을 제공한다는 관점. 둘째는 착취exploitation 명제 : 자본주의가 가부장적 관계를 이용하여 여성을 저임금 노동력 대상으로 창조한다는 관점. 셋째 주변화 명제 : 산업화는 남성노동자에게 유리하고 여성노동자는 고용의 주변부로 밀려난다는 관점이 그것이다. 2005년 3월 현재 미국 거주 미등록 멕시코인 성인 가운데 39%인 200만이 여

---

38 Saskia Sassen, "Global cities and survival circuit", Barbara Eherenreich · Arlie Russell Hochschild eds., *Global Woman, Namies, Maids, and Sex Workers in the New Economy*, New York : Metropolitan Books, 2004, pp.254~74.

성이고 이주의 경험이 축적 되었다.[39] 국경도시에 거주하거나 임금 지불이 상대적으로 순조로운 직장 예컨대 조립공장 여성노동자들은 쇼핑이나 여가용으로 단기 월경카드border crossing card를 발급받아 사용하다가 월경을 감행한다.[40] 물론 실제 사례는 더욱 복잡하다. 최근 멕시코 측 국경지대에는 초기에 80~90%에 이르던 조립공장 여성노동자 비율이 절반 이하로 감소하는 추세이고 '노동의 여성화' 패턴이 부단히 변화하고는 있지만, 조립공장의 이상적 노동자상은 여전히 젊은 여성이다.[41] 거시적 수준의 연구는 여성이 숙련노동이나 상대적 고임금 직종으로 전환과 고용을 가능하게 만드는 교육과 훈련에서 배제되면서, 전지구화 경제에 의해서 주변화 및 착취를 겪는 양상을 젠더 위계로서 보여준다. 예컨대 국경지대 여성의 사회활동에는 생명을 위협하는 폭력이 상존한다. 멕시코 측에서는 마약조직인 카르텔 대vs 카르텔, 카르텔 대vs 경찰과 군대의 공권력 심지어 공권력 대 시민 사이에 살육전이 끊임없이 전개되고 그 와중에 무고한 시민들이 희생되는 폭력의 공간정치가 작동한다. 그 배후에는 신자유주의 전지구화가 추동하는 젠더화된 신체의 착취 작업에서 여성이 열악한 노동과 거주조건에서 자본

---

39 1980년 조사로는 멕시코 출신 여성의 미국 이주는 5년간 30만 명 정도였지만 2004년에는 5년간 110만 명으로 보고되었다. Douglas S. Massy · Jorge Durand · Nolan J. Malone, *Beyond Smoke and Mirrors—Mexican Immigration in an era of Economic Integration*, Russel Sage, 2002, p.134; Katherine M. Donato · Brandon Wagner · Evelyn Patterson, "The cat and mouse game at the Mexico-U. S. border—gendered patterns and recent shift", *International Migration Review* Vol. 42 No. 2, 2008, pp.332~3.

40 Ellen R. Hansen, "Women's daily mobility at the U. S.-Mexico border", Mattingly · Hansen eds., *Women and Change at the U. S.-Mexico Border...*, pp.42~4.

41 Susan Tiano, "The changing gender composition of the maquiladora workforce along the U. S.-Mexico border", Doreen J. Mattingly · Ellen R. Hansen eds., *Women and Change at the U.S.-Mexico Border—Mobility, Labour, and Activism*, The University of Arizona Press, 2008, p.88.

과 남성의 감시와 성희롱 및 폭력에 시달리는 현실이 작용한다.[42] 유명한 것은 마약조직의 폭력 특히 납치·고문·강간·신체 절단을 자행하여 도시외곽이나 빈터에 내다버리는 여성살해feminicide이다.[43] '여성살해'는 시민/폭력 조직, 시민사회/국가, 빈자/부자, 소수종족/백인 엘리트, 청년/기성세대, 여성/남성의 권력 행사적 폭력이 젠더화되고 인종화된 신체를 물신화된 소모품으로 치부하고 자행하는 죽음의 폭력을 사회통제용으로 자연화 시킨 '정치적 동기를 가진 성적 폭력'이다.[44] 특히 사회활동과 경제적 독립의 잠재력을 가진 젊은 여성과 고학력 여성이 남성 폭력의 대상인 배경에는 여성의 경제활동이 가부장제를 동요시킬 것을 우려하고 이를 저지하려는 의도가 작용한다.[45] 여성의 이주에 따른 활발한 사회활동이 전개되는 할리스코 주가 여성에게 가장 폭력적인 주 가운데 하나라는 조사 결과는 그와 같은 추정을 뒷받침한다. 여성이 감행하는 월경은 가내적 폭력과 사회적 폭력에서 벗어나려

---

42 Leslie Salzinger, "Manufacturing sexual subjects—'Harassement', desire, and discipline on a Maquiladora shopfloor", Denise A. Segura·Patricia Zavella eds., *Women and Migration in the U S-Mexico Borderlands—A Reader*, Duke University Press, 2007, p.179.

43 Leslie Salzinger, "Reforming the traditional Mexican woman—making subjects in a border factory", Pablo Vila ed., *Ethnography at the Border*, U. of Minnesota Press, 2003, pp.46~72; *Genders in Production—Making Workers in Mexico's Global Factories*, Berkley : U. of California Press, 2003; Mercedes Olivera, "Violencia Feminicida—violence against Woman and Mexico's structural crisis", Rosa-Linda Fragoso·Cynthia Bejarano eds., *Terrorizing Women—Feminicide in the Américas*, Duke University Press, 2010, pp.49~58.

44 Rosa Linda Fragoso, "Toward a Planetary Civil Society", Segura·Zavella eds., *Women and Migration...*, p.36; "The victims of Ciudad Juárez Feminicide—Sexually fetishiezed commodities", Fragoso·Bejarano eds., *Terrorizing Women...*, pp.50~58.

45 D. A. Segura, "Working at motherhood—Chicana and Mexican immigrant mothers", Segura·Zavella eds., *Women and Migration...*, p.383.

는 불가피한 선택인 측면이 있다. 그러나 그 과정에서 빈번히 감시요원들의 군사화된 무기인 강간폭력을 겪는다.[46] 비록 월경에 성공해도 그것이 물리적 폭력과 성적 폭력의 절대적 감소를 보장하지 않고, 일부는 '밀입국 비용 지불용 성노예'로 납치된다. 젠더 평등은 폭력의 일시적인 방지책일 뿐이다. 성인 여성에 대한 폭력이 멕시코에서 33~65%라면 미국에서는 11~65%인 것을 보여준다.[47]

폭력의 위험을 감수한 월경 이후 이주여성들은 주로 노점상이나 가사도우미 또는 육아노동자로 종사한다. 멕시코계 이주여성들이 주로 시간제나 전일제 가사도우미나 돌봄노동자로 취업하는 것은 잘 잘려진 사실이다. 이들 직업은 젠더화와 인종화가 동시에 진행된 대표적인 직업이다. 그러나 이들은 절반이 미등록노동자인 탓에 통계에 잘 포착되지 않는다. 미등록여성 지위를 유지하면 정부가 생활보호자나 실업보험수급자에게 제공하는 푸드 스탬프food stamp, 복지지원수당, 공공주택지원, 실업급여 등을 받을 수 없다. 이런 제한은 1986년 '이민개혁과 통제법'의 합법화 프로그램을 이수하여 법률적 지위를 획득한 경우에도 적용된다. 2004년 미국 노동통계국 통계나 2007년 국제노동기구ILO 보고서를 참조하면 멕시코계 이주여성들은 통계기준이 14세나 15세로 다르긴 하지만 낮아도 37%, 높으면 76% 정도, 멕시코 국내의 여성들보다 노동자 비율이 높고 1/3은 서비스업에 종사한다.[48] 이주여성

---

46 Sylvanna M. Falcón, "Rape as a weapon of war—militarized rape at the U.S.-Mexico", Segura · Zavella eds., *Women and Migration*..., p.215.

47 Yvette G. Flores · Enriqueta Valdez Curiel, "Conflict resolution and intimate partner violence", Gutiérrez · Zavella eds., *Mexicans in California*..., pp.184~5. Gloria González-López, "Nuncia he dejado terror", Segura · Zavella eds., *Women and Migration*..., pp.224~48.

의 증가는 기존의 노동 구성원 비율을 변화시켰다. LA에서 멕시코계 가사도우미는 1970년에서 1990년 사이에 9%에서 68%로 증가한 반면 흑인여성 가사도우미는 35%에서 4%로 감소했다. 이주여성들이 가사도우미를 선택하는 것은 계획된 희망사항이 아니며 가족의 생계유지를 위한 불가피한 수단일 뿐이다.[49]

그러나 최근 새로운 평가와 해석이 제기되고 있다. 가사노동자는 근본적으로 감정노동자의 성격을 지니고 인종·종족·계급·교육적 배경에서 구성원이 다양해진 한편 고용주인 가구주 역시 경제력, 연령 사이클, 성별 조건이 과거보다 더 다양해졌다. 저임금 노동자로 고용하기를 바라면서도 공적예산을 축내는 자들로 비난을 받는 모순된 환영 대상인 이 여성들은 청소 및 유아 돌봄 등이 주요 일과이지만 최근에는 아동등하교, 환자간병 등 업무의 노동숙련도에서 전문직화 경향도 보인다. 거기에다 노년돌봄의 경우 상대적으로 강한 노동 강도에도 불구하고 나름대로 인간의 존엄성에 관한 성찰의 계기를 제공하는 의미도 없지 않다.[50] 전반적으로 가사도우미는 임금, 노동조건, 개인적 성취를 위한 잠재력에서 양극화 경향이 나타난다. 한편 농업노동자로서 이주여성의 중요한 역할은 새로운 해석의 여지를 제공한다. 그들은 캘리포

---

48 Mary C. King, "Mexican woman and work on both sides of the U.S-Mexican border", *American Journal of Economics and Sociology* Vol. 70 No. 3, 2011, p.615.

49 Pearce, Clifford · Yandon eds., *Immigration and Women...*, p.69 · pp.108~9; 장세룡, 「미국-멕시코 국경 지대와 밀입국자―생명정치 개념과 연관시켜」, 『역사와 경계』 91, 2014.6, 313~51쪽.

50 Pierrette Hondagneu-Sotelo, *Doméstica ―Immigrant Workers Cleaning and Caring in the Shadows of Affluence*, University of California Press, 2001 · 2007, pp.29~60; María dela luz Ibarra, "Mexican Immigrant women and the new domestic labour", Segura · Zavella eds., *Women and Migration...*, p.286 · 304.

니아 들판에서 '인종화된 신체인 동시에 성애화의 대상'으로 늘 남성들의 폭행위협에 노출되어 있고, 하이테크 농장에서 신체를 작업복으로 감싼 채로 짧은 점심시간을 가질 뿐 사회적 교류 관계를 저지당한다.[51] 현재 이주여성들은 국경 경계의 강화로 본향으로 귀환이 어렵고, 결혼과 가족 관계에서 생물학적 모성의 담지자로서 관습과 역할을 지킬 수도 없거나 어렵게 되었다. 그 대신 가사 및 돌봄노동자이며 새로운 형식의 가족을 돌보는 사회적 모성의 담지자로 부각되면서 트랜스 로컬한 사회적 신체지도의 재작성을 요청받는다.[52]

여성들이 이주와 정착 과정에서 가장 중요하게 고려하는 요소는 무엇인가? 여성에게 '가족'은 가장 중요한 가치이며 후원자이다. 이주의 목표는 첫째 더 큰 경제적 기회를 포착하여 가족과 친척을 도울 기회 획득, 둘째 자녀들에게 교육기회 특히 영어교육 기회 증가 셋째, 미혼여성은 결혼 상대를 만나거나 기혼여성의 경우 남편 초청과 재결합을 목표로 삼는다. 최근 여성이주에서 교육문제라는 가치지향의 출현은 앞선 세대보다 고학력에다 취업경험이 작용했을 것이다.[53] 순환이주노동의 경우 여성은 미국 체류기간이 남성의 절반 정도이지만, 정착할 경우 공통적으로 고용과 소비 및 자녀교육의 기회를 좇아 영구정착을

---

51 이들이 겪는 저임금, 의료 접근과 의료보험 미비 등 사회적 장벽에 관해서는 Xóchitl Cas-tañeda · Patricia Zavella, "Changing constructions of sexuallity and risk—Migrant Mexican women farmworkers in California", Segura · Zavella eds., *Women and Migration...*, pp.252~68.
52 Pirrette Hondagneu-Sotelo · Ernstine Avila, "I'm here, but i'm there—The Meanings of Latina transnational motherhood", Segura · Zavella eds., *Women and Migration...*, pp.409~10.
53 Applby, Moreno · Smith, "Setting down roots in the United States", pp.64~74; Pearce, Clifford · Yandon eds., *Immigration and Women...*, p.239.

선호한다. 이는 이주여성들이 역사적으로 여성의 신체를 감시와 통제로 관리한 국가 곧 불안정하고 후진적인 남성국가로부터 탈주를 시도한 것으로 평가 가능하다.[54] 그 결과 과거의 수동적 젠더 역할에서 벗어나 경제 및 정치 활동에 참여하며 독립성을 강화하고, 남편과 더욱 평등주의적 관계에서 협상하며 미국사회에 동화되는 활동적인 노동력 참여자가 된다. 한편 남성이 귀국한 가정은 본향과는 다른 가정의 형식을 성립시켜 '모성'과 '집'의 의미를 재구성한다. 이 '집'의 지위는 결코 안정되어 있지 않다. 이민국 직원의 빈번한 작업장 습격과 미등록 이주여성의 체포시 본국 송환은 '집'의 의미를 매우 불안정하고 유동적이게 만든다.

이 과정에서 이주여성의 위치는 이중적 양상을 보인다. 최근 팀 크레스웰은 랭카스터 학파의 일원으로 존 어리와 함께 이동성 관련 학문 논의를 주도하며 이동 능력과 사회적 정의의 실현 문제를 연관시킨다. 사회적 정의는 젠더, 섹슈얼리티, 인종 문제를 포함하며, 위치가 주변부 공동체에 속할 때 '정의를 가시적으로 실현하는 주변부'에 속하며, 이런 억압의 불균등 지리학은 '서로 다른 이동 역량'에서 역시 명백해진다.[55] 이동성이 '행동을 수행하는 능력'이라면 그것 역시 아마르티야 센이 말한 '실현된 역량' 또는 '직무역량'의 하나로 긍정할 측면도 있다.

우리는 이주민 집단의 잠재적 능력을 촉진시킬 필요가 있으며, 그들을 시

---

54 Felicity Schaffer-Grabiel, "Cyberbrides and global imagineries…", Segura·Zavella eds., *Women and Migration*…, p.510.
55 Time Cresswell, "The right of mobilities—The production of mobility in the courtroom", *Antipode* Vol. 38 No. 4, 2006, pp.741~2.

민사회에서 생산적 참여자가 되도록 자유롭게 놔둘 필요가 있다. 잠재적인 이동성 선택의 자유는 그들에게 민주적 사회에서 능동적인 개발 행위자가 될 기회를 줄 뿐 아니라 그들을 초청한 국가의 자산으로 변화시킬 것이다.[56]

그러나 이것은 일방적인 낙관적 평가의 여지가 있다. 필자는 국경을 거쳐 남부캘리포니아로 이주한 여성들은 이미 바하 캘리포니아에서 가사도우미나 돌봄 노동자 같은 세계화의 하녀로서 참여행동주의를 실천한 경험을 축적한 것이야말로 '역량'의 토대라고 판단한다. 이주여성들은 멕시코에서 70년대 도시민중, 80년대의 도시노동자 권익 투쟁에 참여하여 여성의 지위향상 노력에 동참했다. 이들은 다양한 사회역사 및 정치적 조건에서 여성운동, NGO 사회운동과 정치에 참여하여 사회적 조건의 변화만이 아니라 젠더 관계에서 사회의 더 큰 변화, 여성복지 또는 사회적 관계의 대안적 모델을 모색하고 일상생활에 지대한 영향을 끼치는 정치적 삶에 관심을 표명한다. 그러나 그들의 구체적 활동은 참여조직이 지향하는 페미니즘의 경향과 활동의 전문영역, 개입영역에 따라서 크게 다르다. 샌 디에고/티화나 같은 국경도시에서는 미국 측 대안對岸도시에서 활동하는 비정부기구NGO들과 국경을 넘어 트랜스컬적 상호연대 활동을 전개하는 경우도 많다.[57] 이 과정에서 이주여성

---

56 Tanu Priya Uteng, "Mobility—Discourses from the Nonwestern immigrant groups in Norway", *Mobilities* Vol. 1 No. 3, 2006, p.460.

57 역사적 페미니즘은 여성의 가사노동, 낙태, 섹슈얼리티, 폭력과의 투쟁하는 중산계급 여성 중심 운동이라면 민중적(popular) 페미니즘은 저소득 계급 출신들이 빈곤과 주변화에 맞서 주거, 도시 서비스, 및 생활 환경 개선을 요구한다. 사회적 페미니즘은 NGO를 통해서 민중적 페미니즘과 같이 정치 및 이념적 차이 인정이 공통의 포섭적 기획에 필요함을 긍정하며 역사적 페미니즘과 민중적 페미니즘 사이에 중재를 시도한다. Silvia López Estrade, "Women's NGOs and Political participation in Baja California", Mattingly · Hansen

들에게 새로운 시민참여 공간이 생겨나서 형식적 정치와 비형식적 정치 사이를 '매개'하는 경험을 겪는다.

4. 저항과 협상의 행동주의

멕시코계 이주여성들은 전지구적 자본주의가 노동시장의 유연화 구현, 곧 임금과 고용의 약탈적 관리에 가장 적절한 대상으로 삼는 직접 요청에 직면한 존재이다. 한편 고용주들에게 이주여성은 어떤 존재인가? 저임금 이주여성노동자의 채용은 경영에 유리하다. 무엇보다 노동조합의 교섭력을 약화시키고 임금을 비롯한 혜택을 감소시키는데 유용하다. 무노조 노동이 하필이면 캘리포니아 지역에 특별히 많은 것은 바로 이들 이주여성노동자의 채용과 연관이 있다. 그 결과 특히 노동조합 소속 남성노동자들은 작업장에서 이주여성노동자들이 자신들의 직업 전망과 임금수준을 손상시킨다고 부정적으로 평가한다. 그러나 이주여성들은 비록 전지구적 자본주의 사회구조에 참여하는 한 요소에 불과하지만 그와 동시에 이에 맞서는 행위자로서 페미니즘, 환경운동, 각종 공동체 지역 조직 운동, 치카노 문화운동 및 정치적 결사에 참여하며 사회운동의 영역을 확장시키고 있다. 그 배경에는 신자유주의 경제모델이 사회적 프로그램을 위한 공공기금과 로컬 커뮤니티가 기초적으로 요구하는 정부의 사회복지 서비스 지출을 삭감시킨 결과가 작용한다. 멕시코의

eds., *Women and Change in U.S.-Mexican Border...*, pp.160~72.

경제위기와 구조조정은 사회복지 관련 정부기금을 삭감시켰고 미국의 복지개혁 정책도, 주로 비-시민 곧 멕시코계 이주민들을 희생양 삼아 사회적 지출을 삭감시켰다. 그 결과 가중된 생계 압력은 새로운 형식의 정치참여를 촉진했다.[58] 예컨대 미국 시민의 사회적 재생산을 지원하면서도 이주여성에게는 지원을 제한한 결과 사회복지 서비스가 사사화privatization된 사적영역에서 돌봄 노동 여성들이 새로운 역할을 담당하는 행동주의자이며 공동체 지도자로 개입할 협력공간이 확대되었다.

여성들은 전지구적 재구조화의 변화가 가져온 물리적 억압과 폭력에 도전하고 저항을 조직할 기회의 포착이 가능해졌다. 그들이 발견한 것은 국경지역의 급격한 구조변화 가운데서 권리강화와 적극적 변화의 모색이 필요한 공간이다. 이것은 여성이주의 증가로 콜로니아와 위성 공동체에 제2세대가 출현하여 합법적 자격을 갖춘 이주민이 증가하고 여성의 사회적 경험이 확장된 것과 연관 있다.[59] 특히 콜로니아에서 주택 문제를 비롯한 공적 관심사들이 사적 관심사로 취급받는 신자유주의 공간으로 구조화된 양상은 여성의 경험을 다양화 시켰다. 이때 여성 활동가들의 중심 이데올로기는 과연 무엇일까? 국가의 지원이 부족한 콜로니아에서 커뮤니티 지도자들은 비정부기구와 협력이 불가피했다.

---

58 Nancy A. Naples, "Changing the term", Nancy A. Naples · Manisha Desai eds., *Women's Activism and Globalization—Linking Local Struggles and Transnational Politics*, Routledge, 2002, pp.3~14.

59 Applby, Moreno · Smith, "Setting down roots in the United States", Naples · Desai eds., *Women's Activism and Globalization…*, pp.64~74. Carol Mueller · Michel Hansen · Karen Qualtire, "Closing reflections—bordering human rights, social democratic feminism, and broad-based security", K. Staudt · T. Payan · Z. Anthony Kruszewski eds., *Human Rights along the U.S-Mexico Border—Gendered Violence and Insecurity*, Tucson : The University of Arizona Press, 2009, p.129.

비정부기구들은 특히 여성을 사회적 생산에 자발적 참여하도록 동원하는, 미셸 푸코의 말을 빌리자면 '통치성'의 테크닉을 작동시켰다. 이것은 '콜로니아'의 확장과 그것을 운영하는 비정부기구들이 사실은 신자유주의의 산물인 점에서 개인의 책임을 강조하는 자조self-help야 말로 최우선 덕목이라는 신자유주의 이데올로기를 작동시킨 것이다.[60] 그 결과 여성은 엉겁결에 국가가 수행해온 일을 대신 떠맡아서 '젠더화된 사회로 재구조화'시키는 역할을 감당한다. 그들은 거기서 그치지 않고 국가, 커뮤니티, 비정부기구가 상호교차 작용하는 신자유주의 공간에서 고립된 개별 행위를 넘어 기존 질서와 구조에 저항하고 변화를 모색한다. 노동운동에 참여는 물론, 가톨릭교회의 활동에 적극 참여하고, 홈리스 자선, 빈민의 병원 접근 후원, 심지어 이웃 멕시코인 커뮤니티들을 돕고자 국경을 넘어 활동한다.[61] 현실에서 이주여성 활동가와 지도자는 빈곤한 커뮤니티 출신인 경우가 많다. 일부는 비고용자로서 '타인을 도울' 시간 여유를 자각하고 활동하지만, 많은 사례는 저임금 장시간 노동자로서, 주말과 일과 후에 '형편이 어려운' 사람들을 도와준다.[62] 그 과정에서 이들은 새로 경험한 현실에서 자율성 확보 노력에 자부심을 갖고 자기계발 과정으로 삼는다.[63]

---

60 Rebecca Dolhinow, *A Jumble of Needs — Women's Activism and Neoliberalism in the Colonias of the Southwest*, Minneapolis : University of Minnesota Press, 2010, p.29 · 49 · 81. 저자는 콜로니아를 단순히 이주민들에게 집을 제공하는 차원을 넘어서 신자유주의적인 자립적 시민 생산의 장으로 평가한다.

61 Ignacio López-Calvano, *Latino Los Angeles in Film and Fiction*, pp.150~2.

62 Hurato, "Social identities and social action...", Segura · Zavella eds., *Women and Migration*..., p.125.

63 Coronado, "Styles, strategies, and issues of woman leader at the border", Mattingly · Hansen eds., *Women and Change*..., pp.150~6. 중간층이나 소수 상층 계급의 여성들 역시 종교적 의무로서 혹은 멕시코에서 소속되었던 정당의 당원, 보건의료 관련 정부지원 요

이주여성들은 국경지대 여성노동자로서 자율성 확보를 위해 작업장 관계망을 구성하고 사회적 접촉 통로를 마련한다. 대체로 일정 수준 학력의 젊은 여성들은 비정부기구를 통해서 젠더 연대gender solidarity를 구성한다면, 상대적으로 저학력 고령 여성들은 종교적 커뮤니티와 접촉하여 정신적 정체성spiritual identity 확보를 시도하며 그것을 토대로 자본과 가부장제에 저항의 길을 모색한다. 어떤 경우에는 관계망을 유지하는 능력과 능동적인 영성적 정체성이 결합한 해방신학 형식의 가치와 신념도 표현한다.[64] 이주민 커뮤니티에서 여성은 아내이며 어머니로서 수퍼맘 역할을 하라는 전통적인 기대 곧 가족을 돌봄과 양육을 넘어 공동체 지도자라는 책임감 사이에서 협상하는 존재이다.[65] 특히 여성은 남성보다 공동체에서 시간을 보낼 경우가 더 많아서 공동체의 복지 관련 개선사항을 두고 공적으로 투쟁하는 지도자로 발전할 기회를 창조했다. 이들이 특별한 평등주의적 관계를 가져서가 아니라 콜로니아가 기존의 젠더 이데올로기를 새로운 맥락에도 이식하여 억압의 패턴을 부과하며 이에 맞설 기회를 제공했기 때문이다. 그러나 레베카 돌리나우는 그런 기회가 일반적인 것은 아니고 전통적인 젠더 역할과 재협상을 전개 가능한 입장에 있는 자들에게만 주어졌다고 본다.[66] 이들

청 운동 등 다양한 기원을 가지고 대체로 관료들과 공식적 접촉에 치중하고 은밀한 참여를 선호하며 참여한다.

[64] Anna Bergreche, "Autonomous through Work Participation", Naples · Desai eds., *Women's Activism and Globalization*..., p.99.

[65] Irasema Coronado, "Styles, strategies, and Issues of women leaders at the border", Mattingly · Hansen eds., *Women and Change at the U.S.-Mexico Border*..., pp.146~150. 코로나도는 이주여성의 행동주의의 동기를, 고통에 근거한 행동주의, 필요에 근거한 행동주의, 초대받은 행동주의자, 종교적 행동주의자, 노동에 근거한 행동주의, 외부에서 들어온 행동주의자로 구분한다.

[66] R. Dolhinow, *A Jumble of Needs*..., p.118.

의 행동주의 전략은 정부의 지원을 목표로 정치조직 형성, 시민결사 asocianes civiles 또는 자원봉사 등의 자율조직 형성을 목표로 삼고, 여기에는 미국의 후원자들이나 국제적 기관들의 영향도 작용한다. 대표적인 것이 이주여성 가사도우미들이 대거 참여하여 현재 자원봉사자들의 지원으로 운영되고 있는 가사노동자 권리 운동 조직이다. 이들 조직은 젠더와 출신지nativity를 교차시켜 폭넓은 구조틀 안에서 이주여성 가사노동자들의 권리와 형평을 쟁점으로 삼는다. 노동착취의 경험에 맞서 이들 조직은 고용계약의 수준, 권리헌장, 입법개혁 활동에 매진했다. 그들의 중요한 활동은 가사노동자며 이주노동자로서 권리 인식을 증진시키는 것이다. 한 여성 가사노동자의 말을 들어보자.

> 니는 일요일을 기다린다. (…중략…) 그것이 내가 집에서 외출하는 이유이다. 우리는 거기서 프로그램을 만들고 다른 여성들을 만난다. 나는 행복을 느낀다. 거기 나가기를 시작하기 전에는 나는 두려움에 겁먹고 있었다. 지금 나는 세계에서 무엇이 일어나는지 안다. (…중략…) 우리는 서로 도우고 심지어 고용주에게 말하는 방법까지도 배운다.[67]

이들 공적 공간은 여성들이 조직활동을 통하여 개인적이고 전문직업적 성장, 정서적 및 사회적 생계유지, 취업추천, 심지어 정치적 동원에 참여까지 가능하게 만들기에 중요하다. 여성의 조직 참여활동은 숙련기술 습득을 촉진하고 개인 및 직업적으로 직면하는 도전에 맞설 자

---

[67] Pearce, Clifford · Tandon, *Immigration and Women...*, p.124.

신감을 고취한다. 그런가 하면 영어를 배우고, 친구를 사귀며, 노동과 이주에 관한 법률적 문제에 교육을 받고 권리의 변호와 투쟁 방법을 배운다. 이주여성노동자들은 이 조직을 '집', '피난처' 그리고 '안식처'로 여기며 폭력적 현실에 대응하고 국가의 보살핌과 법률적 혜택에서 배제된 상황에 집단 대응할 용기를 가지게 된다. LA와 샌프란시스코 같이 이주여성 가사노동자가 집중된 도시에서 조직 활동으로 공적 지지를 확산시키고 적합한 입법을 향한 적극적 진보를 성취하는데 정치적 지지를 획득했고, 이 과정에서 미디어는 숨겨진 사실들을 발굴하여 쟁점화에 기여했다. 그러나 현실에서 고용주들은 시간, 임금, 노동자 기숙비에 관한 이런 규제입법들을 교묘하게 무시하며 이주여성노동자들의 권리 실현을 저지하는 경우가 다반사다. 물론 이주여성노동자들 모두가 사회적 빈민으로서 서비스 업종에 참여하는 것은 아니다. 소수 전문직 종사자가 있지만 통상 여성이 선호하는 직장이며 전통적으로 임금 수준이 낮은 이들 직업은 흔히 '핑크-색깔 직업' 또는 '핑크 게토들' 이라고 불린 영양사dietcien, 사서, 간호사, 초등학교 교사직에도 종사하는 사례가 많다. 이와 같은 직업의 성별 분리는 작업장 불평등을 생성하는 급소이다. 집단 별로 다른 종류의 작업을 맡기는 것은 불평등 대우를 용이하고 정당화하는데 기여하기 때문이다.[68]

---

[68] Pearce, Clifford · Yandon eds., *Immigration and Women*..., p.162. 한편 여성활동가들은 젠더와 무관한(gender-atypical) 직업 분야 확장에 노력하고 있다. 1978년 대통령 훈령 (Presidential Executive order) 11246호는 건축업과 같은 비전통적 산업에 여성참여의 장려를 촉구했고 실제로 엔지니어링이나 건축업에서 여성의 취업이 증가했다. 이 직종들은 비슷한 교육과 숙련기술 수준을 요구하는 전통적인 여성취업 직종 보다는 비교적 고임금 경향을 보인다. 그럼에도 이주여성들은 차별과 문화적 억압, 성적 폭력(harrasment), 직업훈련과 고용 프로그램 결핍으로 채용이 억제되고 있다. 게다가 소방수나 경찰 같은 직업은 직무수행에 요구되는 언어와 교육수준 미흡으로 채용 조건을 충족하기 어렵다. 물론

이주여성 조직들은 2007년 가사도우미 노동자들을 보호하는 연방 입법을 추진하고자 전미가사노동자연맹National Alliance of Domestic Workers 를 결성했다. 또한 일부 비정부조직들과 더불어 '전지구적 권리'라는 방패 아래 유엔인권위원회에 제소했다. 그러면 이들의 행동주의 사고 와 실천에서 원천으로 작용하는 것은 무엇인가? 비록 멕시코계 미국인 모두가 동의한 것은 아니지만, 1960년대 말에 LA의 대학캠퍼스에서 일어났던 치카노chicano 운동의 유산이 중요하다.[69] 그러나 90년대에 들어오면 구조에서 개인의 역사로 설명이 확장되고 협상과 공존이 강 조되는 탈식민주의 전망이 부상하면서 아즈틀란Aztlan 국가 건설이라는 남성적인 보편 공동체university/community 기획에 내재한 거친 이분법적 경계를 넘어서기가 요청되었다. 그 결과 치카노를 종족적 소수자이자 노동계급이며, 여성이며 심지어 성소수자일 수도 있는 다수의 정체성 을 가진 존재로 재인식하는 분위기가 나타났다. 특히 페미니스트들은 이런 아즈틀란 국가-건설 기획이 여성과 성적 소수자를 배제하는 기획 이라고 비판했다. 그럼에도 치카노로서 정체성을 유지하려는 자의식은 여성활동가로서 시위에 참여하고 피켓을 든 도보행진에 참여를 중요시 하고 특히 자녀들과 함께 하는 직접행동 참여는 사회화에 결정적인 영 향을 끼친다. 이들의 행동주의는 이민자녀 학생을 위한 교육개혁추진,

---

이것이 젠더 문제인지 출생지 문제인지 구분이 어렵지만 이주여성 노동자에게는 이들 두 가지 요소 뿐 아니라 인종, 계급 및 젠더가 교차 작용한다.

69 1968년 동(East) LA 치카노의 한 그룹은 흑인들의 '블랙 파워' 선언과 궤를 같이 하여 '브라운 파워'를 선언하며 종속이론에 입각하여 내부 식민지의 식민화된 소수자'로서 자신들의 문화적 유산의 가치를 옹호하고 영토자치, 자결, 공동체 관리, 인종주의 종식 등을 요구하는 치카노 민족주의에 입각한 아즈틀란(Aztlan)국가 건설을 선언했다. Laura Pulido, *Black, Brown, Yellow and Left—Radical Activism in Los Angeles*, University of California Press, 2006, p.81 · 113.

커뮤니티 구성원의 건강 증진 캠페인, 환경보호 행동, 그리고 직접 경험한 성차별주의, 인간혐오와 인종차별주의를 종식시키는 시도로서 중요하다. 그 과정에서 자신들이 국가나 지방자치단체에 공공 기금의 지원을 요청하는 유일한 종족(인종) 집단은 아니라는 자각과 더불어, 미국사회나 멕시코 사회 나아가 국제적으로 비슷한 상황에 처해진 집단과 연대와 동맹을 추구하도록 만든다. 소수자로서 억압에 맞서 전지구적 사회정의를 확장할 필요성, 다양한 종족, 인종, 계급 및 섹슈얼리티 정체성을 가진 사회적 존재라는 자각은 고등교육이나 이익동기에 추동된 것이 아니라는 점에서 '로컬 지식'으로 가치를 유지한다.[70]

여성노동은 여성의 주체적 자율화 곧 권리강화에 어떻게 기여하는가? 작업장은 여성의 참여행동주의를 시험하는 장으로 작용한다. 동시에 또한 내밀한 사적 삶의 영역에서 여성이 겪는 폭력에서 탈출할 자율성의 표현 능력을 계발할 계기도 제공한다. 국경도시 여성들은 사회적 억압을 성장경험으로 변형시키는 능력에서 가장 중요한 요소가 정신적 신앙과 다른 여성들과 관계망 유지라는 점을 보여준다. 여성의 고용과 권리강화 경험과 자율성의 관계는 직업만이 아니라 연령별 경험에 따라 다르다. 교육을 적게 받은 고령이주민들에게 영성이 핵심적 개입요소였다면, 젊은이들에게는 비정부기구 관계망이 경제, 에이즈AIDS 감염, 출산 관련 정보 획득에 중요했다.[71] 남성들이 조직 위계에 따라 정치적 참여의 강도에서 차이를 보인다면, 여성들은 가정사, 자녀 학교,

---

70 Pearce, Clifford · Yandon eds., *Immigration and Women*..., p.233.
71 Ana Bergarereche, "The roots of autonomy through work participation in the northern Mexico border region", Mattingly · Hansen eds., *Women and Change at the U.S.-Mexico Border*..., pp.91~102.

급식, 보건 등 과 관련해서 개인, 가내, 작업장, 커뮤니티 및 정치적 삶
—정부와 대립하는—과 같은 다양한 공간 사이에서 매우 유동적인
모습을 보인다. 남성들이 국가적 사건들을 주로 거론한다면 여성들은
로컬, 커뮤니티 및 가족 관련 쟁점들을 사적영역에서 공적영역으로 이
동시켜 공론화한다.[72] 여성의 노동은 여성에게 일정한 권리를 부여하
는 동시에 주변화와 착취 대상으로 만든다. 적극적 참여행동주의는 여
성이 주변화와 착취를 거부하고 자기 공동체를 변화시키고자 조직하는
방법이다. 이들은 때로는 의제를 설정하고 때로는 더 큰 구조적 변화에
대응한다. 여성들 가운데서는 처음에는 노동조합 활동에 참여하면서
공적으로는 익명을 유지하다가 점차 공개적 활동으로 마침내 전업 조
직활동가로 나서는 경우가 빈번하다. 여성들의 활동에 또한 중요하게
작용하는 것이 문화적 자존심과 커뮤니티의 결속이다.[73] 이것은 미국
사회의 경제활동에 동화되면서도 소비자 개인주의에 몰두하는 문화에
비판적 거리를 유지하는 다층적 태도와 연관 있다.

5. 여성권리 운동의 미래

1994년 북미자유무역협정 체결 이후 발생한 멕시코의 경제 위기는
농민들의 노동이주를 더욱 가속화시켜 이주가 일반화되어 준제도화에
근접한 현상이 되도록 만들었다. 이 연구는 남부 캘리포니아 국경지대

---

72 Ortiz, *Mixtec National Identity*..., p.166.
73 Pearce, Clifford · Yandon, *Immigration and Woman*..., p.232.

멕시코계 이주민의 주거지 콜로니아와 인디오들의 위성공동체 공간에 주목한다. 이 주거지는 고정된 실체가 아니라 전자가 도시경계에서 인접 도시에 흡수되거나 후자가 경계를 확장하여 다른 종족 공동체와 협력 관계도 맺기도 하는 유동하는 커뮤니티이다. 이들 커뮤니티에서 이주여성들은 출신지에 따라서 종교, 관습 등 다양한 문화적 구성요소의 영향을 받고 새로운 거주지에서 주변 환경과 협상하는 이념적 영토에서 활동한다. 이 과정에서 이주여성들은 국민국가가 부과한 물리적 경계를 극복하는 능동적 행위자로서 개인의 역량을 계발하는 기회를 맞는 동시에, 경제적 구조에 귀속된 행위자로서 주변화되고 착취를 받는 존재가 되는 이중의 기회를 맞는다. 독특한 것은 이주여성들이 자기 주거지역의 열악한 사회적 환경의 변화를 모색하는 한편 위성공동체 주민으로서 초국가적 관계를 넘어서 본향인들과 유대관계와 제도적 동맹을 유지하는 트랜스로컬 관계를 유지하는 점이다. 그 관계는 단순히 정치나 경제적 지원만이 아니고 사회적 동맹과 지지를 제공하는 다양한 행위자들의 관계로 구성된다. 이 과정은 주류 국민인 메스티소 이주여성의 경우 주로 젠더와 내셔널리티 개념과 연관시켜 설명되어야 한다면, 원주민 이주여성은 종족성의 문제까지도 개입시킨 연동하는 성찰이 필요하다.

특히 남부 캘리포니아로 이주한 여성들은 하이테크와 생명공학 중심의 신경제가 주도하는 LA로 대표되는 도시에서 가사도우미와 환자간호 같은 돌봄 노동자 심지어 농업노동자로 취업하여 노동관계, 생산 패턴, 재생산 관념, 환경, 커뮤니티 조직과 생활 조건의 변화에 직면한다. 그 결과 변화를 겪는 가족, 커뮤니티, 개인성 개념이 재기의resignified되고, 가치와 목표의 재형성, 주관성과 자율성 및 여성 인권에 관한 존중이 출현한다. 또한 언어능력(스페인어, 영어) 향상, 고등교육에 접근, 숙련기술 습득, 가족계획, 임금의 독자적 관리, 순환이주에서 여성이 주도권을 잡고 가족과 커뮤니티 및 종족성의 재생산에서 역할이 재평가 받게 된다. 이들의 정체성 재협상에는 젠더, 종족성, 계급이 교차하며 연동하고, 그 과정은 젠더 위계와 문화적 실천, 재생산의 표현과 상호 재강화로 개인, 가족 및 커뮤니티의 변화를 자극한다. 이주여성의 조직과 행동주의는 로컬 공간규모에서 전지구적 공간규모까지 걸쳐 있고, 로컬에서의 행동은 곧 전지구적 공간규모에서 저항으로 귀결될 수 있다. 여성 활동가들은 로컬 기업에서 임금증가와 같은 로컬 수준의 활동은 물론, 가사노동자와 이주민의 권리, 미등록 이주민 젊은이의 교육권 보호 그리고 DREAM 법과 같은 국가수준의 정책 제안이 보호받고 국가의 개입이 효력을 발휘하도록 작업했다. 특히 '청원'이라는 새로운 문화를 투쟁의 도구로 삼고 권리 침해에 맞서 사용한다. 그러나 이들이 시민권 없는 비-시민으로서 권리보유자 명단에서 배제된 탓에, 흑인 민권 운동 같은 성공을 거둔 것은 아니다. 그럼에도 이것은 곧 이주여성들이 권리와 시민권을 새로 주장하면서 변화된 사회적 역할과 의미를 재개정하며 권리 행사 능력을 확장하는 것이 외면상 개인적 주체로 성장하는 긍정적 양상을 보여준다. 그러나 한편 전통적으로 남성의 사회적 지리 영역이던 임금노동자며 가구주가 되는 것은 노동부담 가중과 오랜 작업 시간에 종사하며 전지구적 자본주의의 노동기계로 포섭되는 모순을 내포한다. 그런 측면에서 문화적 투쟁의 도구로 법률에 호소하는 것은 이주여성들의 권리 운동을 비판적인 '여분의 시민권extracitizenship' 운동으로 만들

고 행동이 한계에 도달했을 때 이를 돌파할 역량의 양성을 제한하는 문
제점이 있다.

참고문헌

단행본

Brone, Irenne ed., *Latinos and African Woman at Work — Race, Gender and Economic Inegality*, Russell Sage Foundation, 1999.

Castañeda, Alejandro, *The Politics of Citizenship of Mexican Immigrants*, New York : LFB Scholarly Pub., 2006.

Cohen, Jeffrey H., *The Culture of Migration in Southern Mexico*, University of Texas Press, 2004.

Collins, Patricia Hill, *Black Feminist Thought*, Routledge, 2002.(박민선 · 주혜선 공역, 『흑인 페미니즘 사상―지식, 의식, 그리고 권리강화의 정치』, 여이연, 2009)

Cornelius, Wayne A. · David Fitzgerald · Jorge Hernandez-Diaz · Scott Borger eds., *Migration from the Mexican Mixtecca — A transnational community in Oaxaca and California*, San Diego : University of California Press, 2009.

Dolhinow, Rebecca, *A Jumble of Needs — Women's Activism and Neoliberalism in the Colonias of the Southwest*, Minneapolis : University of Minnesota Press, 2010.

Donelson, Angela J. · Adrian X. Esparza eds., *The Colonias Reader — Economy, Housing, and Public Health in U.S.-Mexico Border Colonias*, Tucson : The University of Arizona Press, 2010.

Fox, Jonathan · Gaspar Rivera-Salgado eds., *Indigenous Mexican Migrants in the United States*, University of California, 2004.

Gordillo, Luz María, *Mexican Woman and the other side of Immigration — Engendering transnational ties*, University of Texas Press, 2010.

Gutiérrez, Ramon A. · Patricia Zavella eds., *Mexicans in California — Transformations and Challenges*, Urbana : University of Illinois press, 2009.

Jiménez, Tomás R., *Replenished Ethnicity — Mexican Americans, immigration, and identity*, University of California, 2010.

Kiy, Richard · Christopher Woodruff eds., *The Ties that Bind Us — Mexican Migrants in San Diego County*, Lynne Rienner Pub., 2005.

Klaver, Jeanine, *From the Land of the Sun to the City of Angels — The Migration Process of Zapotec Indians from Oaxaca, Mexico to Los Angeles*, University of Amsterdam, 1997.

Light, Ivan, *Deflecting Immigration —Networks, Markets, and Regulation in Los Angeles*, Russell Sage Foundation, 2006.

López-Calvano, Ignacio, *Latino Los Angeles in Film and Fiction —The Cultural Production of Social Anxiety*, The University of Arizona Press, 2011.

Massy, Douglas S. ed., *New Faces in New Places —The Changing Geography of American Immigration*, Russell Sage, 2008.

Nussbaum, Martha Craven, *Woman and Human Development —The Capabilities Approach*, Cambridge U. P., 2005.

_____, *Frontiers of Justice —Disability, Nationality, Species Membership*, Harvard U. P., : Belknap Press, 2006.

_____, *Creating Capabilities —The Human Development Approach*, Harvard U. P., Belknap Press, 2011.

Ode, Mary E. · Elaine Lacy eds., *Latino Immigrants and the Transformation of the U.S. South*, The University of Georgia Press, 2009.

Ortiz, Laura Velasco, *Mixtec Transnational Identity*, The University of Arizona Press, 2005.

Pearce, Susan C. · Elizabeth J. Clifford · Reena Yandon, *Immigration and Women — Understanding the American Experience-Finding Agency, Negotiating Resistance, and Bridging Cultures*, New York University Press, 2011.

Pérez, Emma, *The Decolonial Imaginary —Writing Chicanas into History*, Indiana U. P., 1999.

Pulido, Laura, *Black, Brown, Yellow and Left —Radical Activism in Los Angeles*, University of California Press, 2006.

Salazar-Parreñas, Rhacel, *Servants of Globalization —Woman. Migration, and Domestic Work*, Stanford U. P., 2001.(문현아 역, 『세계화의 하인들—여성, 이주, 가사노동』, 여이연, 2009)

Saunders, Kreimild ed., *Feminist Post Development Thought —Rethinking Modernity, Post Modernity, and Representation*, New York : Zed Books, 2002.

Sen, Amartya Kumar, *Commodities and Capabilities*, Oxford U. P., 1999.

Segura, Denise A. · Patricia Zavella eds., *Women and Migration in the U.S.-Mexico Borderlands —A Reader*, Duke University Press, 2007.

논문

장세룡, 「멕시코 오아하카주 원주민의 남캘리포니아 이주와 트랜스로컬 연대」, 『인문연구』 67, 2013.4, 245~288쪽.

_____, 「미국-멕시코 국경 지대와 밀입국자-생명정치 개념과 연관시켜」, 『역사와 경계』 91, 2014.6, 313~351쪽.

Light, Ivan · Elsa von Scheven, "Mexican migration networks in the United States, 1980~2000", *International Migration Review* Vol. 42 No. 3, 2008, pp.704~728.

Nussbaum, Martha Craven, "Capabilities as fundamental entitlements—Sen and social justice", *Feminist Economics* Vol. 9 No. 2/3, 2003, pp.33~60.

Riosmena, Fernando, "Pathways to El Norte—origins, destinations, and characteristics of Mexican migrants to the United States", *International Migration Review* Vol. 46 No. 1, 2012, pp.3~36.

Saskia Sassen, "Local actors in global politics", *Current Sociology* Vol. 52 No. 4, 2004, pp.649~70.

Sen, Amartya Kumar, "Human rights and capabilities", *Journal of Human Development* Vol. 6 No. 2, 2005, pp.151~66.

Touraine, Alain, "The subject is coming back", *International Journal of Politics Culture, and Society* Vol. 18, 2005, pp.199~209.

좌담회

젠더와 로컬리티

| 일시 : 2015. 10. 5. 14:00∼18:00

| 장소 : 부산대학교 한국민족문화연구소 세미나실

| 참석자 : 문재원(부산대 한국민족문화연구소, 진행 및 정리)

　　　　　오정진(부산대 법학전문대학원)

　　　　　이유혁(부산대 한국민족문화연구소)

　　　　　이현재(서울시립대 도시인문학연구소)

　　　　　임옥희(경희대 후마니타스칼리지)

　　　　　장세룡(부산대 한국민족문화연구소)

　　　　　정현주(서울대 인문학연구원)

　　　　　조정민(부산대 한국민족문화연구소)

1. 필연인가 우연인가, 로컬리티와 젠더의 만남
―페미니즘이론과 로컬리티연구의 교차점

문재원　반갑습니다. 이번 좌담회는 '젠더와 로컬리티'라는 주제를 잡았습니다. 그래서 '당당한' 젠더 연구자 선생님들을 모셨습니다. 임옥희 선생님, 이현재 선생님, 정현주 선생님 멀리서 오셨습니다. 반갑습니다. 그리고 같은 학교에 계시는 오정진 선생님도 오셨습니다. 연구단에서는 '젠더와 로컬리티' 총서팀에서 자리를 함께 했습니다.

　로컬은 개인들의 일상이 가족 혹은 다른 여러 가지 친밀한 사적 관계망들과 같은 다양한 공간들 안에서 정치화되는 삶의 현장입니다. 여성들은 지역사회의 여러 공간들에서 공사의 영역을 가로지르는 다양한 사회활동이나 경제활동에 참여하고 있습니다. 여기에서 여성들 개인들의 삶과 사적인 공간과 친밀한 관계망이나 다양한 지역 내부의 여성 공간들도 공적인 정치영역 못지않게 중요합니다. 뿐만 아니라, 이러한 개인의 일상은 보다 거시적이고 국가적 지구적 수준의 힘들과 연결되어 있습니다. 사적인 것이 정치적이며 남성중심적인 공사의 분리를 넘어야 한다는 것이 여성주의 정치학의 기본원리로 볼 수 있습니다. 이러한 내용에 바탕할 때 여성주의와 로컬리티는 함께 논의될 수 있는 점들이 많다고 봅니다. 특히 페미니즘 연구와 로컬리티 연구는 주변적이고 소수자이며 타자성에 대한 관심에서 논리적 공통성을 갖습니다. 여성을 고정된 정체성을 가진 존재로 총체화하지 않고 차이를 인정하는 연대와 협력을 목표로 삼고, 이항대립적이고 위계적인 성별 관점에 의문을 제기한 문제의식은 로컬리티 연구의 내용과 방법론에서 설득력 있게 전유 가능하다고 봅니다. 먼저 담론체계에 대한 이야기부터 시작했으면 하는데요, 비판적 근대담론의 수용과 한계라는 측면에서 페미니즘 이론과 로컬리티 연구의 교차점을 먼저 확인하고 갔으면 합니다.

정현주　논의를 시작하기 전에 로컬리티 연구와 페미니즘 연구의 평행선을 얘기를 하자는 의도인 것 같습니다. 둘은 서로 접합될 가능성도 많고, 여러 모로 비슷하게 가고 있는데, 어디에서 몇 층에서 만날 수 있을지 이런 걸 논의를 해보자는 것이지요? 그러려면 여기 있는 분들에게, 특히 로컬리티의 인문학 연구단에서 지금 하고 있는 이 총서가 지향하고 있는 로컬리티 개념이 뭔지를 간단하게 말해 주시면 좋겠습니다. 사실 우리는 로컬리티를 글로벌에 대한 어떤 대항 테제로 통상적으로 사용하고, 로컬이라는 말 자체가 '글로벌'하고 거의 상호변증법적으로 엮인 거잖아요. 그러니 연구단이 지향하는 로컬리티 개념이 여기서 출발한 것인지요? 아니면 '톨로지'라는 말이 나온 걸 보니 그걸 넘어서 뭔가 새로운 논리를 구성하려는 것 같기도 한데요. 그러다 보니 글로벌 담론과 같은 보편성을 추구하는 자기모순에 빠지게 되는 우려도 있을 것 같습니다. 그러면 여기서 이야기하는 로컬리티 개념틀이 우리가 일반적으로 알고 있는 로컬리티나 로컬리티 연구와 같은 부류와는 어디가 핵심적으로 다른지를 먼저 말씀해주시면 거기서부터 이야기를 시작할 수 있을 것 같은데요.

장세룡　로컬리티 연구가 출발점에서 전지구화가 추동한 글로벌리티의 다양한 양상들이 제기한 자극을 받고, 담론의 형성 토대로서 국가중심주의에 대한 일정한 도전과 해체를 시도했다는 측면에서 탈근대적인 성격을 내포합니다. 그러나 문제는 우리가 불가피하게, 문선생님 말씀처럼 로컬리티 개념의 정체성들을 하나의 담론 체계 또는 담론의 질 서로 만들어 나가야 한다는 강박 관념을 바탕으로 작업해 나가고 있다 는 것입니다. 그 과정에서는 우리가 또 하나의 근대적인 장, 근대성을 구현하는 작업으로 되돌아가는 것이 아닌가 이게 출발지점에서 항상 거론된 가장 큰 고민이라고 말씀드릴 수 있겠습니다. 페미니즘 이론에 서 젠더 이론이 남성/여성 이분법을 넘어서 또 다른 젠더를 통해서 또 는 다른 키워드를 통해서 새로운 인간형을 구성하려는 그런 시도가 있 는 것으로 알고 있습니다. 우리 로컬리티 연구에서도 그런 시도가 가능 한 것인지? 곧 글로벌이나 국가도 아니고 로컬도 넘어선 제3의 섹터가 존립 가능한지, 이런 것들이 우리가 직면하고 있는 고민입니다. 로컬리 티는 이것이다라고 단언해서 말씀 드릴 수 없는 것은 마치 페미니즘은 이것이다라고 말할 수 없는 것하고 거의 비슷하다. 그런 점에서 닮았다 고 보아도 좋겠지요.

오정진 로컬리티가 무엇인가? 그것을 개념 규정하기는 상당히 어 려운 것 같아요. 정의하지 않고 듣고 이야기하고 보는 사람들이 그 느 낌을 좀 더 풍성하게 잡을 수 있도록 활동을 하고 계셨던 것 같은데, 제 가 보기에는 좀 더 당당하게 하셔도 될 거 같아요. 젠더연구도 마찬가 지인 것 같거든요. 여성적이든 뭐라고 하든 개념은 사람마다 달라요. 그러니까 적어도 저는 그렇게 생각한다 또는 어떻게 느낀다고 얘기하 지, '페미니즘이 무엇이다'라고 이야기하기는 사실 굉장히 힘들죠. 모 호한 것 같지만, 페미니즘 이론이나 활동이 다른 많은 연구들이나 요즘 의 동향과의 관련 하에서 사실 지평이 더 깊어지고 풍성해지는 것처럼, 로컬리티 연구도 그럴 수 있을 것 같아요. 그래서 오늘 이 자리, 페미니

오정진 로컬리티가 무엇인가? 그것을 개념 규정하기는 상당히 어려운 것 같아요. 정의하지 않고 듣고 이야기하고 보는 사람들이 그 느낌을 좀 더 풍성하게 잡을 수 있도록 활동을 하고 계셨던 것 같은데, 제가 보기에는 좀 더 당당하게 하셔도 될 거 같아요. 젠더연구도 마찬가지인 것 같거든요. 여성적이든 뭐라고 하든 개념은 사람마다 달라요.

즘과의 만남으로 통해 '로컬리티가 어떤 것인 것 같다'라는 느낌들이 폭발적으로, 감히 예기치 못한 방식으로 뻗어나갈 수 있을 거라고 생각해요.

   정현주   로직을 하나 만들게 되면 타자를 설명하는 하나의 grand theory를 또 만들게 되는 건 아닌가라는 그런 두려움인 거잖아요, 그렇죠? 저도 이 딜레마를 피하기 위해서 이렇게 생각을 하는데……, 관계적인 방식으로 로컬리티를 정의하면 될 것 같아요. 여성주의와 공간의 접합에서 둘이 서로 왔다 갔다 할 수 있는 구름다리 같은, 이런 접근 중의 하나가 관계적으로 로컬리티와 같은 공간을 규정하는 것이라고 봅니다. 고정된 여성성과 남성성의 이분법을 극복하는 방법으로 여성이 여성성이라는 어떤 실체, 고정된 오리지널리티originality 안에 있지 않다고 얘기하잖아요. 그래서 여성 간에도 무수한 차이가 존재하고 여러 가지 퍼스낼리티personalities와 정체성이 존재하는 건데 공간도 마찬가지라고 생각해요. 로컬이 뭐냐고 했을 때 로컬을 자꾸 정의하려고 하지 마시고 정의가 없잖아요. 그러니깐 뭐가 아닌 것, 뭐와 비슷한 것,

정현주 고정된 여성성과 남성성의 이분법을 극복하는 방법으로 여성이 여성성이라는 어떤 실체, 고정된 오리지널리티(originality) 안에 있지 않다고 얘기하잖아요. 그래서 여성 간에도 무수한 차이가 존재하고 여러 가지 퍼스낼리티(personalities)와 정체성이 존재하는 건데 공간도 마찬가지라고 생각해요. 로컬이 뭐냐고 했을 때 로컬을 자꾸 정의하려고 하지 마시고 정의가 없잖아요. 그러니깐 뭐가 아닌 것, 뭐와 비슷한 것, 또는 무엇 무엇과 함께 갈 수 있는 거라고 보면 어떨까요? 이런 다양한 구성요소를 뭉뚱그려서 얘기를 할 수 밖에 없는 이유가 로컬리티 안에 내재적인 본질이 없기 때문에 그런 거거든요.

또는 무엇 무엇과 함께 갈 수 있는 거라고 보면 어떨까요? 이런 다양한 구성요소를 뭉뚱그려서 얘기를 할 수 밖에 없는 이유가 로컬리티 안에 내재적인 본질이 없기 때문에 그런 거거든요. 그래서 어떤 장소나 로컬리티를 규정할 때 그것의 오리지널리티는 그 안에서 오는 것이 아니라 그것과 그 외연이 맺고 있는 관계, 그 다양하고 역동적인 관계에서 만들어지는 것이라고 생각하면 어떨까 합니다.

이현재 로컬리티 연구를 한다는 것은 과연 뭘까? 방법론을 생각해 보면 우리가 일상적으로 반복하는 생활 패턴에 집중할 수 있는 공간 스케일이라는 생각이 들었어요. 그러면 우리가 일상이라고 하는 게 뭘까 생각해보면, 생산과 더불어 재생산을 항상 같이 얘기할 수 있는 삶의 단위이자, 사적공간과 더불어 공적 공간을 계속 같이 얘기할 수 있는 공간 스케일이라고 생각되더라고요. 왜냐면 글로벌이나 국가라는 공간 스케일은 시장, 정치 등 공공영역에 대해서 이야기하는 것에 집중되어 있거든요. 이와 달리 생산과 재생산의 일상을 모두 다 얘기하고자 할 때 우리가 유용하게 사용하는 공간적 스케일이 로컬리티가 아닐까요?

바로 거기서 로컬리티와 젠더와의 접점이 있다고 볼 수 있을 것 같아요. 그래서 만약 우리가 로컬리티에 관련시켜 젠더 문제를 논의한다면 일상 안에서 주고받는 이야기들이라든지 정체성, 문화정체성, 이러한 것들이 함께 논의될 수 있는 공간스케일이라는 거지요. 젠더는 사실 공적인 영역을 구성하기도 하지만 사적인 영역을 구성하고 사실은 그 사회전반에 깔려있는 일상을 좌우하는 카테고리이거든요. 특히 재생산문제를 같이 다룰 수 있다는 점, 그게 굉장히 중요하다고 생각하는데 그렇다면 다른 공간 스케일이 아니라 로컬리티가 그런 것과의 접점을 좀 줄 수 있지 않겠는가 생각됩니다.

정현주　저는 여자이자, 엄마이자 대학에 적을 두고 있는 연구자입니다. 지리학자이인 동시에, 이제 페미니즘에 관심을 가지고 두 학문 분야의 접점을 연구하는 학자입니다. 이처럼 다양한 위치 속에서 맨날 끊임없이 진동하는 하나의 주체로서 저를 생각을 해 봅시다. 나는 무엇인가, 또 나는 누구인가를 생각을 할 때 '나는 원래부터 이런 거고, 원래부터 B를 갖고 있고, C를 갖고 있고…….' 이게 아니라 항상 그게 변하는 거예요. 내가 누구를 만나고, 오늘 부산에 오게 되었는데 이 시간과 공간과 관계들의 우연한 접합, 이런 것들을 통해서 나의 정체성과 나의 지평은 매 순간마다 조금씩 변하고 있는 거거든요. 그래서 '나는 뭐다'라고 말할 수 없어요. 마찬가지로 로컬리티와 젠더를 연구하실 때는 특별히 그런 관계적인 측면에 초점을 맞추어서 관련 주제를 발굴하고 또 그런 것을 투영하고 성찰할 수 있는 이론적인 접합을 모색한다면 로컬리티와 젠더연구의 이론적인 토대를 만들어 가는 적합한 출발점이 아닐까 생각이 듭니다. 이런 아이디어는 도린 매시Doreen Massy의 '지구적 장소감'에 입각해서 장소를 규정하는 방식이랑 매우 비슷합니다. 매시는 자기가 살던 동네를 예로 들어 장소란 무엇인가를 풀어나갔어요. 그런데 저는 이러한 방식이 꼭 장소에 국한된 설명은 아닌 것 같아요. 로컬리티도 그런 식으로, 로컬리티 자체가 지구적 장소하고 똑같은 장소는 전혀 아니지만, 그런 관계적 방식으로 정의한다면 젠더를 논의하는 데 특별히 더 유용한 접합점을 찾지 않을까 생각합니다.

조정민 제가 생각하기에는 로컬리티라고 하는 것이 한때 아주 그 많이들 유행했던 중심과 주변이라고 하는 어떤 그런 구도에서 그 주변성을 어떻게 우리가 구현할 수 있을까 또한 다시 한 번 또 이 체계를 어떻게 사용할 수 있을까 이런 논의를 했던 것 같습니다. 결국 저는 이 로컬리티가 아까 선생님들이 말씀하신 지역적 반경이라든지 일상 공간이라든지 글로벌하고 로컬이라고 하는 반드시 어떤 경계적이나 아니면 지역적이라고 하는 어떤 구분만이 아니라, 주변성, 소수성, 타자성 이런 것들을 포함하는 개념으로서 문재원 선생님이나 장세룡 선생님께서는 그런 범주들을 시야에 좀 넣고서 로컬리티라고 하는 용어들을 사용하셨던 것 같아요. 그런 의미에서 본다면, 젠더 논의나 로컬리티 논의라고 하는 것도 결국 주변성이라든지, 타자화된 어떤 존재라든지 그리고 어떤 면에서 로컬이라고 하는 것도 중심에 의해서 구성되는 것, 여성도 마찬가지인 것이 아닌가 생각합니다. 그러니까 어떤 사회적인 구성으로서 로컬이 구현되고 재생산되는가의 문제 그리고 주변화 관련 문제들을 재정리하면서 그런 문제들을 함께 사유하며 접점의 문제를 풀어나갈 수 있지 않을까 생각합니다. 이런 이야기들을 풀어가는 가운데 탈식민, 탈근대, 그리고 신자유주의 같은 여러 논의들이 같이 개입

조정민 젠더 논의나 로컬리티 논의라고 하는 것도 결국 주변성이라든지, 타자화된 어떤 존재라든지 그리고 어떤 면에서 로컬이라고 하는 것도 자체도 중심에 의해서 구성되는 것, 여성도 마찬가지인 것이 아닌가 생각합니다. 그러니까 어떤 사회적인 구성으로서 로컬이 구현되고 재생산되는가의 문제 그리고 주변화 관련 문제들을 재정리하면서 그런 문제들을 함께 사유하며 접점의 문제를 풀어나갈 수 있지 않을까 생각합니다.

되었던 것 같아요. 그래서 아마 이현재 선생님께서 말씀하시는 그러니깐 경제시장이라든지 아니면 일상공간으로서의 로컬을 한정시키지 말고 젠더와 결부시킨다면 소수자 담론이라든지 또는 타자성 담론 이런 것들과 결부시켜 논의를 진행해 보면 어떨까요? 그 가운데서 로컬리티, 또는 로컬리폴리지를 향한 어떤 강박감을 가지면서 젠더연구와 로컬리티연구의 어떤 실마리들을, 아까 선생님께서 말씀하신 것처럼, 평행선이면서 그 어떤 한 점에서 접합할 수 있을지에 대한 문제들을 좀 논의해보자라는 자리인 것 같아요.

이현재 근데 조금씩 달라지지만 주의해야할 상황이 있는 거 같아요. 아까 말했듯이 탈근대담론에서 그 관심에서 출발했다면 사실 제일 비판적으로 봐야 될 것이 중심과 주변을 나누는 이분법화이잖아요. 그러나 로컬을 예로 들어 어떤 중심체계의 하위단위나 중심체계가 아닌 주변으로 보는 방식은 굉장히 위험한 방식이고, 아까 말했듯이 다시 한 번 근대성으로 돌아가서 어떤 장소를 하나의 장소성으로 묶게 되는 결과를 가지고 올 수 있을 것 같거든요. 우리가 만약 또다시 근대적인 어

이현재 그래서 재생산과 생산의 중첩성, 사적영역과 공적영역의 중첩성 그리고 그것이 일상적으로 반복되는 것들이 가장 잘 드러나는 부분으로 이해하고 개념 정리를 해야 할 것 같아요. 그런 생각에, 오히려 로컬리티를 타자성이다 이렇게 하는 것도 되게 위험한 정의인 것 같고요. 이게 사실은 여성주의에서 그동안 논의를 통해서 여성주의도 수정을 거쳐서 온 부분이거든요.

떤 담론으로 회귀하지 않으려면 우리가 해야 될 점은 어떤 중심적인 것에 반대되는 것으로서의 몸이 아니라, 중심과 주변이 중첩되는 위치성이란 말이에요. 그러니까 예를 들어 글로벌리티에서는 사실은 그 중첩성을 설명하기가 되게 힘들거든요. 근데 로컬 단위는 사실은 가장 하위 단위까지를 포함하고 있기 때문에 여기서 중첩성이 가장 잘 설명된단 말이죠. 그래서 재생산과 생산의 중첩성, 사적영역과 공적영역의 중첩성 그리고 그것이 일상적으로 반복되는 것들이 가장 잘 드러나는 부분으로 이해하고 개념 정리를 해야 할 것 같아요. 그런 생각에, 오히려 로컬리티를 타자성이다 이렇게 하는 것도 되게 위험한 정의인 것 같고요. 이게 사실은 여성주의에서 그동안 논의를 통해서 여성주의도 수정을 거쳐서 온 부분이거든요. 우리가 맨 처음에 여성주의 얘기했을 때 남성과 같아지려고 하다가 그다음에는 여성의 차이를 강조하는 식으로 갔지만 여성의 차이를 하나로 말하는 것 자체가 함정이잖아요. 그게 또 우리를 굴레 지을 수 있으니깐. 그렇다면 다양한 여성들이 처해있는 시공간적 상황의 유사성을 통해 남성과 다른 여성의 차이 일반을, 나아가 그 여성들이 처해있는 시공간적 차이의 변별성을 통해 여성들 간의 차이를 설명하는 방식을 택할 수 있는데, 이러한 방법론을 로컬리티의 이해에도 적용할 수 있지 않을까요?

임옥희　요즘 보면, 페미니즘 논의는 정말 기시감이 들어요. 앞선 세대들이 한 30년은 했던 이야기를 지금 20대들은 "우린 그런 이야기 하나도 안 들었어"라고 해요. 그러면 어떤 생각이 드냐면, '우와 정말 끊임없이 다시 시작해야 되는구나', 한번 이야기를 했다고 해서 그것이 바뀌었다고 생각하면 엄청난 착각이라는 거죠. 거의 바뀐 것 없다고 할까요? 미세한 정도의 차이는 있겠지만, 그 미세한 차이가 소위 말하면 변화의 틈새를 낼 수 있다는 정도로 생각해야 되겠구나라는 생각이 있었어요. 그러면서 우리는 지금 젠더리스라는 이야기를 하고 있잖아요? 근데 지금 20대 세대들은 젠더에 너네들 왜 집중 안 하니, 우리 지금 유리천장 때문에 고통스럽거든? 근데 무슨 젠더리스냐고 화를 냅니다. 젠더 범주 하나에 집중해도 부족한 마당에 젠더를 초월하자는 논의가 가당찮은 것이라고 여깁니다. 이 친구들은 오래된 논의를 자기 세대들이 새롭게 시작하는 것으로 여기면서, 과격한 젠더이분법적인 사고로부터 출발하고 있어요. 30년의 세월이 지나면서 좀 바뀌었다고 생각했는데, 20대들에게는 그 세월 동안 쌓였던 게 축적되고 전해졌다기보다는 잊혀져버린 세월이 됩니다. 그런 망각 속에서 어떤 논의들을 얼마만큼 다시 기억해내고, 다시 시작해야 하는가, 라는 생각이 든다는 거죠. 그래서 30년 동안, 우리 이런 이야기들 언급했다. 여성들을 피해자이자 희생양으로만 몰아가서는 안된다. 오직 젠더범주 하나에 치중하여, 젠더만은 전면에 부각시켜 놓았기 때문에 오히려 이게 역효과인 부분

문재원 페미니즘 연구와 로컬리티 연구는 주변적이고 소수자이며 타자성에 대한 관심에서 논리적 공통성을 갖습니다. 여성을 고정된 정체성을 가진 존재로 총체화하지 않고 차이를 인정하는 연대와 협력을 목표로 삼고, 이항대립적이고 위계적인 성별 관점에 의문을 제기한 문제의식은 로컬리티 연구의 내용과 방법론에서 설득력 있게 전유 가능하다고 봅니다.

도 있고, 그래서 젠더와 더불어 젠더를 넘어서 다른 범주들과의 상호관계를 고려하면서 가야 한다고 했던 거죠. 그리고 경계, 그 이분법적인 경계라는 것들이 얼마만큼 경직된 것인지를 비판하면서 끊임없이 해체하려고 했는데, 한 세대 이후의 친구들은 기시감이 들 정도로 젠더의 공간위상을 페미니즘 정치의 최전선에 부각시키는 방향으로 선회하고 있다고 볼 수도 있겠죠.

2. 몸(Body)—공간과 로컬리티를 어떻게 연결할 수 있는가

문재원 일반적으로 이야기되는 영국의 로컬 스터디와 연구단은 유사점도 있지만, 출발점이나 방법론에서 다소 차이를 보여주고 있습니다. 조정민 선생님도 얘기했지만 시각, 태도, 담론 층위에서 주변성이라든지 타자성이라든지 관계성까지 포함해서 로컬 개념들을 재규정하고 의미들을 어떻게 좀 확장시켜 갈 것인가 하는 논의 끝에 젠더담론까지 와 있는 거죠. 이제 젠더와 로컬리티의 접점에서 먼저, 공간, 장소와 젠더의 문제를 거론하지 않을 수 없습니다. 젠더에 따른 공간 분리(거시스케일/미시스케일, 공적 공간/사적 공간 등)와 '로컬' 스케일의 틀에 대한 비판적 고찰을 참조할 때 로컬리티 연구 대상에 대한 탐색과정으로서 젠더와 로컬리티의 문제를 어떻게 설정해야 할지 고민입니다.

오정진　저는 브루노 라투르Bruno Latour의 인간과 사물의 관계에 대한 논의를 상당히 중요하게 생각하는데, 도린 매시의 지구적 장소감이라는 것도 사실 그런 공간 감각의 문제잖아요. 그러니까 관계로 생각하면 어떤 정의로움에 대한 얘기도 당연히 하게 되고, 껍데기라고 할 만한 이분법이 놓치고 있는 차이들을 몸을 따라서, 미세한 걸 극대화시켜서 그 차이를 계속 잘 포착해내고 서술하게 될 겁니다. 그래서 경우에 따라서는 그 body가 어떤 공간의 경계에 부딪히기도 하고, 넘어 가는 사람들도 있을 것이고, 그게 다른 흐름으로 되기도 하겠죠. 그래서 군이 젠더를 얘기 하지 않더라도, 그 몸의 그런 움직임들을 좀 더 면밀하고 풍성하게 그려주는 게 지금 이 두 영역이 만나서 많이 해야 되는 일 중의 하나가 아닌가 생각합니다.

이현재　저는 로컬리티를 글로벌과 좀 대조되는 단어로 생각을 했던 것 같아요. 그러니까 로컬리티라는 것은 보통 일상 반경이고, 일상에서 영위하게 되는 구체적이고 물리적인 혹은 지리적인 반경이라는 생각이 좀 들거든요. 그러니까 뻗어 나간다기보다는 내가 일상을 반복하는 데 있어서 필요한 공간적인 한계 정도를 로컬리티라고 생각했어요. 그렇다면 로컬리티라는 스케일이 주는 젠더와의 연관성이 뭘까 생각 해봤거든요.

임옥희 몸이라는 것은 하나의 정체성을 가진 것이 아니라 온갖 것이 동시에 들어가 있는 부분으로서 비장소성과 비가시성, 그러면서 동시에 장소성과 가시성을 동시에 드러낼 수 있는 것으로 연결된다고 보니까요. 이랬을 경우에 재/생산 문제까지도 로컬이라는 개념 안에 일정 부분 함께 논의가 될 수 있지 않을까라는 생각을 하면서 왔어요. 젠더와 로컬리티를 어떻게 연결시켜 볼까라는 고민 때문에.

임옥희　저는 일단 젠더라는 것을 중심축으로 놓고, 이야기를 한다고 한다면 앙리 르페브르Henri Lefebvre의 단어, 한 구절이 생각이 났었어요. 그게 뭐냐면 '공간의 시간적 파열'이라는 말을 썼는데 로컬리티라는 것이 굉장히 자연스런 공간이지만 이것이 시간성하고 함께 가지 않을 수가 없는 부분들이 있는데 그래 그럼 공간의 시간적 파열이라는 말을 들었을 때 내 머릿속에는 뭐가 들어오지? 라고 하면 늙어가는 몸이 생각나는 거예요, 몸이라는 장소, 장소가 시간의 변화에 따라서 어떻게 자기 안에서 이주를 하고 여행을 하는지의 문제가 시간적 파열이라는 부분으로 이야기가 된다고 한다면 그 안에서 이미 젠더와 로컬리티라는 개념이 전부 다 들어가 있는 건 아닌가라는 생각이 들었던 거예요. 그러면서 일단 그럼 몸을 한번 생각해 보면 어떤가, 인간은 몸이라는 시공간성을 함께 가지고 갈 수 밖에 없는데, 이런 몸 자체가 젠더와 로컬이라는 개념을 연결시켜서 볼 수 있는 것은 아닌가라는 생각이 들었던 거지요. 몸을 중심으로 본다면, 엄마mother라는 단어 자체가 그 안에 타자(m/other)를 품고 있죠. 그랬을 때 몸이라는 것은 하나의 정체성을

장세룡 젠더 이론에서 몸의 문제를 중심에 두고 봤을 때 그 귀결로서 젠더 복수화, 수많은 젠더들이 생겨나는, 이런 일이 생기는 것 아닙니까? 우리가 보기에 그런 과도한 개별화는 어찌 됐든 일종의 데피니션(definition)을 해줘야 되는 로컬리티 연구 입장에서는, 그런 수많은 복수화로 로컬리티를 설명하게 되면 로컬리티의 전면 파편화로 가고 말 것이라는 두려움을 가지도록 만드는 거지요.

가진 것이 아니라 온갖 것이 동시에 들어가 있는 부분으로서 비장소성과 비가시성, 그러면서 동시에 장소성과 가시성을 동시에 드러낼 수 있는 것으로 연결된다고 보니까요. 이랬을 경우에 재/생산 문제까지도 로컬이라는 개념 안에 일정 부분 함께 논의가 될 수 있지 않을까라는 생각을 하면서 왔어요. 젠더와 로컬리티를 어떻게 연결시켜 볼까라는 고민 때문에.

문재원　몸의 문제를 저희도 많이 고민을 해왔습니다. 이걸 우리가 로컬리티의 영역으로 넣을 것인가 말 것인가.

임옥희　넣을 것인가 말 것인가의 문제가 아닌데요. (모두 웃음)

장세룡　그렇습니다. 사실 두 이론이 접합한다는 건 사실이지만은, 왜 많이 주저했냐 하면 사실 젠더 이론에서 몸의 문제를 중심에 두고 봤을 때 그 귀결로서 젠더 복수화, 수많은 젠더들이 생겨나는, 이런 일이 생기는 것 아닙니까? 우리가 보기에 그런 과도한 개별화는 어찌 됐든 일종의 데피니션definition을 해줘야 되는 로컬리티 연구 입장에서는, 그런 수많은 복수화로 로컬리티를 설명하게 되면 로컬리티의 전면 파편화로 가고 말 것이라는 두려움을 가지도록 만드는 거지요. 안 그래도 큰 그림을 그린 이론grand theory을 내 놓으라는 요구 탓에 강박관념에 좀 시달리고 있는 판에 그건 곤란하지 않을까요.

오정진　그러니까, 그냥 묘사만 하고, 이쪽 몸 저쪽 몸 하면서, 분절적이고 파편적으로만 그림을 그리고만 말면 어떡하나, 이런 걱정이신 거잖아요, 근데 젠더 연구를 해보면, 몸을 아무리 그렇게 설정하더라도, 무수한 차이들이 있기 때문에 무수한 차이들은 결코 평균화되지 않아요. 그러니까, 그리고 어시매트리asymmetry가 언제나 있어요. 어떤 축을 가지고 보느냐에 따라서 불균형이 좀 과도하게 보이기도 하고 방향이 90도가 되기도 하고 30도가 되기도 하고, 그렇게 생각하시면 되지 않을까요?

임옥희　아까 정현주 선생님 말을 이어서 생각해본다면, 요즘 중요하게 부각되는 관계성 자체가 경계 짓기와 허물기의 개념과 밀접하게 관련되어 있죠. 요즘 게일 루빈 때문에 이런 생각이 들기도 하지만, 여성의 몸이라는 건 하나의 통로passage거든요. 여성의 몸은 통로이면서 모든 관계를(사실은 친족관계) 만들어내는 매트릭스잖아요. 그러니까 여성의 몸은 비가시적이고, 빈 공간처럼 이야기를 하지만, 사실은 이 여성의 몸이 있음으로 해서 인간친족관계들이 만들어지게 되지요. 그럴 경우 여성의 몸이라는 공간은 공간생산의 중심에 있으면서도 보이지 않는 비-공간이자, 모든 관계의 중심이면서도 무無의 공간이라고 말할 수 있거든요.

이것을 로컬리티를 만들어내는 방식과 연관시켜 본다면, 로컬리티라는 개념 자체가 관계 속에서 '로컬리티다, 아니다'가 되는 것이지, 로컬리티 자체가 고정되어 있고, 이것과 저것의 확실한 데피니션이 있다고 생각하지는 않는다는 말이거든요. 그럴 때 모든 관계들의 총화가 어떤 한 순간에 로컬리티를 만들어냈다가 허물어지고, 경계를 만들었다 해체하면서 끊임없이 변화되어 나가는 것이지, 고정된 어떤 공간성, 시간성이라는 것이 정해져 있다고 볼 수는 없지 않을까 합니다.

장세룡   이제, 그럼에도 몸의 문제로 우리가 그렇게 막 바로 연결시켜 버리면 아까 말한 몸과 몸은 끊임없는 차이만 있는 존재인 것이고 따라서 거기서 모든 경계가 허물어지게 되지 않을까요? 만일 그렇게 된다면, 사실 우리는 뭐 로컬리티라고 하는 것도 설정시킬 필요도 없을 수도 있는 것 아닐까요. 뭐, 로컬리티, 글로벌, 내셔널한 이런 틀 자체도 그냥 차이만 있을 뿐인데 왜 이런 식으로 구분하느냐는 질문도 나올 수 있는 거라고 보는데…….

정현주   저는 몸을 넣기를 주저하는 것이 충분히 이해가 가요. 사실, 지리학자들한테도 몸 이야기를 하면 '아니 지리, 공간을 얘기해야 하는데 왜 자꾸 몸 얘기를 하냐'고 똑같이 반응하거든요. 근데 몸은 우리가 알고 있는 물리적인 신체인 동시에, 또 다른 차원에서도 이론적 유용성이 큰 개념입니다. 몸을 유동적인 개념으로 이해하고 유클리드 기하학을 벗어나 중첩된 공간으로 이해할 수 있어요. 가령 몸의 경계가 뚜렷하지 않고 주변공간과 또는 멀리 떨어진 어떤 공간과 무수한 방식으로 연결되어 있는 변동 좌표라고 상상해 보면 어떨까요? 몸은 그 자체가 공간이자 장소인 동시에 공간과 장소를 구성하고 연결시켜주는 매개체입니다. 지리학자인 제가 봤을 때 몸은 공간이론에서도 특별히 유용성이 있거든요. 몸은 돌아다니잖아요. 모바일mobile하거든요. 그래서 아까 관계성 이야기와 같은 맥락인데, 이 몸을 어떤 스케일scale로 이해하는 거죠. 로컬리티도 상대적이고 중첩적인 스케일인거잖아요. 몸도 하나의 스케일로 봤을 때, 그 몸은 움직이고 돌아다니기 때문에 관계적인 방식으로 스케일의 사회적 구성을 이론화하는 데 유용성이 있어요. 이런 이동하는 관계성을 GIS 기법을 통해 시각화할 수도 있고, 구체적인 사례연구의 설명틀로도 유용한 개념이에요. 그런데 이런 반론들이 있을 수 있어요. 가령 '몸은 다 다르지 않냐, A 다르고 B 다르고 C 다르고……. 전부 다르다면 차이만 있을 뿐 이것들을 엮어내는 하나의 함의, 통찰이 없지 않냐'와 같은 반론이요. 그런데 그것은 몸을 설명하는 방식 나름이라고 생각을 합니다.

임옥희　문제는 몸을 어떻게 은유로 들고 들어오는지가 문제라고 생각해요. body politics라고 이야기 했을 때 그것은 몸에 대한 정치가 아니라 정말 정치 자체가 어떻게 body에 기초해 있는지를 이야기한 하나의 은유라고 생각을 하거든요. 그 은유라는 것이 패러다임을 만들 수 있는 방식이고, 그럴 때 몸이라고 하는 것은 구체적이면서 동시에 추상적인 것이죠. 코라chora라는 개념 혹은 비개념을 예로 들어보죠. 플라톤식으로 이야기하자면 코라는 식민화된 공간이죠. 고대도시를 중심으로 해서 그 주변이자 변방에 속하는 공간들(농촌, 지역, 식민지역)을 코라라고 했거든요. 몸의 은유가 젠더 패러다임을 중심으로 하는 하나의 척도scale가 된다면 유용한 도구가 되지 않을까라는 생각이 들기도 해요.

문재원　로컬리티 연구가 실증적이고, 구체적인 지역, 장소성을 다루는 것에 굉장히 익숙해져 있고, 그러한 것들을 통해 무언가 가시적인 것들을 드러내는 요구도 많이 받아요.

장세룡 그렇죠. 가시적인 요구를 받다 보니깐 몸에 대한 연구는 잘 못하면 개체와 개별에만 집중하는 소재주의로 그칠 수 있다는 우려가 드는 거지요. 끊임없이 빠져드는 늪처럼 말입니다.

임옥희 요즘 시리아 난민 사태를 목격하고 있지만, 이동, 움직이는 사람들, 노동력과 모든 것들이 다 움직이고 있을 때 거기 구체적인 body 없이 움직이는 것은 아니지 않느냐라는 거죠. 그 움직임은 무력하지만 그럼에도 장벽의 구멍과 틈새와 갈등을 전파하는 하나의 경계넘기의 시도잖아요. 불법노동력 문제, 저출산시대의 인구문제, 다문화적 갈등도 묻혀오고 온갖 것들이 교환되는 거잖아요. 글로벌 시대 트랜스하는 통로이자 다공성多孔性이라는 거죠.

3. 관계의 프랙탈 속으로
─개체화된 장소인가, 다시 연결되는 그물망인가?

장세룡 개체들 사이에 수많은 관계만 존재한다고, 다양한 관계 속에 하나의 민족이나 하나의 계급이라 말할 수 없는 다양한 것들만이 존재한다 이런 식으로 말하게 되면 이제 끊임없이 분산된 존재들만이 남게 된다는 생각이 듭니다.

정현주 너무 차이를 강조한다는 말씀이시죠?

장세룡 만일 무수한 차이만 있게 된다면 그것에 대한 어떤 지배적인 비판을 넘어서는 도전이나 저항이 어떻게 나오겠는가, 그런 의문도 가지지 않겠습니까. 그런 경우 오직 개별적인 사이의 무수한 미시적인,

극미시적인 저항만 있다 뭐 이런 얘기로 끝이 나버리는 게 아니겠습니까? 개별적인 저항이라 하더라도 개별 저항 이런 것이 모두가 서로 다르기 때문에 그렇게 됐을 때는 세계 변화라든기 그런 깃들의 준거점 마련이 어떻게 가능할 것인지 의문이 듭니다.

오정진 근데 꼭 주체화나 저항이 교집합을 통해서만 이루어지는 것은 아니잖아요. 세계가 확장되는 것일 수도 있는 거잖아요. 지금 사람들이 실제로 움직이고 연대하는 것은 교집합에 의해서가 아니라 연대할 수 있는 가능성, 유추 가능성 그것 때문이 아닐까요?

장세룡 제가 말씀드리겠습니다. 온라인이든 오프라인이든 수시로 만났다 수시로 흩어지는 '부족의 시대' 개별 행위자들의 행위에 그렇게 의미를 부여하는 것은 너무 낙관적인 생각이 아닌가 의문이 듭니다. 개별 행위자의 반복되는 행위가 새로운 의미를 가진 장소를 만들어 낼 것으로 기대는 해봅니다만, 심지어 2011년 다중이 목소리를 하나로 묶었던 오큐파이 운동 같은 것조차도 분산되고 재현되지 않으며 대표되지도 않은 행위로 남아 버리는 현실 아닙니까. 저는 현재의 일상 행위들이 자본의 흡인력에 흡수되어 새로운 변화의 동력을 가져올 요소는 하나도 남아 있는 것이 없는 것 같아서, 그런 걸로 끝이 나고 마는 것을 두려워할 뿐이지요.

오정진 아니 실제 어떤 특정한 움직임이 아니더라도 일상의 개인들이 사는 것 자체가 저항이고 운동일 수 있는 거죠.

임옥희 그것은 자기를 바꾸는 거지 제도라든지 권력과는 접속이 없지 않은가요?

오정진 왜요, 모든 제도와 우리는 접속해요. 누가 이상한 소리할 때 이상하다고 한마디 하거나 아니면 흘겨라도 보는 것 자체가 제도에 균열을 일으켜요. 저는 그렇게 철석같이 믿고 있어요.

문재원　지금 장세룡 선생님은 그런 균열을 일으킨다는 지적에서 끝나는 것에 대해 매우 불만족스럽게 생각하고 있네요. 어떻게 넘어서서 어떻게 나갈 수 있는 이런저런 방법을 좀 내어달라 하고 있어요.

장세룡　정치의 문제에서 다시 본다면 아까 그 '째려보는 것도 정치'다 하면 미시정치 가운데 하나라고 말할 수 있기는 하겠지요. 다만 그렇게 할 때 자기 경쟁으로 내모는 통치성에 입각한 신자유주의적 질서, 이런 질서가 부여하는 균일성 같은 이런 식의 끊임없는 미시화와 분절로만 귀결될 때 과연 뭐가 가능하겠는가 한번 냉소적인 의문을 제기해보는 거죠.

이현재　제가 생각할 때는 그렇거든요. 사실 막시스트들은 오랫동안 구조나 제도를 통째로 바꾸는 일을 모색해왔고 페미니스트들도 남성중심적 체제에 대항하는 하나의 grand theory를 만들기도 했어요. 그런데 grand theory에 대항하기 위해 또 다른 grand theory를 하나 만들자는 차원에서 자꾸 얘기하다 보면 그것은 오히려 현실적으로 매우 실현불가능한 결론으로 나아가기 십상이죠. 따라서 저는 다양한 구조와 제도의 모순들이 일상에서 만나는 로컬리티를 중심에 두고 새로운 이론과 실천방안을 마련하면 이런 문제들을 해결할 수 있는 방법이 나올 수 있는 게 아닌가 생각했거든요?

장세룡　서로 나누어져 있는 자들의 관계성과 차이의 관계성 이런 식으로만 계속 이야기된다면 우리가 지금까지 로컬리티 연구가 해온 방식의 훈훈한 로컬리티, 알고 보니 어질고 연대하는 따뜻한 낭만적 로컬리티 이런 식으로 귀결되겠죠.

정현주　아니죠. 그 차이들이 다 무조건 점묘법처럼 흩어져 있다는 것이 아니잖아요. 가령 선생님은 부산이라는 특수한 로컬리티에 종속되어 있으면서도 그것을 바꾸고자 하고 있는 어떤 역할을 하는 사람 A라고 가정한다면 저는 또 다른 맥락에서 또 그렇게 하고 있는 것이지요. 하지만 로컬리티에는 전지구적 모순, 국가와의 대립 등이 녹아 있어요. 서로 차이는 있지만 그것들을 나름의 방식으로 엮어간다는 점에서 모든 차이를 지닌 로컬 주체들은 어떤 구조의 구성원들이지요. 그래서 구조와 행위가 로컬리티라는 맥락에서 만나고 싸울 수 있는 것이에요. 이걸 좀 구체적으로 현실적으로 얘기해 보자면 지구적, 국가적 차원의 아젠다는 각각의 로컬에서 다른 식으로 구체화되지요. 예를 들자면 지구적 국가적인 차원에서 이주여성의 문제가 있지만, 수도권에서는 그 초점이 노동환경 개선에, 충청북도에서는 결혼 및 재생산 환경 개선에 놓여 있을 수 있지요. 이 경우 이주여성의 삶을 질적으로 고려하는 로컬리티의 정치는 국가적, 지구적 정치와 연동되어 있어요. 따라서 로컬리티의 정치는 서로 다른 당면과제를 가지지만, 지구적 혹은 국가적 차원에서의 문제에 연대할 수 있는 가능성을 갖게 된다는 것입니다.

장세룡　대안으로써의 로컬리티라는 말에 가슴이 벅차오릅니다. 로컬리티 연구가 엄청난 위상 변화를 겪고 있습니다. 로컬리티 연구가 졸지에 안토니오 그람시가 말한 진지camp 비슷하게 보일 정도입니다.

임옥희　훈훈한 이야기로 마무리되는 거 같은데……, "이렇게 미시화하면 정치화가 안되잖아" 하는 이야기는 염려가 됩니다. 로컬한 부분이 글로컬하다고 생각할 수 있을 뿐 아니라, 오프라인뿐만 아니라 온라인 공간도 엄청난 힘을 가지고 있다고 보거든요. 글로벌 시대 소통의 방식은 인터넷 매체잖아요. SNS가 가진 힘들을 어떻게 정치화할 것인 가. 로컬리티가 가지고 있는 정치성이 항구적인 것이 아니라(점령운동에 서 보다시피) 장기적인 정치화는 아니라고 할지라도 플래시몹의 정치화 정도를 말할 수 있지 않을까 해요. 장기적인 혁명세력의 집결과 같은 근대적 방식은 신자유주의 시대에 들어와서 힘들 거 같아요. 그 자체가 이미 바뀌어서 나가는 게 아닌가라는 생각이 들거든요. 거대한 혁명을 상상하는 것은 환상적인 만족을 줄 수는 있을지 몰라도 현실적으로 그 게 가능할까라는 것이지요. 페미니즘이란 것을 last revolution, 그러 니까 '마지막 혁명세력이다'라고 이야기했지만 페미니즘 그럴 수 없다 는 거 이미 잘 알아요. 아닌가요?

정현주 장세룡 선생님이 지적하시는 문제점은 글로벌리티, 로컬리 티를 무엇으로 상상하느냐와 또다시 직결되는 것 같은데요. 예를 들자면 선생님께서 문제시하시는 로컬화된 운동이라는 것이 글로벌에 대항하 는 파편화되고 개인화된, 가령 특정 지역에서만 유용한 어떤 정치를 의 미하는 것인지요? 예를 들어서 소비자운동이라든가 환경운동이라든가, 아니면 특정지역하고만 관련 있는 뭐뭐 살리기 운동 같은 것들이 있잖아 요. 이런 것만 백날 해봐야 세계가 어떻게 변하냐, 신자유주의를 어떻게 때려 부술 것인가 하는 비판이죠? 하나도 안 변할 거라는 거잖아요? 그 건 로컬을 글로벌보다 작은 어떤 파편화된 단위로만 상상하면 그래요.

오정진 조금 바뀌어요. 적어도 조금씩은. 그리고 그것들은 다 연결 됩니다.

정현주 그럼 반대로 보자면 글로벌리티, 지구적 신자유주의는 대체 그 정체가 뭔가요? 지구적인, 보편적이고 단일화된 거대한 세력이 저기 어딘가 있고, 미국 중심으로 저기 어딘가 있고, 여기는 다 자기들만의 동네정치만 하고 있다는 상상 자체가 굉장히 잘못된 게 아닌가 생각이 들어요. 그럼 밀양에서의 투쟁은 내셔널하고 글로벌한 투쟁이 아닌가요? 밀양이 지금 밀양만의 문제를 이야기하고 있는 게 아니잖아요. 국가적인 에너지 문제와 신자유주의 에너지 정책을 비판하는 거고, 국가적인 차원에서 지역개발문제의 사회적 부정의를 제기하잖아요. 특정 지역에서의 반전운동은 세계 반전운동사의 판도를 바꾸는 거거든요. 왜 그러냐 하면 그 지역이 가지고 있는 특수한 조합과 조건이 반전 반핵 담론 프레임이 먹혀들 수 있는 어떤 특수한 정치구조를 형성할 수 있는 토대가 되기도 하거든요.

조정민　이제 로컬이 어떤 투쟁의 지점이 될 수 있다고 상정하신 건 역시, 제가 좀 느끼기에, 결국 젠더나 로컬리티나 결국 당사자성이라고 하는 것에서 출발한 학문적인 성격이 굉장히 강하다고 생각을 하거든요.

정현주　한편으로 우리가 상상하는 지구화, 지구촌의 실체는 무엇인가? 그것도 굉장히 과장된 상상이 아닌가 생각이 들어요. 누가 뭐래도 반박할 수 없는 전지구화의 대표적인 사례가 금융시장이라고 할 수 있죠. 지구화된 금융시장을 상상할 때 클릭 한방으로 돈이 지구를 막 돌고 있는 것처럼 생각하는데 사실 그렇지 않거든요. 주식시장만 해도 서로 시간대가 다 다르잖아요. 런던의 주식시장이라는 것은 런던이라는 특수한 로컬리티가 가지고 있는 노동시장의 특수성에 의해서 지탱되고 있는 거거든요. 뉴욕도 마찬가지고 동경도 마찬가지고. 그러니까 우리가 생각하는 굉장히 추상적이고 전지구를 다 한통속으로 삼킬 것 같은 금융자본주의조차도 그 지역의 정치와 인구와 그 복잡한 상호관계에 의해서 이루어지는 것이지요. 그러니까 우리가 생각하는 글로벌리티라는 것 자체가 사실 로컬화된 것이에요. 여긴 로컬리티 연구단이니까 진작에 이런 생각을 발전시켜 오지 않았을까라는 생각이 좀 드네요. 어쨌든 글로벌과 로컬의 관계라는 것이 저기 어딘가에 추상적이고 거시적인 글로벌리티가 있고 로컬은 그중에 일부분이거나 추상과 반대되는 지엽적인 것이라고 생각할 것이 아니라는 거죠. 오히려 글로벌리티에 대한 상상 자체가 바로 이데올로기라는 거죠. 이렇게 역발상을 하게 된다면 로컬한 투쟁, 로컬한 정치가 그냥 로컬에서 싸우다가 끝난다고만 과연 말할 수 있을까요? 다만 로컬의 투쟁과 정치가 의미를 가지려면 그것이 어떤 로컬의 이름으로, 어떻게 다양한 사람들의 연대를 만들어 낼 수 있는 프레임을 개발할 것인가를 고민해야 하는 것이죠. 그러한 고민이 반드시 저기 어딘가에 있을, 모든 것을 포괄할 것으로 여겨지는 글로벌일 필요가 없다는 뜻입니다. 글로벌한 것은 바로 지금 여기에 로컬한 '나'와 '우리'를 설득하고 연대시키고 행동하게 하는 것입니다.

장세룡　　지역이라고 하든 로컬이라고 하든 그것이 저항의 정치를 감행할 수 있는 토대가 된다는 생각이 놀랍습니다. 그저 세계 이해에 하나의 매개 수단에 불과하다고 생각한 로컬리티에 과중된 임무가 부여되는 것 같습니다. 그러한 무거운 임무를 부여하는 것은 저항의 토대를 마련하지 못한 현실의 고민이 가져온 결과라고 생각합니다.

이유혁　　지역 정치가 아주 중요하겠죠. 그래서 여성 개개인의 모순과 갈등이 있더라도 그것을 지역 사회 내에서 공동된 모순과 갈등으로, 투쟁으로 엮어낼 수 있는 뭔가의 발굴, 이런 것이 사실은 어떻게 보면

이유혁 정치, 지역 정치가 되게 중요하겠죠. 그래서 여성 개개인의 모순과 갈등이 있더라도 그것을 그 지역 사회 내에서 어떤 공동된 모순과 갈등으로, 투쟁으로 엮어낼 수 있는 어떤 뭔가의 발굴, 이런 것이 사실은 어떻게 보면 그 지역 활동가라든지, 아니면 그 지역에서 페미니즘을 연구하는 사람들의 역할이 아닐까라는 생각을 합니다.

그 지역 활동가라든지 아니면 그 지역에서 페미니즘을 연구하는 사람들의 역할이 아닐까라는 생각을 합니다. 그것이 된다면 로컬리티 연구를 좀 추상적이고 더 멋지게 그랜드하게 해서 글로벌리티에 대항할 수 있는 이론으로 만들겠다는 강박관념으로부터 자유로워질 수 있지 않을까 하는 생각을 합니다.

장세룡 한 번 더 말씀드리면 저는 그런 이야기 듣고 폭탄돌리기가 따로 없다는 생각이 듭니다. 민족, 계급, 뭐 이런 식으로 폭탄돌리다가 한때는 페미니즘으로 폭탄이 가더니만 로컬리티한테 폭탄이 돌아왔다는 것이지요. (웃음)

임옥희 폭탄이 아니라 폭죽이라고 생각을 할 수도 있습니다.

오정진 예. 폭죽은 (웃음) 더 터져 나와야 돼요. 무수히, 무한히. (웃음) 저는 근데 그렇게 말씀하시는 많은 고민과 그런 고충은 알겠지만, 솔직히 말하면 약간은 비겁해보이기도 해요. 안하고 싶다는 말이구나. 안하겠다는 말이구나 하는 생각이 듭니다. 저는 그런, "어차피 세상 안 바뀌잖아요" 하는 얘기를 '어차피의 세계관'이라고 부릅니다.

4. 주변에서 생산되는 여성공간, 젠더정체성

문재원　몸 자체가 아니라 몸의 은유에 대한 추적이나 고찰이 필요한 것이지요. 이 부분은 로컬, 로컬리티에 대한 상상력과도 연결되는 것 같습니다. 이제 이런 은유가 현실에서 어떻게 구체화되는지 한번 살펴보도록 하겠습니다. 가까운 예로 요즘 지자체에서 경쟁적으로 진행하고 있는 여성 친화도시 프레임 안에서 생산되는 여성공간을 한번 보도록 하죠.

이현재　예전에 서울시가 '여성이 행복한 도시' 프로젝트(이하 여행 프로젝트)를 시작했을 때, 조영미 선생님께서 이론적인 배경으로 내세운 게 르페브르의 도시에 대한 권리였어요. 여기에는 도시 생산에 참여할 권리에서부터 시작해서 그 도시를 이용할 권리, 그다음에 도시를 예술작품으로 만들 권리, 그다음에 차이의 공간을 만들 권리 등이 포함되지요. 이때 가장 많은 공간을 생산해 낸 건 화장실이었어요. (웃음) 여성화장실 비율을 일단 높였고, 거기에 영유아를 키우는 여성들이 도시 공간을 이용할 수 있도록 기저귀대 설치했고, 그다음에 여행 주차장이라고…… 여러분들 쇼핑센터 같은데 가시면 항상 분홍색으로 칠해져 있는 거 보셨죠? 그걸 대폭 확장했습니다. 그다음에 유모차를 끌고 다닐 수 있는 거리를 만드는, 여행거리라고 해서 턱없는 보행자 거리를 많이 만들었는데, 결국 이런 걸 통해서 사실 일상에서 여성들이 이용할 수 있는 공간을 생산해냈습니다. 젠더를 염두에 둔 공간의 생산이라는 점에서 점수를 안줄 수는 없는 것 같아요. 시도라는 것은 항상 중요하니까. 근데 과연 정말 이 공간이 저소득 계층의 여성, 미혼 여성 등 다양한 여성을 고려한 공간인지 이 사업이 탈젠더화된 공간을 구성하는 데 까지 이바지했는지 물어본다면 거기에 대해서는 좀 회의적일 수밖에 없어요. 그 이유는 하여튼 요즘 여성주의 논의에서 가장 중요한 건 어쨌든 젠더 이분법의 그 체계를 벗어나 젠더를 다양화시키는 방법에 포인트를 두고 있는데, 이 프로젝트 자체는 소위 정상 가정 안에서 살아가는 전업주부들이 향유할 수 있는, 공간 이원론에 충실한 공간을 만들어내는 것으로 귀결이 되었단 말이죠.

조정민 전 그런 얘기 들으면 일본의 우에노 치즈코가 근대국민국가 안에서 절대 여성해방은 없다고 얘기하는 게 느껴져요. 그 국가 정책이란 여성들이 반드시 어머니로서 또는 아내로서의 역할을 제대로 할 수 있을 때 국가의 일원으로 받아들여지면서 젠더이분법이 고착되는 거잖아요?

이현재 제가 보기엔 르페브르는 궁극적으로 차이의 공간, 즉 자본주의와는 다른 논리에 의해서 움직일 수 있는 차이의 공간을 생산해내는 것이 사실 가장 큰 목적이었고, 이와 더불어 기존의 지배적 질서와는 다른 모습을 띠는 도시, 즉 예술 작품으로서의 도시 공간을 창출해내는 것이 목적이었는데 서울시의 여행프로젝트는 거기까지는 가지 못했던 것 같다는 얘기를 드리고 싶습니다. 그러면 여성 친화도시 프로젝트는 어땠는지를 보면 이것도 마찬가지일 수도 있어요. 익산이 여성친화도시와 관련해서 굉장히 많은 것들을 했다고 여겨지는 도시 중에 하나인데, 여성친화 프로그램, 경제적 사회적 역량강화, 돌봄의 사회적 분담강화 등 여러 시도를 했지요. 하지만 익산은 결혼이주여성들이 편할 수 있는 공간을 적극적으로 생산하는 데는 조금, 약간 미진하지 않았는가 싶습니다. 이주여성을 위한 지원책은 가족지원강화에만 초점이 맞추어져 있었어요. 저출산 극복을 위한 한방 나눔 치료비 지원 이런 거요. 많은 이주여성들이 가정의 폭력이나 가부장성을 견디지 못해 가출을 했는데 이 여성들을 위한 안전한 공간마련 등에는 소홀한 것 같다는 거지요. 그러니까 이 프로젝트에서 여성친화적인 공간은 가정이 있을 때, 혹은 가정에 소속되어 아이를 낳았을 때만 편안할 수 있는 공간인 거죠. 이러한 방식은 가부장적, 폭력적 젠더 이원체계를 해체하지 못하는 방식입니다.

오정진　저는 전국에 있는 여성친화도시를 전부 다 가봤거든요. 직접 하루 이상은 자봤어요. 24시간으로 있어봐야지 느낌이 올 것 같아서. 제 눈에 들어왔던 곳은 전북 익산이에요. 익산은 제1호잖아요. 익산에 가면 "여성친화도시는 모두가 행복한 도시입니다"라는 똑같은 문구를 모든 버스가 다 달고 다녀요. 그리고 모든 주민센터에 그 안내판이 어디에나 있어요. 그리고 홍보 리플렛이 쫙 깔려있어요. 다른 여성친화도시들 어디도 그러지 않아요. 이것은 홍보도 홍보지만 상징의 효과가 있다고 생각하거든요. 언어 상징의 효과가. 저도 사상구 여성친화도시 중·장기계획을 수립할 때 일정 참여했어요. 부산에서는 사상구가 처음으로 했는데, 저는 젠더란 말을 부각하지 않으려고 나름대로 생각했어요. 그 과정에서 제가 계속 거부했던 게 안전safety위주정책이었어요. 안전이 굉장히 중요한 걸로 거론됐거든요. 근데 그런 식으로 말하는 안전은 자유를 잠식하는 거라고 저는 판단했어요.

임옥희　여성친화 그러면 꼭 안전성이 개입되지요……. 경찰력이 딱 들어오는.

문재원 여성친화도가 부산만하더라도 이제 여기저기 거의 확산이 되어 있어요. 사상, 연산, 영도구…… 이런 지역의 공통점을 보면 상대적으로 다른 지역에 비해 낙후되어 있었던 곳이기도 해요. 특히 사상은 몇 년 전 성폭행 사건으로 떠들썩했던 곳이기도 했고, 이후 이 공간을 어떻게 할 것인가에 대한 논란도 많았죠.

오정진 위험을 무릅쓰는 자유 그리고 놀기 이런 전략으로 가야 되는 거죠. 그리고 기본적으로는 가족과의 관계가 아니라 여성 시민으로서 자유롭게 놀기 그리고, 계속 자기가 원하는 삶과 도시를 말하는 걸 그렸어요. 그러니까 도시에 대한 권리에 대한 담론discourse이 가능하도록 콘텐츠를 좀 잡아줄려고 그렇게 짰었는데 아~ 그게 어려웠어요. 정책이 실행되는 곳에서는 쉽지 않은 게 있었어요.

이현재 탈젠더화된 공간을 구성해 나가는 일이 사실은 아까도 말했지만 우리가 원하는 거지만, 일반사람들은 잘 동의해 주지 않는다는 게 가장 큰 문제인 것 같아요. 다소 아이러니한 것은 서울시에서 모니터링을 해 보았을 때 당사자 여성들이 기존의 젠더를 크게 벗어나지 않은 공간을 원했다는 것이지요. 뭐가 페미니즘이냐고 물었을 때 우리가 얘기하는 것은 젠더 이원론을 해체하는 방향으로 나가는데 실제로 대중들이 원하는 거는 명확한 젠더 이분법하에 편안하게 그 젠더에 안주할 수 있는 데에 아직도 관심이 많죠.

오정진 브릿지bridge가 있는 거 같아요. 사람들은 누구나 주체적으로 살 수 있어야 되잖아요. 비판적인 관점이나 학자의 관점에서 봤을 때에는 못마땅하고 어리숙해 보일 수 있지만 그것도 우리의 몫인 거고, 근데 예컨대 이런 얘기를 하더라고요. 연제구 같은 경우 여성친화도시

회의를 할 때, 아이를 낳았을 때 다른 어떤 곳보다 근심 걱정 없이 아이를 공동으로 사회가 같이 기르는 걸로 했으면 좋겠다. 이런 얘기를 하더라고요. 그건 가능하거든요. 그러면 마치 흔히 아이 기르는 것은 여성의 문제처럼 되어 있지만 사실은 그게 아니잖아요. 그래서 비슷비슷해 보이는 관습, 그 단계를 통과시켜서 사실은 탈젠더로 할 수 있는 거죠. 만약 이 구는 아이를 누구든지 같이 기를 수 있는 곳이다. 이렇게 되면 그것을 계기로 다른 쪽으로도 그게 확산이 될 수 있다는 거죠. 그래서 가능은 한 것 같아요.

임옥희　　가능한 것도 재밌긴 한데 나는 도시의 섹슈얼리티라는 그 부분을 가끔 생각할 때가 있어요. 서울에서 보면 성미산 공동체라는 곳과 그 근처 마포 지역은 다른 성격이거든요. 성미산 공동체는 가족단위예요. 소위 징상 가족 단위죠. 그리고 그것도 교양, 자칭 교양 있는, 학력도 고학력이고. 그런 사람들이 모이고 그담에 집값이 올라가고, 그리고 다른 사람들은 들어가기가, 아무나 들어가기가 힘든 공간이 이미 되어버렸는데, 그 뿐만 아니라 그 주변에 있는 마포는 요즘 조금씩 레즈비언이라든지, 성적 소수자들이 섹슈얼리티를 중심으로 연대하고 집결하게 됨으로써 로컬리티/섹슈얼리티가 만나는 공간을 창조하고 있다고 볼 수 있겠죠. 정상가족과 성적 소수자들이 연대하려고 하지만 쉽지는 않는 것처럼 보입니다.

오정진　　저는 그렇게 생각하지 않는데.

임옥희　　한국사회는 가족중심주의와 성적 소수자가 친화적일 수 있기까지는 시간이 걸리지 않을까 합니다. 레즈비언은 재생산의 문제에서 교육/양육, 가족주의를 당연히 비판하는 지점들이 있거든요. 그런데 가족중심으로 볼 때 한국사회에서 자녀교육은 가족의 생활을 지배하는 요소들이거든요. 그러니까 그런 부분들을 중심으로 바꾸어내려고 했다지만…….

오정진　기본적으로 페미니즘 중심이고?

임옥희　예. 중심이 될 수 있긴 한데, 그걸 어떻게 바꿀지는 진짜 문제적이고 또 다른 문제이긴 한 것 같아요.

이현재　근데 이걸 탈젠더화해야 된다, 라고 우리가 요구할 수 있을까요?

임옥희　우리가 탈젠더가 젠더다, 라고 하지 않아도 이미 탈젠더의 방향으로 나가지 않으면 서바이벌하기 힘들 것처럼 보여요. 젠더당파성에 기반한 삶이 젠더문제를 해결할 수 있기에는…….

이유혁　우리가 규정하는, 상정하는 노동자의 어떤 상과 실제 노동자 개개인의 욕망과의 갭이 발견되었듯이, 여러 가지 문제가 있을 것 같습니다. 이제 이어서 나가죠. 일상적인 공간, 그리고 젠더 주류화를 이야기하더라도 과연 여기 안에서, 젠더 주류화 내에서, 지역, 특히 지역 여성, 이런 어떤 함의가 된다면 과연 어느 정도 될 수 있을까, 여기에서 간과하고 있는 부분은 없을까, 이런 부분들의 이야기를 듣고 싶습니다. 로컬여성, 지역여성 이러한 부분들이 어떻게 도출이 되어야 할까요?

이현재　지역여성이라고 표현하셨는데 저는 이것은 괜찮은 관점이라고 생각하거든요. 여성도 다 같은 여성이 아닌데 당연히 다르죠. 학력이 다르고 계급이 다르고 외모가 다르고 인종이 다 다르죠. 하지만 지역 여성들의 차이를 A 혹은 B 등과 같은 단순한 차이로 이해해서는 안 된다고 생각해요. 지역이라는 것은 인종과 계급과 각종의 차이들을 특정한 방식으로 중첩시켜 묶어주는 방법이거든요. 이렇게 보면 서로 다른 로컬리티에 사는 여성 간의 차이는 가령 {A, B…}와 {A′, C…}의 차이와 같은 것으로 이해할 수 있지 않을까 합니다. 여기서 A와 A′가 두 지역에서 조금 다르게 구체화된 동일한 문제의 두 측면을 말하는 것이라면(가령 서로 다른 양상으로 나타나는 여성 빈곤의 문제), B와 C는 한 지역에서만 두드러지게 나타나는 서로 다른 문제들(가령 안동에서는 종부의 지위문제가 두드러진다면, 서울에서는 성소수자의 섹슈얼리티 문제가 두드러진다)이라고 할 수 있죠. 따라서 각 로컬리티의 현안은 다릅니다.

오정진　　지역 여성들이 갖고 있는 감각, 그러니까 여성주의와 로컬리티가 만나는 그런 감각과 실천들이 있어요. 지역에서 여성주의적으로 로컬리티를 재편성할 수 있는 방법은 낯섦이라고 생각해요. 낯섦. 여기서 살면서 그러니까 나름대로의 어떤 애착이 있고 다른 방식으로 로컬리티를 이야기하고 싶은 사람, 여성주의적으로 이야기하고 싶은 사람이 있는 거죠. 그리고 민주적으로 얘기하고 싶은 사람. 그래서 그게 뭐 지방자치 그냥 단순히 말만 하는 게 아니라 여기서 다시 만들고 싶은 사람이 한번 부딪혀야 되는데 그 부딪히는 코드는 낯섦인 것 같아요. 여기에 기존에 계시던 분들이 항상 다 똑같은 건 아니지만 비슷한 방식으로 서로 보다 보니까 세상의 변화로부터는 상당히 차단되는 게 있어요. 근데 낯섦으로 그러니까 자기의 페미니즘으로 자기의 급진적 민주주의로 그냥 부딪혀 줘야 되요. 그래서 저는 게오르그 짐멜Georg Simmel을 요즘 많이 생각해요. 짐멜의 이방인은 오늘 와서 내일 머무는 자죠. 저는 지금 계속 머물고 있고요.

5. 젠더담론과 계급, 그리고 재현의 문제

문재원　이제 자연스럽게 재현의 문제로 넘어온 것 같습니다. 여성의 다양한 차이들이 계속 이야기가 되고 있는데 재현 문제에서 대표성과 보편성에 대해 많은 이야기들이 있는 걸로 알고 있습니다. 로컬리티 연구를 할 때도 로컬리티가 단순하게 물리적인 공간만을 지칭하는 것은 아니었습니다. 로컬 내부에는 무수한 차이들이 존재함에도 불구하고 대표 선수를 내세우면서 로컬을 낭만화하고 호도되는 경우들이 많이 있거든요. 이런 문제와 연결시켜 차이의 재현 방식에 대해 이야기했으면 합니다.

이현재　재현의 문제로 통칭해서 이야기한다면 오랫동안 우리가 타자로서의 여성을 희생자, 피해자로만 재현하는 방식이 있었는데 그것도 다시 한 번 살펴봐야 할 것 같고요. 이와 더불어 여성을 하나의 계급 정체성으로 환원해서 재현하는 방법도 재고해 봐야할 것 같아요. 그동안 여성은 사실 자기가 속한 남성의 계급과 동일시되어 부속되었잖아요. 예를 들어서 노동자 아내라고 하면 그 여성은 노동자예요, 그죠? 그리고 그 이외의 다른 정체성으로 분석 되지 않고 그냥 하나의 정체성으로 재현의 방식이 있잖아요. 그런데 재현에 있어서 다양한 사회적 관계들을 고려하는 것이 중요한 것 같아요. 예를 들어서 민족적 관계에서 어떤 위상을 점하는지, 봉건적 젠더 관계에서 어떤 위상을 점하는지, 생산관계에서는 어떤 위치에 속하는지, 분배관계에서는 어떤 위치를 점하는지 등을 다각적으로 고려할 필요가 있다는 것이지요.

예를 들어서 깁슨 그레엄J. K. Gibson-Graham은 호주에서 광부로 일하는 백인 남성과 결혼한 필리핀 여성 수^{Sue}를 단순히 노동자와 결혼한 노동자의 아내로 재현하지 않아요. 수는 원래 간호사였지만 일을 그만두고 남편을 따라 이주해왔단 말이죠. 여기서 수는 필리핀 여성으로서 인종적 착취를 당하고, 전업주부로서 가사노동 착취를 당하지만, 해변의 별장을 남편과 공동으로 소유하고 여기에서 월세를 받고 있다는 점에서 자본가로서의 정체성도 갖고 있단 말이죠. 이렇듯 여성도 그냥 여성 아니고 남성도 그냥 남성 아니고 사실 어떤 관계에서 어떤 계급적 정체성을 가지느냐는 좀 더 복잡하게 분석되어야 할 것 같아요. 저는 바로 이러한 이유에서 로컬리티에서 출발하는 이론이 중요하다고 강조하고 싶어요. 왜냐면 앞서 말했듯 로컬리티라는 것은 복잡한 관계들이 중첩되어 있는 공간적 스케일이거든요. 지역 여성들이 처해 있는 사회적 관계들이 무엇인가를 살핀 다음에 그 관계들의 중첩 속에서 어떤 정체성을 갖게 되는지가 분석될 때 그때 올바른 재현이 되었다고 이렇게 얘기할 수 있는 게 아닌가 싶습니다.

이유혁　　오늘날 초국적 이동에서 설명되는 트랜스로컬리티 담론과 젠더의 상호개입은 어떻게 설정해야 하는가? 구체적으로 국가경계를 넘는 지구적 여성 연대의 문화적 기획들은 가장 일상적인 풀뿌리 영역과 어떻게 교호할 수 있을까요?

임옥희　　인구비율에 있어서 2020년이 되면 한국사회에서 외국인 비율이 10%를 차지하게 될 것이라고는 예측되고 있습니다. 이럴 때 다문화가족이라는 개념으로 이미 한국인 가족이 된 가족을 여전히 구별 짓기를 하고 있는 부분도 생각해 봐야 될 문제지요. 그럴 때 젠더 주류화라는 언어 속에 어떤 여성들을 염두에 두고 있는 것인지 하는 부분도 페미니즘과 관련해서 보면 문제가 되지 않나 하는 생각이 듭니다. 중산층 중심의 페미니즘이 배제하고 논의하지 않았던 문제들을 어떤 식으로 안고 갈 것인가 하는 부분이 앞으로 페미니즘과 로컬리티에서 똑같이 나올 수 있는 문제이지 않을까라는 생각이 들었어요.

정현주 저는 결혼이주여성과 노동이주자들을 동시에 연구해요. 제 연구가 처음에는 결혼이주자에서 시작해서 노동이주자로 갈 수밖에 없었던 이유는 지금 결혼이주여성들의 힘듦과 그녀들의 피해자화에 대해서 온갖 여성학계의 관심이 쏠려 있지만, 전체적으로 이야기하면 이 여성도 이주자 전체에서는 20% 정도밖에 안 되고 나머지 80%는 이야기조차 되지도 않기 때문이에요. 그 80%도 그나마 경제학계나 정치사회학계에서 이야기하는 노동과 인권에 대한 일반적인 문제 제기이지 '여성' 이주노동자에 대해서는 관심과 지원도 없고, 심지어 다문화정책은 말이 다문화지 멀티컬쳐multiculture가 아니죠. 젠더와 로컬리티라는 맥락에서는 결혼이주뿐만 아니라 노동이주 분야에서 여성의 삶과 지위에 대한 문제제기와 조사가 필요하다고 생각합니다. 그런데 이 문제가 단지 외국에서 온 '소수의 그녀'들의 경험담에 국한되는 것은 아니에요. 그녀들의 삶과 지위와 노동기회는 국내 노동시장의 젠더분업과도 직결되는 문제입니다. 제가 최근에 진행하고 있는 현장연구가 이에 대한 것인데…… 국내 이주여성 노동자들에 대한 열악한 처우를 차치하고서라도 일단 그녀들은 왜 우리나라로 대거 오지 않는 것일까라는 문제제기부터 필요하다고 봐요. 세계 여성학계와 이주연구학계에서 이야기하는 '이주의 여성화'라고 불리는 최근의 현상은 주로 이주여성노동자들에 대한 이야기거든요. 그런데 우리나라의 이주여성 담론은 대부분 결혼이주여성에 쏠려 있고 실제로 이주노동자인 여성은 비가시화되어 있고 외국에 비해 수적으로도 소수입니다. 그 이유 중 결정적인 것이 국내에 저렴한 여성노동력 풀이 있다는 것이고 현재의 노동정책이 이 불평등한 젠더분업을 지탱하게 해 준다는 겁니다. 한마디로 필리핀 여성을 데려올 필요가 없어요. 외국인이든 내국인이든 어차피 최저임금은 맞춰줘야 하는데 그 돈에 힘든 일을 마다하지 않을 조선족도 있고, 한국의 동네 아줌마들도 있거든요. 결론적으로 현재 각 지역에서 이슈가 되고 있는 다문화정책은 과도하게 특정 집단을 피해자화하거나 의도치 않게 수혜자가 되게 하고 있어요. 이러한 불균형이 문제가 되는 것은 그게 오히려 다른 종류의 여성들에게는 더 많은 불평등을 초래하는 결과가 되고 있거든요. 그래서 다문화담론에 대한 비판적인 재구성, 로컬의 입장과 현실을 반영하는 재구성, 이런 문제의식을 결합한다면 로컬리티 관점에서 다문화담론에 대한 급진적인 전유가 가능하지도 않을까 합니다.

임옥희　한국사회가 사회적 안전망을 가족에서 찾는 만큼, 한국의 페미니즘feminism 또한 거의 언제나 패밀리즘familism이었다고 생각해요. 어떻게 해서든지 가족 단위 안에서 해결하게 만들면서 국가가 가능한 거기에서 빠지려고 했던 부분들 때문에 농촌의 복지의 문제에서 그런 부담이 결혼이주 여성에게로 떠넘겨지고 있어요. 한 사회가 감당해야 될 부분을 이주 여성에게 맡겨놓고 어떤 부분에서는 지원을 해주는 방식으로 가정을 꾸리도록 하지요.

문재원　'여성'이라고 하는 범주 안에는 다양한 계급적 차이가 존재합니다. 그런데 여기에 대한 재현은 여전히 남성/여성의 이분법적 대립구도를 전면화하면서 여성을 일반화, 보편화하고, 그 속에 내재된 경제적, 정치적 불평등을 무화시킵니다. 이 문제는 로컬리티 연구에서도 비슷한 방식으로 존재합니다. 로컬 내부에 존재하는 다양한 계급적 차이를 무화시킴으로 로컬을 호도하거나 낭만화하는 방식과도 상통하지요. 페미니즘 내에서 이러한 문제에 대한 비판적 담론이 어떻게 전개되고 있나요?

임옥희 재현의 문제에서 다문화는 주요한 문제점으로 포착됩니다. 우리 사회가 다문화도 아니면서 다문화가족이라 이야기함으로써 그 안에 있는 노동 착취 내지는 내부 식민화를 은폐하거나 차별화하기 때문에, 결혼이주여성들은 자기들이 항상 희생되고 고통받는 것처럼 재현되는 방식을 싫어해요. 다문화가족이라는 언어 자체를 바꿨으면 좋겠다고 이야기하기도 하죠. 그럴 때 보면 재현의 문제뿐만 아니라 젠더 주류화란 젠더가 주가 되는, 젠더 범주를 중심으로 사고하자는 말처럼 들리기도 하지만 다른 한편으로 여성들이 어떻게 하면 메인 스트림main stream, 주류에 들어갈 수 있는가라는 부분으로 해석되기도 한다는 거죠. 그럴 경우에 주류로 들어갈 수 있는 여성들과 그렇지 못한 여성들이라는 것의 편차도 엄청나게 클 뿐만 아니라 여성들 사이에서의 계급적, 지역적, 인종적, 언어적, 교육적 차이가 차별화의 기제로 작동하고 있다는 것을 부정할 수는 없죠. 우리 사회가 배제와 차별이 적은 나라라고 보기 힘들잖아요.

아까 오정진 선생님이 '낯섦' 이야기를 했었는데, 정말 이방의 언어를 쓰는 사람들, 언어 안에서 이방인들인 사람들, 언어에 있어서 소수자들이 언어의 지배자들과 어울려 어떤 언어를 함께 만들어갈 수 있을 것인지 말이죠. 그 사람들을, 그러니까 그 사람들이라고 하는 표현 자체가 이미 그들/우리의 경계 짓기가 되어 있는데, 그럴 경우에 어떤 식으로 공감과 공존이라는 화두가 가능해질 수 있을까요? 공감은 자명하게 주어지는 것이 아니거든요. 오랜 세월에 걸친 협상의 결과 공감이 형성되고 공존의 가능성이 열리는 것이니까요. 농촌 이주여성과 도시의 공장 지대 이주여성들이 다르고, 필리핀과 베트남 여성 미얀마, 연변여성들이 다들 다르지요. 한국사회에서 소수자로서 서바이벌 하는 방식도 다르고요. 필리핀 여성들이 언어 면에서 훨씬 적극적으로 보입니다. 한국사회에서 영어를 한다라는 게 강점이거든요.

이현재 어떤 부분에서 계급적인 문제가 젠더문제로 거의 치환돼버린 게 있어요. 여성혐오 문제를 보면 이건 완전히 시장에서의 남성노동력의 진입장벽에 부딪히면서 나타나는 문제를 마치 젠더 갈등인 것처럼 치환시켜버림으로써 그 갈등을 여성한테 퍼붓는 방식으로 만드는…….

오정진 그래서 쥬디스 버틀러의 Undoing Gender를 다시금 생각할 때가 많아요. 너무 젠더가 과잉되어 있잖아요.

6. 신자유주의와 젠더정치

문재원 로컬은 신자유주의 정치경제 정책으로서의 지구화가 구현되고 또 그것을 역으로 구성하는 요소가 됩니다. 안이면서 밖이라는 이중적 구조. 젠더 문제도 그렇지 않나요? 임옥희 선생님께서는 이토록 불확실한 신자유주의 시대에 페미니즘이 오로지 젠더정치만을 내세워서는 글로벌 자본주의 시대의 문제에 제대로 대처할 수 없다고 하셨죠?

임옥희 예, 젠더 이데올로기는 오인이고 편견임을 지적한다고 쉽사리 소멸되는 것이 아니지 않습니까? 페미니즘의 정치적 역량으로 인해서 젠더 이데올로기는 해소된 것이 아니라, 오히려 억압되어 있다는 점에서 젠더무의식을 형성하게 되지요. 이 젠더무의식은 정치적, 경제적, 문화적 맥락에 따라 다양하게 모습이 바뀌면서 귀환한다고 봐야죠. 그렇다면 문제는 젠더 무의식에서 벗어나는 지점을 만들 수 있는가?입니다. 이때 아렌트가 말하는 '세계관찰자world spectator'의 위치가 필요하지 않을까 합니다. 그러니까 페미니즘 또한 자기 이론이 신자유주의적 글로벌 자본주의라는 시스템 안에 있으면서도 동시에 시스템 바깥에 존재해야 하는 역설적인 위치를 가정해야 합니다. 그래서 젠더 이데올로기를 비판하고 있는 자신 또한 그런 시스템의 일부이지만 동시에 그런 시스템의 일부라는 사실까지를 포함해서 볼 수 있는 위치를 가정할 때 페미니즘의 시각이 페미니즘의 정치로 가능할 것입니다.

조정민 이런 이중성의 지대로 결론을 맺으면 어떤 면에서는 아주 쉬운 귀결책으로 보이기도 합니다. 문제는 동일복제의 이중성이 아니라, 변형, 변주의 동력이 실천되지 않으면 추상화될 수밖에 없을 것 같아요. 가령 '다르게'를 선언하는 것이 중요한 것이 아니라, 이러한 내적 원리를 어떻게 실천화할 것이냐가 관건이지요.

이현재 사실 르페브르만 하더라도 자본주의의 구조에 의해서 지금, 여기의 일상이 결정되는 영역으로 그렇게 많이 설명을 해왔거든요. 그래서 사실은 빈틈이 없는 것처럼, 탈출구가 없는 것처럼, 그렇게 얘기했는데 사실은 아까 말했듯이 로컬리티라는 스케일은 굉장히 다양한 지층들이 중첩되는 곳이기 때문에 얼마든지 구조에 구멍을 낼 수 있다고 봅니다. 제가 아까 로컬리티를 일상이 반복되는 공간이라고 말씀드렸는데, 일상은 항상 같은 맥락에서 반복되는 것이 아니기 때문에 변화의 가능성을 갖습니다. 다시 말해서 로컬리티 수준에서 반복되는 그 반복은 사실 구조적인 모순의 하나를 그냥 반복하는 것이 아니라 굉장히 다른 맥락에서 반복하는 것이기에 여기에서 나오는 결과는 예상을 벗어날 수 있습니다. 실제로 반복의 차이가 산출된다는 거죠, 사실 여기서. 그러니까 오히려 전략을 짤 때, 이렇게 짜는 게 맞는 것 같아요.

예를 들어서 원래 여성성이 실현되던 조건은 사실 가정성이라는 공간과 같이 결부되어 있었단 말이죠. 그렇지만 똑같은 여성성을, 마포의 살림의료사회복지협동조합이 그랬듯이, 공적인 공간 즉 시장이나 의료행위에서 반복하면 다른 그림이 돼요, 협동조합이라는 비-자본주의적인 경제활동의 공간을 생산하게 된다는 것이죠. 이런 게 사실은 젠더 이분법과 자본주의를 넘어서는 새로운 공간 생산의 대표적인 사례라고 할 수 있죠. 우리는 이런 방식으로 로컬에서 진행되고 있는 실천들을 부추길 필요가 있습니다. 사실 로컬리티의 차원에서 찾아보기 시작하면 굉장히 많은 실천들이 있거든요. 이렇게 볼 때 로컬리티는 분명 일상의 반복을 창조적으로 실행함으로써 변화를 추구해 나갈 수 있는 공간적 스케일입니다. 제가 로컬리티를 너무 낭만화했나요? (일동 웃음)

임옥희 아닙니다. 거기서부터 시작이지요. 하다못해 우리가 가지고 있는 조그만 공간이라도 공유할 수 있는 가능성을 열어나가는 것이지요. 제가 상계동에 살고 있어요. 상계 본동은 달동네이고, 새터민, 장애인들이 많이 모여 삽니다. 그래서 장애인 편의시설도 많고요. 그런데 그런 시설을 집값 떨어진다고 하여 혐오시설이라고 부르지요. 소위 말하는 혐오 시설이 많은 데가 상계동입니다. 그곳에서 빈민운동과 교육 생협하는 공간들이 생겨나고 있어요. 그렇다고 해서 스콧squat을 하는 것은 아니지만, 작은 공간이나마 내놓아서 도서관을 만들기도 합니다. 17평짜리를 도서관을 만드는 거예요. 그리고 책들을 갖다 내고, 거기에서 모이거든요. 교육생협을 통해 야학하듯이 공부방을 만들기도 하고요. 그러면 야학 그거 해가지고 뭐 할 건데? 라고 할 수 있긴 하지만, 방과 후에 갈 데 없는 아이들이 모일 수 있고요. 지식자원을 가지고 있었지만 은퇴한 사람들이 그곳 아이들과 어울려 책 읽는 소모임을 만들어 나가고 있어요. 그런 소모임들이 서로가 네트워킹을 할 수 있게 된다면, 공간 자체가 바뀌어나갈 수 있겠지요. 각자 빈 공간들을 어떻게 하면 함께 나눌 수 있는지를 고민해 보는 것, 그것 자체를 지역성에 기반해서 행할 수 있다면요. 지금으로서는 사소하지만 지자체와 협동할 수도 있어요. 어린 친구들에게는 지자체와의 함께 하는 것 자체가 정치란 무엇인지를 연습할 수 있는 기회를 제공해주는 것이 되기도 하고요. 그런 일상의 운동들이 온정주의적인 식으로 문제를 풀어나간다고 생각할지는 모르겠지만 일단, 시작해보는 게 필요하지 않을까라는 생각을 많이 했었어요.

문재원　공간의 생산과 관련해서, 특히 해석의 문제에 있어서 소위 침소봉대하는 부분에 대해서 경계하는 점이 있어요. 로컬의 특수성에 대한 강조가 자칫 로컬을 풀뿌리 저항이 매번 성공적으로 실현되는 곳으로 낭만화하는 것을 경계하면서, 오히려 로컬-국가-글로벌의 정치

경제 권력시스템이 서로 얽혀서 형성해 가는 힘의 관계가 작용하는 곳으로 로컬을 이해하는 다차원적 사고와 접근이 요구됩니다.

임옥희　신자유주의가 어떤 부분에선 값싼 노동력이 전 세계로 활발히 흘러 다니도록 만들잖아요. 노동력 자체가 국가의 경계선을 따라서 고정되어 있는 게 아니잖아요. 한국의 젊은 친구들은 '헬조선'하면서 이민 가겠다면서 한국을 떠나지요. 다른 나라로 이주를 가기도 하지만, 국내에서도 이주를 하거든요. 그러니까 국내에서 제주도를 가는 친구도 있고, 제주 안에서도 애월읍을 가느냐, 서귀포로 가느냐, 중산간 지대로 가느냐, 에 따라 생존의 방식이 달라지죠. 지역에 따라 게스트하우스를 하기도 하고, 커피샵을 하기도 하고, 귀농, 귀촌을 하기도 하고. 혹은 자전거 택배나 해녀를 하기도 하고. 온갖 일들을 하는 거예요. 그 친구들이 만들어내는 공간이라는 것이 재밌다는 생각이 들었거든요. 새로운 공간을 만들더라고요, 어떤 부분에 있어서는. 그런 말을 하면, 신자유주의 시대 루저들의 삶의 방식이라고 대수롭잖게 보기도 하지요. 너네들은 직장도 못 구하고, 그러니까 그런 식으로 사는 것이 아니냐고 무시할 수도 있지만, 다른 시각에서 보자면 이런 삶의 방식 자체가 신자유주의가 지배하는 소비자본주의 회로에서 탈주한 것이라고 볼 수 있거든요. 사회가 획일적으로 권장하는 삶의 방식대로 살지 않을 거야, 라고 주장한다는 점에서 일상생활의 식민화에서 벗어나 주도적인 자기 혁명의 가능성을 보여주는 것이라고 볼 수도 있지요.

조정민　저도 선생님 말씀에 일면 동의하는 부분도 있어요. 신자유주의하에 있어서 결국 루저들이 행하는 행위가 아니라 또 다른 방식의 어떤 창조적인 어떤 행동이란 생각이 들거든요. 근데 이제 다른 한편으로는 저 청년들이 저렇게 하기 위해선 얼마나 많은 것들을 또 포기하면서 저런 것들을 이루었을까 하는 생각도…….

장세룡 신자유주의의 속성 가운데 하나가 사회를 이해하는 방식에서 구조와 체계가 아니라 개별행위자의 책임을 강조하는 것이라고 흔히 말해지는데요. 이를 추동하는 기본 개념이 '자기 계발'과 '역량 강화'의 논리라고 볼 수 있습니다. 그것이 젊은이든, 여성노동자에게든 끊임없는 이동과 이주를 자극하고, 그것이 마치 문제의 해결책인 듯 호도하는 것인데…… 그것은 자본이 직면한 난관을 개인의 책임으로 돌려버리는 것 아닌지? 어쩌면 로컬리티 연구라는 것도 그런 교묘한 술책에 맞장구치고 신자유주의 질서를 정당화하는데 동원되는 '열정페이'에 불과한 것은 아닌가하는 자조적인 생각도 듭니다.

문재원 신자유주의라는 거대한 블랙홀이 지역 공간들을 무차별적으로 삼키고 있는 마당에 '공간을 정치화'하는 작업이 절실합니다. 페미니즘 담론에서 논의되는 급진성(급진적 공간)의 문제를 로컬리티 연구에서 어떻게 전유가능 수 있을까요?

임옥희 급진적인지는 모르겠는데, 제가 살아왔던 전략은 젠더주류화와는 등지는 방식이었어요. 여성이론연구소 다락이라는 공간자체가 그렇죠. 그 공간 자체가 퀴어공간이죠. 주변화되어 있으면서, 그나마 유지하기 위해서 뭐 이것저것 하는 사람들이 모여드는 공간이니까요. 그런데 사람들이 모이면 온갖 이야기들이 만나게 되죠. 사람들이 만나는 것 자체가 하나의 사건인 시대니까요. 주류로부터 배제되어 있는 사람들이기 때문에 자유롭게 상상하기가 능하죠. 그다지 가진 것이 없다는 점에서도 자유롭고요. 그래서 자기를 스스로 구속하는 부분, 그러므로 해서 구속의 대가로 얻을 수 있는 물질적인 안정성으로부터, 벗어나 있기 때문에 그런 불안정성이 힘들게 하기도 하지만 창의적으로 만드는 점도 있다고 봅니다. 그래서 자기네들의 삶을 유쾌하고 재밌는 공간으로 만들려는 노력들을 하거든요. 뭐 대단한 걸 하는 것은 아닙니다. 잡다한 사람들의 모임, 그것을 저는 퀴어성이라고 봅니다. 하나의 단일한 정체성을 가지지 않는 사람들이 보여주는 틈새성과 다공성들이 또 다른 상상력을 펼치는 힘이 되기도 하고요. 자신들의 삶을 강도 높은 노동생산성과 연결시키는 것이 아니라 놀이로 만들어 내기도 하고요. 호모 루덴스라고 해두죠. 노동을 신성히 하는 사회에서 노동이 아니라 재미를 추구하는 것, 그것이 급진적성이라고 한다면, 너무 낭만적인 미화이자 감상적인가요?

이현재 퀴어 공간의 생산이라고 하면, 예를 들어서 제가 요즘 목격한 거는 퀴어문화축제가 있잖아요. 대구에서도 2009년부터 하고 있고, 서울에서는 2000년부터 하고 있는데, 저는 상당한 충격을 받았어요. 퀴어들이 사적인 영역에서 비가시적으로 있다가 공적인 역역으로 가시화되어 나온 거잖아요? 그동안 퀴어들의 공간이 가시화되는 경험은 우리가 한 번도 해본 적이 없고, 그것도 서울의 중앙을, 도심을 점령을 했단 말이에요. 근데 이게 어떻게 가능했냐면, 이게 서울이기 때문에 가능했던 것 같아요. 익명성이 보장되는 대도시이기 때문에 가능했던 것은 사실이죠. 만약 로컬을 대도시와 대립된 지역으로 이해한다면, 퀴어 공간은 로컬리티에서 만들어내기가 굉장히 힘들다는 사실을 인정할 수밖에 없을 것 같아요. 확실히 로컬리티는 가족중심의 문화, 가부장제, 젠더 이분법 등이 서울보다 훨씬 강한 건 사실인 거거든요.

임옥희　지금 가장 페미니즘에 가장 급진성을 담보할 수 있는 것이 섹슈얼리티 문제라고 생각을 하거든요. 제가 게일 루빈의 『일탈』을 공역한 뒤에 시립 미술관에서 라운드 테이블을 했어요. 도대체 어떤 사람들이 나타날지 무척 궁금했었어요. 분위기가 험악해질 것을 예상했는데, 화기애애한 분위기로 마무리가 되었어요. 그 책은 굉장히 위험할 정도의 급진적인 발언을 하고 있는데 그다지 저항 없이 받아들여지는 것을 보면서, 한국인들은 이처럼 급진적인가? 라는 의구심이 들었죠.

이현재　아, 그건 동의할 사람만 거기 가서 그래요. (일동 웃음)

임옥희　공간과 관련하여 분명 존재하지만 비장소, 비공간으로 우리의 의식에 등록되지 않는 공간들이 있어요. 어떤 논의를 던지면 비장소, 비가시화되어 있는 그런 부분들이 전면에 자기 모습을 드러내게 되지요. 해운대에 가면 해변을 따라 즐비하게 늘어선 화려한 호텔 바로 뒤에 집창촌이 웅크리고 있어요. 해운대를 무수히 지나다니면서도 보지 못했어요. 근데 우리의 논의에서 매춘이 아니라 성노동이라는 언어를 사용하는 순간, 그 공간은 다른 방식으로 부각될 것이라는 겁니다. 성매매 대신 성노동으로 바꾸자고 하다면, 온갖 논란들이 터져 나오면서 보이지 않는 공간이 보이게 되겠지요. 유니세프나 유엔에서 매춘을 인권의 문제로 다뤄야 된다고 하면서 매춘을 성노동으로 규정하고 있어요. 우리 사회에서는 그런 부분은 무시하고 지나가버리죠. 아님 구태의연한 반응을 고수하거나요.

이현재　어디까지를 로컬리티가 감당할 수 있는가는 정말 그 로컬리티가 어떤 로컬리티인가에 따라 달라질 수 있겠지요. 따라서 무조건 서울도 했으니까 지금 부산도 도심 한가운데에서 퀴어축제를 해야 한다는 이야기를 할 수 있는 것은 아니고요. 이게 답은 아닌 것 같고, 그렇지만 그 로컬리티에 가능한 방법을 모색할 때, 공간적 경계를 넘어서는 방법을 구상해 볼 수 있다는 거예요. 퀴어축제가 그렇게 했듯이 말이에요, 퀴어축제는 원래 사적인 공간에서 나오지 말았어야 할 성적인 것을 공적인 공간에 들어낸 사건이거든요. 공적 공간에서 성을 말하는 것은 기존의 룰에서 벗어나는 방식이죠. 그러니까 그런 방식 자체가 원래 사용하지 않던 방식으로 공간을 사용하는 방식이었던 것이죠.

임옥희　기존에 사용되던 공간의 문법하고 다른 문법을 한번 사용해보자는 것이죠.

이현재　그렇죠. 공간적 전유. 어디까지 수용할 준비가 되어 있는가에 다르겠지만, 어쨌든 방식 자체만은 우리가 염두에 둘 필요가 있지 않을까요? 주어진 여성성을 과장하는 방법 하나하고 그다음에 두 번째 이야기는 좀 다른 이야긴데, 원래 정해진 공간에서 진행되던 것들을 다른 공간에서 반복하면 그것 자체가 굉장히 새로운 느낌을 생산해 낸다는 것입니다. 아까 선생님이 슬쩍 지나가면서 이야기하셨던 양육과 관련하여 이야기하자면, 양육은 원래 가정이라는 공간의 문제로 할당되어 있었지만, 공동육아처럼 양육을 다른 공간에서 진행하게 된다면, 이 공간은 차이의 공간을 생산하게 될 것이라고 해석할 수도 있겠지요. 성미산 마을 등에서 진행되었던 공동육아는 가정 혹은 국가나 시·도 차원의 어린이집과는 다른, 마을 단위의 육아 공간을 생산해 낸 사례라는 점에서 로컬리티에서 출발하는 공간생산의 사례일 수 있습니다.

임옥희　그래서 공간을 전유하고 찬탈하기도 하고, 새로운 공간을 생산하는 방식을 시도해봐야겠죠. 신자유주의가 지배하는 소비자본주의 회로에서 탈주하는…….

오정진　하나 더 하면 어때요? 이게 제일 쉬운 건데, 그 공간에 기존의 방식으로 요구되던 것과는 다른 몸으로 나타나는 것. 꼭 페미니즘이 아니라, 저는 singularity를 언제나 생각하는데, 탈코드화 전략인 거죠. 이게 위치성이고 몸이죠.

임옥희　예, 위치성, 그 로컬리티라는 말 때문에 나온 이야기이긴 하지만, 그걸 떠나서 뭔가를 하는 것이 힘들다고 하더라도, 그 힘든 지점에서 한 번 시작해보는 거죠. 일단 뭐든 시도해보는 것이 중요한 것 같아요.

7. 에필로그 – "다시 시도하라, 또 실패하라, 더 낫게 실패하라"

오정진　아니, 근데 여성주의도 그렇고 로컬도 그렇고 지금 이렇게 학문적인 어떤 이름을 달게 된 것은 요즘일지 모르겠지만, 세상이 그래도 이 정도나마 유지되고 있는 것은 내가 알지 못했던 사람들, 로컬적으로 생각하고 살고 여성주의적으로 생각하고 살아 왔던 사람, 이름 없는 사람들이 무수히 많이 있었기 때문이라는 생각을 해요. 지금도 많이 있을 것이고 앞으로도 있을 거예요. 우리가 아는 세계가 세계의 전부가 아닌 거죠. 물론 실패도 해야죠. 어떻게 하겠어요? 그러니까 사무엘 베케트Samuel Beckett의 "다시 더 낫게 실패하라"라는 말이 요즘 되게 와 닿더라고요.

임옥희　아니, 실패한 자리에서, 무너진 자리에 다시 시작해야죠.

신영복 선생님의 『담론』 중 「사일이와 공일이」라는 텍스트를 읽었어요. 오래전에 나왔던 여러 가지 주제들이 거론되고 있는데, 그중에서한 말씀이 와 닿았어요. 그게 뭐냐면, 머리에서 가슴으로 가는 데 5년이 걸렸고, 다시 가슴에서 발까지 여행하는 데 20년이 걸렸다고 하셨어요. 이 짧은 글을 읽으면서 든 생각이 뭐냐면, 우린 너무 안전한 공간에서 나는 절대로 손해 안 보면서 '감 놔라, 배 놔라'는 다하고 싶다는거죠. (웃음) 한 세대 전만 하더라도 사람들이 나의 이해관계가 좀 손해본다고 할지라도 일단 부딪혀보고, 그게 깨어지기도 하고, 그담에 그깨진 자리에서 다시 변화가능성이라는 보물을 찾아내기도 했다는 것이죠. 요즘은 일단 손해보는 짓은 하고 싶어 하지 않고, 또 달라진 것 중하나는 실패와 좌절이 많아짐으로써, 우리 해봤자 안 될 거야, 라고 미리 포기해버리게 된다는 겁니다. 난 위험한 짓은 하고 싶지 않지만 남들이 어쩌다 얻게 되는 성공의 결실만큼은 함께 나눠 갖고 싶어합니다.가슴으로 공감하고 실천하기까지 20년이 걸리는 그런 운동은 하고 싶지 않은 것이죠. 모든 것을 단기적으로 돌리는 신자유주의 시대에 20년은 너무 길게 느껴지니까요.

문재원　　오정진 선생님이 말씀하신 '어차피 세계관'…… 기-승-전-어차피 (웃음) 웃을 일이 아니라, 공감하는 부분이 큽니다. 반성되는부분이기도 하고요. 로컬리티 연구 안에서 절실한 문제였음에도, 오늘에야 제대로 된 젠더와 로컬리티의 접선도 늦은 감이 있습니다. 그런데한편으로 이 만남에 가슴이 뛰는 것은 '어차피'에서 '그래도'로 옮겨가고 있는 우리 몸의 이동을 확인하기 때문인 것 같습니다. 젠더와 로컬리티의 만남을 적극적으로 의미화할 수 있었던 이 좌담회가, 머리에서 가슴으로 가슴에서 발로 이동하는 로컬리티인문학의 길을 만들어 나가는 장이 되기를 기대합니다. 먼 길 오셔서 젠더와 로컬리티 맞선이 불발되지 않도록 열정적으로 말씀해 주신 선생님들께 다시 감사의 말씀을 드립니다.